Mann
Du bist mein Atem, wenn ich zu dir bete

Meinen Eltern
Eva-Maria Mann und Dr. Helmut Mann
in Dankbarkeit gewidmet

Dorothee Mann

DU BIST MEIN ATEM, WENN ICH ZU DIR BETE

Elemente einer christlichen Theologie des Gebets

echter

Die Deutsche Bibliothek – CIP-Einheitsaufnahme

Mann, Dorothee
Du bist mein Atem, wenn ich zu dir bete:
Elemente einer christlichen Theologie des Gebets /
Dorothee Mann. – Würzburg: Echter, 1998
ISBN 3-429-02001-8

© 1998 Echter Verlag Würzburg
Umschlag: Felix Kunkler, Düsseldorf
Druck und Bindung: Echter Würzburg
Fränkische Gesellschaftsdruckerei und Verlag
ISBN 3-429-02001-8

INHALT

GELEITWORT

Was Dorothee Mann in diesem Buch vorlegt, ist weit mehr als eine Arbeit über das spezielle Thema »Gebet«. Sie entwickelt einen Gesamtentwurf von Theo-Logie, verdichtet am christlich verstandenen Gebet, der ausdrücklichen und bewußten Hinwendung zu Gott, wie er in Jesus von Nazareth zugänglich geworden ist.

Schon der Einstieg bei der – durch Fehlformen des Betens genährten – Kritik am Beten (dieses sei fromme, weltflüchtige Ersatzhandlung, frustrierend, nutzlos, sinnlos), bei den Abwehrreaktionen und Verlegenheiten der meisten Zeitgenossen zeigt: Der tief humane Sinn und die Absicht christlichen Betens können in einer weitgehend säkularisierten und traditionell-religiösen Praktiken entfremdeten, diesseits-, nutzen- und erlebnis-orientierten Welt heute nicht mehr anders begreiflich gemacht werden, als indem hineingeführt wird in die umfassende »Welt« der Beter, in den view of life und way of life christlichen Glaubens.

Deshalb spannt Dorothee Mann zuerst, und sie tut das mit sicherem Gespür fürs Wesentliche, das im biblischen und christlichen Beten vorausgesetzte und beanspruchte Verständnis von Wirklichkeit (im Dreiklang Gott-Welt-Mensch) auf, das sich fundamental vom positivistisch-reduktionistischen Wirklichkeitsverständnis der Spätmoderne unterscheidet. Ausschlaggebend ist dabei, auf welchen Grundton der erwähnte Dreiklang der Wirklichkeit gestimmt bzw. was und welcher Art seine Dominante ist. Dies kann nur der freigebende, teilnehmende, sich-gebende Gott sein, den Israel und den Jesus auf seinem Weg vollends entdeckt hat.

Der Gewinn des dialogischen Gottes-, Welt- und Menschenbilds der Bibel für die Wahrnehmung der Wirklichkeit, für das Leben insgesamt und dann speziell für den Vollzug des Betens ist beträchtlich. Es wird vollziehbar, was es heißt, durch und mit Christus im Geist zu Gott sich hinzuwenden, in freiem Selbstvollzug und zugleich in solidarischer Verbundenheit mit den andern Glaubenden, Mitmenschen, ja Mitgeschöpfen, darum als Einweisung in soziale Praxis.

In einem sprachphilosophischen Zwischenstück wird sodann, exemplifiziert an einem Klagepsalm und einem Oosterhuis-Lied, die spezifisch performative Sprachhandlung des Betens herausgearbeitet, welche freie (also dem je Anderen Raum lassende) Kommunikation stiftet und sich darin so grundlegend vom bloß informativen Sprechen unterscheidet, wie das »ich lieb dich« eines liebenden Menschen zum geliebten Anderen von der Antwort »das hast du schon einmal gesagt«, die es als neue Information mißverstünde, wo doch ein »sag das noch einmal« angemessen wäre. Beten ist keine Info an Gott, der längst »weiß, was ihr braucht, noch eh ihr ihn bittet« (Mt 6,8), und von dem dennoch gilt, was Ps 94,9 so ausdrückt: »Der das Ohr gebildet, sollte der nicht hören?« Was aber bewirkt dann das Gebet? Was kann in ihm »passieren«? Dem widmet sich das größte und wohl auch schönste Kapitel des Buches, indem es, jenseits von frommer Schwärmerei und von reinen Kopfgeburten, den konkret wahrnehmbaren Wirkungen der realen Gegenwart Gottes im für sie geöffneten Menschen und in seiner Welt nachgeht. Dabei werden – der biblisch-christlichen Erfahrung der »wirk«-lichen Gegenwart des dreieinen Gottes als Schöpfer (und Begleiter), Versöhner (oder Erlöser) und Vollender entsprechend – drei einander durchdringende Modi der einen mitteilungswilligen göttlichen Liebe unterschieden.

So erweist sich, schöpfungstheologisch gesehen, Gebet als geschöpflicher Grundakt: als Einüben in die eigene Endlichkeit und zugleich Gewahrwerden seiner selbst als von Gott angesprochenes und ermächtigtes Du, als entsprechende Achtsamkeit für die Mitmenschen und Mitgeschöpfe, als Verantwortung-Übernehmen, aber auch Sich-Lösen von aller Macherei, als betendes Sich-Loslassen (Sterben) und »Zu-Grunde-Gehen« in den – vielleicht schweigenden – Urgrund hinein. Und beides, Aufstehen und Sich-in-andere-Hände-Legen, wird mit den Rhythmen der Schöpfung im Morgen- und Abendgebet realisiert, deren gesund-machende, therapeutische Kraft die Autorin dem Leser geradezu fühlbar macht.

Unter soteriologischem Aspekt erweist sich Gebet als Sich-ergreifen-Lassen vom Prozeß der (mit der Geschichte des Gekreuzigten eröffneten) Befreiung: der Vergebung und Versöhnung, der Heilung, des Freiwerdens vom Bann falscher Mächte hin zu Selbst-sein, zu Solidarität und zur Weitergabe der erfahrenen Befreiung in Fürbitte, Verzeihung, Einsatz für Gerechtigkeit und entschiedenem Widerstand gegen Vergötzungen aller Art.

Eschatologisch erweist sich Gebet als Hoffnungsvollzug inmitten der noch unerlösten Welt: als auf not-wendende Veränderung drängende und für sie engagierte Klage; als nicht verzweckte, gewissermaßen un-produktive Aus-Zeit, die allein vom Gegenüber des Gebets bestimmt ist und so Raum für die revision de vie läßt; als Unterbrechung des sonst banal werdenden normalen Ablaufs der Dinge; als Sich-Offenhalten für die Verheißung des Mehr und das Ankommen des Ganz-Anderen. Wahrhaft christliches Beten widersteht daher der totalen Anpassung der Sehnsucht des Menschen an seine Bedürfniswelt und provoziert gerade so zur verwandelten Tat.

Diese drei Weisen der Wahrnehmung Gottes im Gebet werden dann am Ende so zusammengefaßt: Dankbar annehmende »Übereinstimmung mit dem Gegebenen und Geschehenen« (sie wird im Dankgebet realisiert); bleibender »Kontrast zwischen der bedrückenden Welterfahrung und den Verheißungen Gottes« (dieser prägt das Klage- und Bittgebet, das zugleich nach Unterscheidung und Übereinstimmung dessen fragt, was Gott will und tut, mit dem, was wir tun können und sollen); das eigene Tun übersteigende und zugleich motivierende »Vision« auf das große Mehr, das Gott zugetraut wird (sie drückt sich im Gotteslob, im Bekenntnis und im Schweigen aus).

Wer meint, er habe keine Zeit zu verlieren und habe keine rechte Zeit zum Beten, der findet am Ende des Buches nachdenklich stimmende Gedanken zum Sinn von Zeit und Raum, zu Zeit-Lassen und Aufgeräumt-Sein, zu wiederkehrenden Rhythmen und Ritualen und zum Gewahren des Augenblicks.

Das Buch von Dorothee Mann verbindet auf gelungene Weise sensible Situationswahrnehmung, theologische Weite und Genauigkeit mit spirituellem Tiefgang. Es ist voll von treffenden Phänomenbeschreibungen und tiefen Aufschlüssen. Und es nimmt eine Fülle von Anregungen und Einsichten aus verschiedensten Wissens- und Erfahrungsbereichen auf, aber nichts ist bloß referiert, alles ist tiefschürfend und souverän verarbeitet, integriert in eine große zusammenhängende Sicht, die befreit, trägt und motiviert. So ist das ganze Buch aus einem Guß: der Entwurf einer erfahrungsbezogenen Theologie, in der Theologie und Spiritualität, Glaubenswelt und Lebenswelt wieder zusammengeführt werden.

Das Buch nimmt den Leser mit hinein in oft überraschend einfache, wohltuende Lebensvollzüge: Immer wieder hält man beim Lesen schlicht deswegen inne, weil man sich unversehens schon in eine Verfassung des Vor- und In-Gott-Seins hineinversetzt sieht, sich und seine Mit-Welt anders wahrzunehmen beginnt. Das vielen so schwierige und verdächtige Beten wird plausibel und legt sich fast von selbst nahe, wird leicht, wenn man sich der Wegführung dessen überläßt, was Dorothee Mann so anschaulich-konkret und einleuchtend in dichter, weithin sehr schöner Sprache entfaltet.

Ein ausgereiftes und ein ermutigendes Buch!

Frankfurt am Main, im September 1997   *Hans Kessler*

VORWORT

Sprache der Zukunft

Auch ich kann nicht beten.
Ich glaube, man sieht uns allen an,
daß wir nicht beten können.
Man sieht es auch denen an,
die weiterhin beten oder zu beten meinen.
Dennoch kann ich mir
die Sprache einer besseren Zukunft
nicht vorstellen ohne etwas wie Gebet[1]

Dieses Gedicht von Kurt Marti stand am Anfang meiner Auseinandersetzung mit dem Gebet. Als Kind meiner Zeit, dem die Anfragen der Religionskritik bereits unbewußt mitvermittelt wurden, war Gebet ein Thema, dem ich mit viel Skepsis begegnete: Hin und her gerissen zwischen der Ablehnung gegenüber spiritualisierenden Praktiken und einem zunächst unbestimmten Gefühl, daß gerade das ungeliebte Gebet, sofern es in einem zu bestimmenden Rahmen, in einer zu bestimmenden Intention praktiziert wird, den Schlüssel zu einer echten Alternative gegenüber der oft erschreckend banalisierenden Lebenspraxis bildet, habe ich mich auf die Suche gemacht, Wesen und Absicht des Gebets neu zu entdecken und zu bestimmen.

Unterstützt wurde dieses Nachdenken durch das Studium und die vielen Gespräche und Anfragen, die mir in diesem Zusammenhang begegneten. Das Thema des Gebets ist eine zentrale Frage unserer Zeit: Der Mangel an Orientierung und innerem Halt scheint mit dem Verlust der Mitte bzw. dem hilflosen Unvermögen, einen Zugang zu dieser Mitte zu finden, einherzugehen.

Die Theologie erscheint als ein mehr oder weniger plausibles und in sich geschlossenes System, in dem die Offenheit für die Wirklichkeit Gottes zwar ›enthalten‹ ist, dem es aber selten gelingt, seine transzendente Mitte durchscheinen und sich von ihr immer wieder aufbrechen zu lassen. Spiritualität und Theologie stehen eher unverbunden nebeneinander.

Eine Auseinandersetzung mit dem Gebet wird eher ›frommen Kleinschriften‹ oder fundamentalistischen Gruppen überlassen. Religionspädagoginnen und -pädagogen bleiben in der Vermittlung weitgehend allein. Es wundert nicht, wenn jungen Menschen, die einen sowohl authentischen wie vernünftig begründbaren christlichen Weg suchen, der Zugang zum Gebet – und damit

---

[1] In: Kurt Marti, Zärtlichkeit und Schmerz, 3. Aufl. Darmstadt / Neuwied 1979, S. 117.

13

auch eine tragfähige Beziehung zu dem Gott Jesu – verwehrt bleibt. Es wundert nicht, daß die Bereitschaft und Fähigkeit zum Dialog über Glaubensfragen und mit anders Glaubenden zurückgeht, wenn kaum spirituelle Identität vorhanden ist. Gebet und Spiritualität bilden die Grundlage für das innerchristliche ökumenische Gespräch wie für den Dialog mit anderen Religionen[2]: Die gemeinsame Hinwendung zu Gott und das Hören auf die Zeichen der Zeit bilden die Grundlage für einen Dialog, dessen Ziel nicht abstrakte Aussagewahrheiten sind, sondern praktizierte Verantwortung für Gerechtigkeit, Frieden und Bewahrung der Schöpfung. Die Zeugniskraft von Theologie und Kirche erweist sich am Grad der sie tragenden Spiritualität. Spiritualität und Theologie bedingen und formen einander, da im christlichen Glauben nicht *etwas* (einem System, einer abstrakten Wahrheit, einem Buch), sondern *jemandem* geglaubt wird, einer bis heute lebendigen Person, dem Gekreuzigten. Ihm will und muß eine sich christlich nennende Theologie bis heute folgen und vermag dies nur, wenn sie sich ihm auch immer wieder aussetzt; christliche Theologie muß sich daran messen lassen, ob sie – ausgesprochen unter dem Kreuz (und den Kreuzen heute) – Aug' in Auge mit dem Gekreuzigten bestehen kann.

Gisbert Greshake weist darauf hin, daß Spiritualität eine den ganzen Menschen erfassende Grundhaltung ist, die auch seine Vernunft einbeziehen will, wenn sie nicht »zur emotionalen Droge oder zur fundamentalistisch-fideistischen Selbstbetrachtung verkommen« soll. Deshalb tendiere christliche Spiritualität – und damit auch eine Gebetslehre – notwendig dahin, »ihre Implikate – und dazu gehören ihre Voraussetzungen sowie ihre Konsequenzen – mit Hilfe der Vernunft und vor ihrem Forum zu entfalten, zu reflektieren, in einen stimmigen Zusammenhang zu bringen und mit den übrigen Faktoren des Selbst- und Weltverständnisses des Menschen auf ein integrales Ganzes hin zu vermitteln«[3].

Als Beitrag zum Verhältnis von Spiritualität und Dogmatik unternimmt dieses Buch einen solchen Versuch, theologische Grundzüge des Gebets zu entwickeln. Im Zuge seiner Entstehung hat sich mehr und mehr gezeigt, daß das Gebet keineswegs nur ein Randthema, sondern den Schlüssel zur gesamten Theologie und ihren Grundmustern bilden kann. Im Gebet trifft sich das Ganze des Glaubens. Das Spezifikum christlichen Glaubens liegt im Bekenntnis zum dreieinen Gott, dem Schöpfer, Erlöser und Vollender von Welt und Geschichte. Das Bekenntnis zum dreieinen Gott und die Erfahrung seiner reichgestaltigen Gegenwart fallen jedoch in der Praxis oft auseinander. »Da wird von Gott

---

[2] Ein Beispiel dafür bot 1986 der Weltgebetstag der Religionen in Assisi, zu dem Johannes Paul II. die Vertreter der Weltreligionen eingeladen hatte, um aufgrund der Bedrohung des Weltfriedens trotz religiöser Differenzen im Bewußtsein der Einheit des Menschengeschlechtes, d. h. der einen globalen Schicksalsgemeinschaft und ihrer gemeinsamen Verantwortung miteinander für den Frieden zu beten. Zur Bedeutung dieses Ereignisses und zur konstruktiven Auseinandersetzung mit dem Synkretismusverdacht vgl. Max Seckler, Synodos der Religionen, in: ThQ 169 (1989), S. 5–24.

[3] Gisbert Greshake, Dogmatik und Spiritualität, in: Eberhard Schockenhoff / Peter Walter (Hg.), Dogma und Glaube. FS Walter Kasper, Mainz 1993, S. 235–252, hier S. 240.

gesprochen (und zu ihm), als hätte Jesus (als hätten wir) erst sekundär mit ihm zu tun und bliebe ihm nur äußerlich. Da ist vom heiligen Geist nur numinos und diffus die Rede, ohne Erdung und Verinnerung im Selbstverständnis und Verhalten der Glaubenden«[4]. Im Gebet jedoch – so wird im folgenden deutlich – fallen die drei Dimensionen seiner Gegenwart unausgesprochen zusammen, es ist immer schon trinitarisch orientiert, insofern es die dreigestaltige Nähe Gottes voraussetzt und einfordert. Der Beter und die Beterin wissen sich angerufen von einem Du, das zuinnerst nah und doch gegenüber ist.

Im Gebet wird das ›Geheimnis des Glaubens‹ praktiziert, hier geschieht die Übereignung des schöpferischen und soteriologischen Impulses, in dem Gott sich selbst mit- und austeilt. Hier liegt daher auch der Schlüssel für eine alternative Lebensform: Indem Menschen sich mit dem eigenen Leben immer wieder für den dreieinen Gott öffnen, für den, der immer schon (da) war und (da) bleibt, der dem Menschen zugleich immer gegenüber steht und sich als lebenschaffende und erlösende Macht qualifiziert, kann dieser Gott sie wandeln und durch sie handeln: Er wandelt vom Haben(-Wollen) zum Sein(-Lassen-Können), ›Macher‹ lädt er zum Empfangen, zum Hören und zur Selbstzurücknahme ein, Machtlosen verleiht er Ermächtigung (wie an den Aufbrüchen in Lateinamerika, Asien und Afrika oder der feministischen Theologie abzulesen ist, die sich jeweils aus christlicher Spiritualität nähren); Privilegierte kräftigt er zum freien Verzicht, Gleichgültige und Stumpfgewordene lehrt er das Staunen angesichts der ›Wunder‹, die sich täglich ereignen.

Der Mensch, der insbesondere seit Beginn der Neuzeit in der Gefahr steht, in Wahrnehmung seiner Freiheit den eigenen Halt zu verlieren, und sich daher zunehmend in einem totalen und egoistischen Ja zu sich und seiner Macht in seiner (von ihm gestalteten und unterjochten) Welt zu verschließen droht, wird im Gebet aufgeschlossen – für die Schwestern und Brüder, die Schöpfung, für sich selbst, für Gott. Die universale Solidarität, die etwa angesichts der wachsenden ökologischen Probleme immer notwendiger wird, wird hier nicht durch Gesetze und Moral, sondern durch eine Beziehung manifestiert: Die Beziehung zu Gott ist es, die korporative Verbundenheit mit Menschen und Natur stiftet – global und geschichtsübergreifend. Im Gebet wird die Bindung an die Mitte praktiziert, die dem endlichen Menschen allein Halt zu geben vermag und dabei den Ertrag neuzeitlicher Freiheitsgeschichte wahrt.

Unsere Leistung – und sei sie noch so gut gemeint – in den verschiedenen Fachwissenschaften, in Politik, Gesellschaft und Medien, wird uns ›ohne etwas wie Gebet‹ nicht nur in eine Richtung lenken, die die Aporien unserer Tage noch verschärft, sondern die Wirklichkeit – und in ihr der kostbare Alltag – wird auch grausam banal, sofern sie nicht – vermittelt durch Menschen – ›geheiligt‹ wird.

Die vorliegende Untersuchung wurde im Sommersemester 1996 von der Katholisch-Theologischen Fakultät der Universität Tübingen als Lizentiatsarbeit angenommen. Sie stellt eine erweiterte Fassung einer ursprünglich am

---

[4] Gotthard Fuchs, »Du bist mein Atem, wenn ich zu dir bete«, in: KatBl 114 (1989), S. 117.

Fachbereich Katholische Theologie der Universität Frankfurt eingereichten Arbeit dar. Für die Publikation wurden leichte Veränderungen vorgenommen. Besonders danken möchte ich Birgit Möller, Dr. Livia Stracke, Bernhard Dörr und Barbara Schoppelreich für fachkundige Hilfe, stets offene Ohren und Herzen und für das Lesen der Korrektur; Maria Hungerkamp für wertvolle Anregungen zum Verhältnis von Theologie und Spiritualität; Sr. Dolores Haas, die mich häufig bei meiner Arbeit im Kirchenladen entlastet hat; Herrn Prof. Dr. Hans Kessler, von dem ich viel gelernt habe, der diese Arbeit im besten Sinne herausgefordert und mit wachem Interesse und vielerlei Ermutigung begleitet hat; Herrn Prof. Dr. Bernd Jochen Hilberath für wertvolle Hinweise bei der Überarbeitung und die freundliche Aufnahme in sein Tübinger Kolloquium.

Ich danke Herrn Dr. Michael Lauble für die sorgfältige Betreuung beim Echter-Verlag; ich danke der Hegge-Kommunität, die mir in den letzten Monaten den Freiraum gab, der für die letzte Überarbeitung notwendig war. Nicht zuletzt möchte ich der Frankfurter oikia-Basisgruppe danken, der ich mich bleibend verbunden weiß.

Die Hegge / Willebadessen, im August 1997   *Dorothee Mann*

1 GEBET IN DER KRITIK

Schwierigkeiten mit dem Gebet hat es wohl zu allen Zeiten gegeben. Beten ist ja ein ganz einfaches, aber doch kein leichtes Tun: Es ist nicht die Frucht eines inneren Dranges, es entsteht nicht aus einem natürlichen ›religiösen Gefühl‹; vielmehr ist christliches Beten ein Tun, das »jede anthropozentrische Selbstgenügsamkeit in Frage stellt«[1], eine Bewegung weg vom eigenen Ich, eine Öffnung und Antwort auf einen Anruf, der – obwohl ganz nahe – gerade nicht zwingt, ein Vollzug, zu dem Menschen sich in Freiheit entscheiden müssen; es ist etwas, »das nur ist, wenn wir es tun (...) und sonst nicht«[2]. In unserer weitgehend säkularisierten, westlich-aufgeklärten Welt ist jedoch die Legitimation und Plausibilität des Gebets in eine Krise geraten[3]. Von verschiedenen Seiten stößt es – sowohl von Gegnerinnen und Gegnern der Kirche als auch von engagierten Christinnen und Christen – auf vehemente Kritik; diese gipfelt in der postmodernen Haltung der Gleichgültigkeit, die Johann Baptist Metz als »Gotteskrise (...) in einer religionsfreundlichen Atmosphäre« diagnostizierte: »Der Atheismus von heute kann nämlich schon wieder Gott – zerstreut, trivial oder gelassen – im Munde führen, ohne ihn wirklich zu meinen«[4].

1.1 Gebet als Illusion

Die klassische Religionskritik hat gegen die Religion – und somit auch gegen religiöse Vollzüge – den Projektionsverdacht erhoben. Gebet wird hier als Ersatzhandlung, als Kompensation der eigenen Hilflosigkeit gedeutet[5]. Wo der Glaube an eine lebendige Wirklichkeit Gottes als bloße Projektion abgelehnt wird, wird Gebet auf ein »Verhalten des menschlichen Herzens zu sich selbst, zu seinem eigenen Wesen«[6] reduziert; eine Deutung des Gebets als Hinwendung zu einer transzendenten Wirklichkeit muß hier notwendig als Selbsttäuschung gelten.

Die Herausforderung der neuzeitlichen Religionskritik hat zu einer Korrektur von magischen oder spiritualisierenden Fehlformen religiöser Praxis geführt. Bei den aktuellen Einwänden gegen das Gebet ist der Projektionsverdacht inzwischen in den Hintergrund getreten bzw. hat sich modifiziert. Die Schwierigkeit, die heute im Vordergrund steht, ist die durch Säkularisierung, Pluralisierung und Traditionswandel eingetretene Entfremdung von traditionellen religiösen Praktiken und (Gebets-)Riten. Gebet ist keine selbstverständliche Handlung mehr; es hat – von Ausnahmen abgesehen – im Alltag kaum noch

17

einen festen Ort. Menschen, die nicht ohnehin beten, ist nicht mehr verständlich zu machen, warum man beten sollte. Als ein Tun, dessen Nutzen sich menschlicher Meß- und Überprüfbarkeit letztlich entzieht, als ein Tun, das keinen greifbaren Zweck erfüllt, ist es schwer, mit den geltenden Maßstäben – wie Leistung, Funktionalität, Erlebniswert – kritisch-aufgeklärten Zeitgenossinnen und Zeitgenossen Sinn und Absicht des Gebets begreiflich zu machen. Es ist kaum möglich, Gebet als notwendig darzustellen. Neben Vorbehalten gegenüber allen kirchlichen Empfehlungen steht im Hintergrund der Ablehnung scheinbar immer die Frage: Was bringt's (mir/uns)?

Um diesen Fragen begegnen zu können, muß zuallererst nach dem *Wirklichkeitsverständnis* gefragt werden, das christlichem Gebet zugrunde liegt, da es den Hintergrund bildet, vor dem sich Beterin und Beter immer schon vorfinden und den sie in ihrem Beten immer schon voraussetzen: Das Verständnis der Wirklichkeit konstituiert sich bei Christen nicht – positivistisch-reduktionistisch – durch das bloße Dasein, sondern durch die Selbstoffenbarung Gottes am Sinai und in Jesus Christus; diese stellt die Welt in ein dialogisches Verhältnis zu jener Wirklichkeit (Gottes), die diese komplexe Größe (Welt) umfaßt, trägt und ermöglicht. Welches spezifische Gottes-, Menschen- und Weltbild wird also von Beterinnen und Betern vorausgesetzt?

Wir beginnen dazu mit einer knappen *Skizze des Gottes-, Welt- und Menschenbildes*, wie sie sich im biblischen Gesamthorizont darstellt. Im Rahmen dieser Untersuchung können dabei nur einige – wenn auch zentrale – Akzente gesetzt werden, die für das Thema des Gebets als Ort der Übereignung an Gott und der Verbündung von Gott und Mensch unverzichtbar sind. Bei der bibeltheologischen Darstellung sind die Zeugnisse beider Testamente entsprechend dem in diesen (Testamenten) verkündigten einheitlichen Offenbarungs- und Heilshandeln Gottes in eins genommen. Damit folgen wir der heute zunehmend vertretenen Einsicht, »daß wir es in der Bibel (den Schriften des Ersten wie des Neuen Testaments) mit der Selbigkeit oder Selbstidentität Gottes zu tun haben«[7], die sich freilich zu unterschiedlichen Zeiten in unterschiedlicher Deutlichkeit mitgeteilt hat. Wir verzichten also auf eine jeweils eigene Darstellung von erst- und neutestamentlicher Offenbarung. Vielmehr sollen die Grundzüge menschlicher Selbst-, Gottes- und Welterfahrung, wie sie die biblischen Schriften bezeugen, dargestellt und sogleich in Form systematischer *Erträge* für unsere Fragestellung ausgewertet werden, um so das christlichem Gebet zugrundeliegende Verständnis der Wirklichkeit aufzuzeigen.

1.2 Warum Beten?

Innerhalb der Kirche, bei gläubigen Christinnen und Christen, tauchen Fragen und Verunsicherungen auf, die aus der Schwierigkeit entstehen, das Gebet mit dem Glauben an einen allmächtigen Gott vernünftig zusammenzudenken. Ist etwa das Bittgebet mit der Allmacht Gottes zu vereinbaren?

Wenn Gott allwissend ist, weiß er doch besser, wessen wir bedürfen – wofür sollen wir dann also beten? Und läßt sich Gott durch das Gebet zu einem Handeln bewegen, das er ohne das Gebet nicht getan hätte? Wenn ja – ist er dann noch allwirksam; wenn nicht – ist Gebet dann nicht sinnlos?[8]

Eine andere Schwierigkeit mit dem Gebet, die ebenfalls immer wieder im innerkirchlichen Raum diskutiert wird, ist die Befürchtung der Weltflucht. Christinnen und Christen nehmen hier die Anfrage der Religionskritik produktiv auf, wenn sie Gebet als einen häufig illegitim-beruhigenden Frömmigkeitsakt verdächtigen, der notwendiges Handeln vergessen läßt bzw. zu ersetzen scheint: »An die Stelle autonomen, verfügenden, weltlichen Handelns, das sich selbst verantwortet, tritt in bestimmten Grenzsituationen das Gebet – als Illusion (...) dessen, der zu wirksamem Handeln nicht fähig oder nicht willens ist«[9].

So hat etwa Paul M. Zulehner innerhalb der Kirchen zwei Gruppen unterschieden, nämlich »unfromm-politische und unpolitisch-fromme«[10] Kirchenmitglieder. Die unpolitisch Frommen kennzeichne ein ausgeprägter Trend zu weltabgewandter Innerlichkeit, während die andere Gruppe – z. T. kirchlich organisiert – in außerkirchlichen Bewegungen mitarbeitet, sei es Frauen- oder Umweltbewegung, sei es Amnesty International oder Eine-Welt-Arbeit. Die politisch orientierten Christinnen und Christen machen – bezugnehmend auf die prophetische Tradition wie auf das konkret-befreiende Handeln Jesu – darauf aufmerksam, daß Gebet und Gottesdienst häufig Alibihandlungen sind, stehen ihnen daher kritisch gegenüber und proklamieren, daß der biblisch-christliche Gott keine Opfer, sondern tätige Barmherzigkeit und Gerechtigkeit will (vgl. Mt 5,23f; 9,13; Hos 6,6; Am 5,21–24). Sie weisen auf einen gefährlichen Trend in den reichen westeuropäischen Kirchen hin: eine Spaltung von Frömmigkeit und sozialem und politischem Engagement.

Wie wir später sehen werden, führt christliches Gebet nie aus der Weltverantwortung weg, sondern genau in sie hinein. Christliche Gebetspraxis muß sich also immer wieder daran messen lassen, ob sie den Beter, die Beterin für die Not der anderen öffnet. Christinnen und Christen müssen tatsächlich immer wieder prüfen, ob ihr Gebet zu einer Ersatzhandlung geworden ist.

Wenn Nicht-Beter nicht sehen können, warum man beten soll und wie man beten kann, wenn Gläubige nicht wissen, ob man es nach christlichem Gewissen überhaupt darf, so liegt das daran, daß sie oft nicht mehr wissen, was das eigentlich ist: Gebet.

Um den Fragen nach der Plausibilität begegnen zu können, sind in einem nächsten Schritt jene *Grundbestimmungen* zu entwickeln, die das *Gottesverhältnis im Gebet* markieren, um so Wesen und Funktion christlichen Betens sichtbar werden zu lassen. Was also ›passiert‹ im Gebet? Wo hat es seinen Ort in der Wirklichkeit? An wen wendet es sich? Inwiefern kann es zu einer heileren, menschenwürdigeren und gerechteren Welt beitragen? Auf welche Weise wirkt Gott im Gebet in der Welt? Wie verhält sich die Wirksamkeit Gottes zur Wirksamkeit der Menschen und der Natur? Wie ist die Rede von der Allmacht Gottes etwa mit dem Bittgebet sinnvoll zusammenzudenken?

1.3 Wie Beten?[11]

In kirchlichen Bildungseinrichtungen, Basisgruppen und Gemeinden begegnet bei der Gottesdienstgestaltung immer wieder Verlegenheit und Verunsicherung hinsichtlich dessen, wie man eigentlich authentisch beten soll und kann. Vielen Zeitgenossen fällt es schwer, mit und vor anderen über so persönliche Dinge wie ihren Glauben zu sprechen oder ihn gar in Form eines persönlichen, vielleicht aus dem Augenblick heraus geborenen Gebets *auszusprechen*; zugleich stehen sie einem reinen ›Nachbeten‹ alter, scheinbar leer gewordener (Formel-) Gebete hilflos, ja oft ablehnend gegenüber. Auf diesem Gebiet bedürfen wir neu einer entsprechenden »aktiven Sprachkompetenz«[12], des Vermögens, in der erlernten Sprache entsprechend der neuen geschichtlichen Situation Eigenes und Neues auszusagen. Der Spielraum, der seit der Liturgiereform des II. Vatikanischen Konzils zur Gestaltung der Gebetssprache größer geworden ist, kann nur dann sinnvoll genutzt werden, wenn wir verstehen, welchen besonderen Gesetzen die Gebetssprache folgt.

Daher untersuchen wir in einem dritten Schritt mit Hilfe der modernen Sprachphilosophie die *spezifische Weise des Sprechens*, die im Gebet verwendet wird; sie weist eine andere Struktur auf als etwa die Argumentationssprache. Dabei wird deutlich, daß und wie die Gebetssprache genau das im ersten Teil entwickelte Wirklichkeitsverständnis beansprucht und wie sie diese Wirklichkeit erschließt. Die Gebetssprache läßt sich nicht abstrakt und jenseits vom Gebet veranschaulichen. Deshalb werden wir immer wieder einige Gebetstexte daraufhin untersuchen, was in ihnen sprachpragmatisch *getan* wird.

1.4 Wer und was ereignet sich im Gebet?

Das Spezifikum christlichen Glaubens liegt im Bekenntnis zum dreieinen Gott, dem Schöpfer, Erlöser und Vollender von Welt und Geschichte. Im letzten Schritt werden wir beleuchten, was dieses Bekenntnis für das Gebet bedeutet, inwiefern sich der dreieine Gott im Gebet wirksam zeigt und ereignet. Wenn ernst genommen wird, daß Gebet der Ort ist, an dem Menschen sich an diesen Gott wenden, und wenn es stimmt, daß Gott hier real begegnet, müßte er sich (nicht nur, aber auch) im Gebet frei als Schöpfer, Erlöser und Vollender erweisen. Inwiefern kann davon gesprochen werden? So wird – jenseits von frommer Schwärmerei und geistlichem Konsumismus – nach konkreten ›Früchten‹ des Gebets gesucht, die freilich den drei (-einen) Dimensionen der Nähe Gottes entsprechen müssen.

Im Zusammenhang der nun folgenden Überlegungen verstehen wir unter Gebet die ausdrückliche Hinwendung zu dem Gott Jesu. Der Begriff umfaßt sowohl persönliches als auch öffentliches Gebet, etwa innerhalb einer Gottesdienstgemeinde.

Es gibt auch andere Vollzüge, in denen man sich selbst – sicherlich auch auf Gott hin – übersteigt, wie etwa Meditation, Spiel, Musik, Tanz, Kunst, Schreiben[13]. Im Rahmen dieser Arbeit gelten sie dann als Gebet und sind als mögliche Vollzugsformen mitgemeint, wenn sie als *ausdrückliche und bewußte* Hinwendung zu Gott praktiziert werden, wenn Gott in ihnen bewußt ›angesprochen‹ wird[14].

---

[1] Enzo Bianchi, Heutige Fragen nach dem Sinn des Betens, in: Conc 26 (1990), S. 215. Daß Gebet nur in Ausnahmefällen einer plötzlichen Eingebung – etwa einer gefühlvollen Welle der Begeisterung – entspringt, sondern normalerweise ein Tun ist, zu dem man sich durchringen muß und zu dem es der Ausdauer, Übung und Disziplin bedarf, darin sind sich erfahrene Beter und Beterinnen offenbar einig. So formuliert etwa Romano Guardini, »daß das Gebet nicht nur ein Ausdruck des Innern ist, der sich von selbst durchsetzt, sondern auch und in erster Linie Dienst, der in Treue und Gehorsam getan werden soll« (Vorschule des Betens, Mainz u. a. 1990, S. 12). Ebenso ist jede (ernsthafte und ehrliche) zwischenmenschliche Beziehung auch ›ein Stück Arbeit‹.

Eine technische Bemerkung: Die Literaturangaben in den Anmerkungen enthalten bei Erstnennung eines Titels den Namen des Autors bzw. der Autorin und den vollständigen Titel des Buches bzw. des Artikels. Bei Lexikon- und Zeitschriftenartikeln erscheint bei der Erstnennung die dafür gebräuchliche Abkürzung. Bei Mehrfachnennung werden der Nachname des Autors bzw. der Autorin und ein Kurztitel aufgeführt. Eine vollständige Bibliographie findet sich im Anhang.

[2] Karl Rahner, Von der Not und dem Segen des Gebets, Freiburg 1985, S. 11.

[3] Vgl. etwa den Artikel »Gebet« von Christoph Türcke in: Die Zeit, Nr. 16 vom 15.4.1994, S. 55. Auf der anderen Seite ist ja heute ein breites Aufbrechen neuer Religiosität zu beobachten – das Wiedererwachen fundamentalistischer Glaubenshaltungen, ein Boom an esoterischen Zirkeln, neuen ›Offenbarungen‹, Sekten, auch Neogermanismus oder das breite Spektrum religiöser Ansätze, das sich auf dem grauen Psychomarkt (z. B. astrologische Lebensberatung) tummelt. Auf diese Phänomene kann hier jedoch nicht näher eingegangen werden; als Literaturempfehlung dazu, auch für die notwendige Unterscheidung der Geister: Josef Sudbrack, Neue Religiosität, Mainz 1987; Georg Schmid, Im Dschungel der neuen Religiosität, Stuttgart 1992; Hansjörg Hemminger, Fundamentalismus in der verweltlichten Kultur, Stuttgart 1991.

[4] Gotteskrise, in: Feuilleton-Beilage der Süddeutschen Zeitung Nr. 168 vom 24./25.7.1993.

[5] Etwa Ludwig Feuerbach, Das Wesen der Religion, hg. v. A. Esser, Köln 1967.

[6] Feuerbach, ebd., S. 184.

[7] Johannes H. Schmid, Biblische Theologie in der Sicht heutiger Alttestamentler, Gießen 2.Auflage 1988, S. 3.

[8] Weitere Einwände, insbesondere gegen das Bittgebet, finden sich gesammelt bei Anselm Hertz, Zur Problematik des Bittgebets, in: ThQ 157 (1977). Außerdem bei Oscar Cullmann in seiner Monographie über »Das Gebet im Neuen Testament« (Tübingen 1994); er hat seiner Untersuchung einen einleitenden Teil vorangestellt, in dem er Schwierigkeiten sowie prinzipielle Einwände gegen das Beten darstellt; Cullmann antwortet auf diese von seiten des neutestamentlichen Befundes.

[9] Dorothee Sölle, Gebet, in: Dies., Atheistisch an Gott glauben, München 1983, S. 109. Für Sölle hat das Gebet deshalb nicht ausgedient, vielmehr müht sie sich um ein verantwortetes Gebetsverständnis: »Im Gebet übernimmt der Mensch die Verantwortung für das Kommen des Reiches Gottes (...) Die entscheidende Frage ist, ob dieses Gebet den Menschen auf sein Ich konzentriert oder ob es ihn aufschließt für die Welt« (Das entprivatisierte Gebet, in: Dies., Das Recht ein anderer zu werden, Stuttgart 1981, S. 155).

[10] Paul M. Zulehner, Mystik und Politik, in: GuL 62 (1989), S. 405.

[11] Diesem Problemkomplex hat sich insbesondere Richard Schaeffler zugewendet; vgl. zu diesem Abschnitt Schaeffler, Kleine Sprachlehre des Gebets, Einsiedeln 1988, S. 13 ff.

[12] Schaeffler, ebd. S. 13.

[13] »Insofern jeder Heilsakt eine implizite Bezogenheit auf Gott hat, ist er wirklich Gebet; dieser Umstand macht aber das formelle Gebet, die ausdrückliche ›Erhebung des Herzens‹ zu Gott nicht überflüssig« (Karl Rahner, Art. Gebet, in: LThK, Bd.IV, Freiburg 1960, S. 545).

[14] Das ›Ansprechen‹ ist hier als Beziehungs- und Kommunikationsbegriff und nicht unbedingt als Sprachhandlung verstanden.

2 DAS IM GEBET BEANSPRUCHTE VERSTÄNDNIS DER WIRKLICHKEIT

Das Wirklichkeitsverständnis, das dem Gebet zugrunde liegt, unterscheidet sich fundamental von der mechanistisch-reduktionistischen Wirklichkeitsdeutung, die in unserer westlich-aufgeklärten Gesellschaft Gültigkeit und Plausibilität besitzt. Ein spezifisches Menschen- und Weltbild sowie ein spezifisches Verständnis des Göttlichen bilden die Grundpfeiler für diese Deutung der Wirklichkeit: Was ist das für ein Gott, (von) dem nach biblischem Zeugnis geglaubt wird, daß er Gebete (er-)hört? Wie ist – nach biblischer Auffassung – die Welt beschaffen, daß das Gebet in ihr einen Sinn haben sollte? Wer ist schließlich der Mensch, daß er beten kann, soll und darf? Für eine solche Bestandsaufnahme soll im ersten Schritt das biblische Zeugnis befragt werden.

Ein Darstellungsproblem ergibt sich daraus, daß keine der drei Größen ohne die jeweils anderen vorgestellt werden kann, was freilich bereits auf die entscheidende Grundaussage über das hier behandelte Wirklichkeitsverständnis hindeutet: Nach biblischer Wirklichkeitswahrnehmung ist die Welt mitsamt den Menschen ohne Gott nicht vorstellbar. Es wird daher beispielsweise im Kapitel über die Welt immer auch um Gott und um den Menschen gehen; auch Wiederholungen sind unvermeidlich. Im Anschluß an jedes Kapitel ist nach dem Gewinn für die Deutung der Wirklichkeit zu fragen[1] sowie nach dem jeweiligen Ertrag für das Gebetsverständnis; Leitfragen sind dabei, wie Gott in der Welt wirkt, wie sich das Handeln Gottes und das Handeln des Menschen zueinander verhalten.

2.1 Zum biblischen Gottesbild

Der biblische Sachverhalt verbietet, zuerst an eine abstrakte Existenz Gottes ›an sich‹ bzw. ›für sich‹ und dann erst an die konkreten Handlungen Gottes, an sein Wirken für die und in der Welt zu denken. Es ist daher nicht möglich, eine Gotteslehre zu entwerfen, bei der Schöpfung und Geschichte erst sekundär behandelt werden: Weil Jahwe sich selbst darauf festgelegt hat, der Gott Israels und der Welt zu sein, muß *in* Schöpfung und Geschichte nach seinem Wirken gesucht werden, nicht jenseits von ihnen. Somit kristallisiert sich in der biblisch-christlichen Tradition eine Grunderfahrung Gottes heraus, über die gesprochen werden kann. Es ist die Erfahrung, daß Jahwe ein Gott für die Menschen, ein Gott für die Welt ist.

2.1.1 Selbstoffenbarung als Mit-Sein[2]

Die biblische Grunderfahrung zeichnet sich dadurch aus, daß Gott nicht – wie etwa im griechischen Denken – als ein absolut transzendentes Wesen erfahren wird, das in seliger Unberührtheit sich selbst genügt; vielmehr wird Gott als einer erfahren, der sich darauf festgelegt hat, für Israel und für die Welt als verborgener Begleiter dazusein.

Das Ereignis[3], bei dem Gott seinen Namen geoffenbart hat, wird in Ex 3,14 überliefert: Der Erzähler (E) stellt Jahwe vor als »ich will bei (für) euch dasein als welcher ich bei (für) euch dasein will«. Der Name Gottes ist hier bezeichnenderweise kein Hauptwort, sondern ein Verb[4]. Damit ist zum einen verdichtet ausgedrückt, daß Jahwe kein fernes, in sich abgeschlossenes und sich selbst genügendes Abstraktum ist, sondern ein Gott, der ein Ereignis ist und dessen (innerster) Wille sein *Dasein für* Israel und die Welt ist. Zum anderen ist dieser Name ein Aufweis seiner Souveränität, insofern er jede menschliche Verfügung von sich weist: Er ist so da, daß man mit ihm rechnen muß, wenn Jahwe will und wie er es will, auch wenn es uns Menschen stört[5].

Der Name Jahwes ist ein Verb ohne eindeutig zeitliche Zuordnung. Er umfaßt damit jede zeitliche Dimension. Insofern die Namensoffenbarung für Israel nicht die erste Offenbarung ist, Jahwe vielmehr in Ex 3,6.13 mit dem Gott der Väter und Mütter identifiziert wird, ist er der Gott, der sich bereits in der Vergangenheit als Mitgehender erwiesen hat. Damit geht der Verdichtung im Namen bereits das wirksame Handeln Gottes in der Geschichte voraus, bildet dessen Grund und ›beweist‹ gleichsam die Wahrhaftigkeit des Namens. In dem Namen Jahwe ist, wie Erich Zenger treffend formuliert, »eine Erfahrung personalisiert«[6]. Gleichermaßen weist er in die Zukunft: Da er ein Geschehen ist, bedarf er der Konkretisierung in der jeweils aktuellen Gegenwart, verlangt er »Einzelerfahrungen, in denen sich die Grunderfahrung (der Väter und Mütter) erneuert: Wo Freiheit und Leben ist – da ist Jahwe«[7].

Nach biblischem Zeugnis hat Gott sich aus Liebe daran gebunden, der Gott Israels bzw. der Gott für die Welt[8] sein zu wollen (vgl. Ex 6,7; Lev 26,12; Jer 24,7; Mk 1,15). Er will kein ›absoluter‹ Gott – das hieße ein von der Welt ›losgelöster‹ Gott – sein, sondern will für die Welt dasein; er ist Be-*weg*-ung *für*, Weg – weg von sich selbst, »relationales Sichbeziehen, Hin-zu«[9]. Insofern Gott sich selbst darauf festgelegt hat, ein Gott für die Welt zu sein, sein Dasein auf die Welt hin zu vollziehen[10], ist er unlösbar mit der Welt und den Geschöpfen verbunden; er würde sich selbst – seinem Willen – untreu, wenn er seine Geschöpfe verlassen würde[11]. Für Gott ist jedoch ein solcher Widerspruch nicht denkbar. Gerade in der Selbstbindung an Israel und die Welt zeigt sich die Größe und unfaßbare Güte Jahwes: Er thront nicht in sicherer Entfernung, sondern bleibt seinem Volk treu zugewandt, was auch immer es tun, wie oft es ihn auch verachten mag.

2.1.2 Mitsein als freigebende Selbstzurücknahme

Jahwe entläßt Israel und die Welt nicht in ein bloßes Dasein. Hinter seinem schöpferischen Tun steht eine bestimmte Absicht. Sie zeichnet sich dadurch aus, daß er *nichts für sich* selbst will, sondern allein das Wohlergehen und die Entfaltung der Geschöpfe erstrebt. Da er – kraft seiner verborgenen Präsenz in den Geschöpfen – allein Leben und Wohlergehen schenkt, ist der Inhalt seines Willens bereits sein Mit-Sein, ist Leben sein Nahesein. Das Handeln Gottes ist somit ein Geschehen, »das in eins Offenbarungs- und Heilshandeln ist: (...) geschichtliche(s) Ereignis, in dem *geschieht*, was offenbar wird, und auch nur, *weil* es geschieht, offenbar werden *kann* – eben Gottes unbedingt für die Menschen entschiedene Liebe, in der Gott selbst anwesend ist und sich mitteilt«[12].

Diese Grunderfahrung, daß Jahwe Liebe ist, die nichts für sich selbst will, kann an dem priesterschriftlichen Schöpfungsbericht (Gen 1,1 – 2,4a) exemplarisch abgelesen werden[13].

Gott schafft Licht und Finsternis, das Land und das Meer, Pflanzen und Bäume, Sonne, Mond und Sterne, Tiere und Menschen. Aber er ruft sie nicht nur ins Dasein, sondern stiftet allen Wesen je eigenes Leben ein, kraft dessen die Geschöpfe ihre jeweils eigene Identität erhalten, selbst Leben hervorbringen und für die Welt dasein können. So sollen etwa die Lichter leuchten, *um* Tag und Nacht zu scheiden und *um* die Zeit zu ordnen, sie sollen *in* der Welt leuchten, nicht primär für Gott (1,14ff); Pflanzen, Bäume (1,11ff) und Tiere (1,20ff) sollen *sich* vermehren, sollen *die Erde und das Meer* bevölkern, nicht ein ›Jenseits‹: In ihrer Selbstentfaltung loben sie ihren Schöpfer; die Menschen schließlich sollen »herrschen«[14] über die anderen Geschöpfe, sie sollen Sachverwalterinnen und Sachverwalter in der Welt sein – um Gottes Willen für das Wohl der Erde. Die Billigungsformel am Ende jedes Tages weist in die gleiche Richtung: »Weil die Geschöpfe ›gut‹ sind, sind sie befähigt, ›gut zu tun‹, das heißt, glückliches und heilsames Leben zu ermöglichen«[15].

Die immanente Ermächtigung der Geschöpfe, sich selbst zu entfalten wie auch die Fähigkeit, sich in spezifische Grenzen einzufinden, korrespondiert mit der Selbstzurücknahme Gottes. Die göttliche Liebe zeigt sich gerade darin, daß sie sich selbst zurücknehmen und dadurch den Geschöpfen Raum zur Eigenentwicklung eröffnen kann. Einzig eine allmächtige Liebe, die auch die Eigenständigkeit der Geschöpfe ertragen kann, vermag wirkliche Freiheit zu schenken[16]. Während endliche Größen sich dadurch auszeichnen, daß ihre Selbstlosigkeit und Selbstzurücknahme immer wieder von der Angst eingeholt werden, man könnte darin die eigene Identität verlieren, ist Gott sich seiner Identität – als Liebe und Mitsein – immer schon so sicher, daß er nichts zu verlieren fürchtet, wenn er sich selbst zurücknimmt.

So zeigt sich in der Schöpfung, in der Erfahrung umfassend-existentiellen Getragenseins[17] und in der Perspektive des Glaubens, daß das Wesen Gottes

Liebe ist, eine Liebe, die nichts für sich selbst will, sondern alles – sich selbst – für die Welt. In der immanenten Befähigung zur Selbstentfaltung und Selbst-zurücknahme offenbart sich der transzendente Gott.

Diesem allgemeinen Heilswillen Gottes[18] ›von Anfang an‹ und ›pro nobis‹, der im Ersten Testament[19] bezeugt ist, entspricht im Neuen Testament die Pro-Existenz (H. Schürmann) eines Menschen; durch ihn wird die Heilsintention Gottes eindeutig und irreversibel-wirksam in die Welt gebracht (Kol 1,15): Ein Mensch macht Ernst mit Gott, dessen Mitsein sich im heilenden, gütigen Umgang der Menschen untereinander vollzieht (Lk 11,20); er offenbart damit »das wahre Wesen Gottes und das wahre Wesen des Menschen«[20]. In Jesus von Nazareth zeigt sich, wie human und erlösend ein Mensch sein kann, der ganz aus der Beziehung zu Gott lebt, der dem wohlwollenden Gott ganz in sich Raum gibt[21].

2.1.3 Der Bund als Freiheitsgeschehen: Teilgabe und Teilnahme

Das Ereignis, in dem Gott sein Mitsein-Wollen dem Volk Israel offenbart hat, ist der Bundesschluß.

Der Bundesschluß ist kein historisches, sondern ein theologisches Datum: Mit ›Bund‹ ist nicht ein Verhältnis neben anderen möglichen Relationen dargestellt, sondern die Bewegung Gottes, die immer schon der Welt zu-gewendet ist und sie damit zur Gemeinschaft mit Gott bestimmt (communio). Es ist *ein* Bund Gottes mit seiner Schöpfung und den Menschen, innerhalb dessen sich Gott fortschreitend offenbart und der die gegenseitige, liebende Hingabe zum Ziel hat[22]. In Jesus von Nazareth wurde der Bund erneuert (Mk 14,24; Heb 9,15), wurden endgültige Versöhnung (Röm 11,27; Heb 9,12) und ein »ewiger Friedensbund« (Ez 37,26) gestiftet[23].

Der Bundesschluß erreicht nach der Exodus-Sinai-Tradition seinen eigentli-chen Höhepunkt in der Verkündigung des Dekalogs durch Jahwe. Hier wird deutlich, daß der Wille Jahwes allein das Wohlergehen Israels beinhaltet, und *darum* schenkt er die Gebote. In ihnen offenbart sich der Heilswille Jahwes, sie sind Weisungen für die Menschen auf ihrem Lebensweg[24].

Der Selbstvorstellung Jahwes zu Beginn des Dekalogs, in der ›der Gesetz-geber‹ sich als derjenige ausweist, der sich in der Vergangenheit bereits als Verbündeter erwiesen hat, folgen zunächst Pflichten gegenüber Gott (Ex 20,3–11; Dtn 5,7–15), im zweiten Teil Pflichten gegenüber den Mitmenschen (Ex 20,12–17; Dtn 5,16–21). Hinter allen Pflichten steht der Wille Jahwes, daß es Israel gut ergehen möge. Gehorsam gegenüber Gott und seinen Geboten bewirkt daher gerade keine Unterdrückung, sondern Selbstand; er bewahrt die geschenkte Freiheit.

Insbesondere am Sabbatgebot wird deutlich, daß Jahwe nichts für sich will, sondern alles für Israel: Sechs Tage darf gearbeitet werden, aber ein Tag soll Gott geweiht sein; indem er Gott geweiht ist, Gott aber das Wohlergehen der

Menschen will, ist er ein Tag, an dem die Menschen sich nicht nur regenerieren und erholen, sondern auch ganz zweckfrei ihr Dasein genießen sollen; er ist ein Tag, an dem sie – die ursprüngliche Schöpfungsordnung in Ansätzen wiederherstellend – aus dem oft zerstreuenden und entfremdenden Arbeitsalltag wieder zu sich, zu den Mitmenschen und darin zu Gott finden. Indem die Hebräer diese heilende Ordnung realisieren, loben sie Jahwe *und* erhalten neue Kraft.

Indem die Geschöpfe sie selbst sind, die ihnen geschenkten Möglichkeiten entfalten und sich für das Wohlergehen der anderen Geschöpfe einsetzen, sind sie ›gehorsam‹, realisieren sie ihren geschöpflichen Auftrag und den Bund, loben[25] und ›lieben‹[26] sie Jahwe, das heißt, *in* der Nächstenliebe ereignet sich die Gottesliebe[27]. Die Geschöpfe sollen (und können) *in* ihrem Weltbezug aber sehr wohl auf Gott bezogen bleiben[28] – nicht, weil Gott dies ›bräuchte‹, vielmehr weil die Menschen dieses nötig haben. Die bleibende Bezogenheit auf Jahwe ermöglicht überhaupt erst, sich derart für andere einzusetzen, daß das Engagement für andere nicht zu einer subtilen Art der Machtausübung und Eigenliebe wird.

Jahwes Mühe gilt allein dem Wohlergehen der Welt; die Bewegung in der Schöpfungsordnung zielt »von oben nach unten«[29], das heißt, in die horizontalsoziale Dimension des Lebens. Die Geschöpfe sollen in diese Bewegung ›einschwingen‹: Indem sie die ihnen geschenkten Möglichkeiten für die Welt entfalten, haben sie Anteil an der Hingabe Gottes für die Welt, realisieren sie ihre Geschöpflichkeit.

Aufgabe der Geschöpfe ist die selbstlose Weitergabe des Empfangenen, womit die Inkarnation des göttlichen Heilswillens fortgeführt wird. Das theokratische Denken Israels ist an den Erbarmensgesetzen ablesbar, die im sogenannten Bundesbuch überliefert sind: Sie zielen auf den Verzicht, die eigenen Lebensverhältnisse auf Kosten anderer zu optimieren, sogar auf einen Verzicht, die eigenen Rechte durchzusetzen – zugunsten der Schwachen und Benachteiligten. Genannt werden etwa Sklavinnen und Sklaven (Ex 21,2ff), die Fremden (Ex 22,20; 23,9), die Witwen und Waisen (Ex 22,21ff), die Armen (Ex 22,24ff; 23,6), die einfluß- und machtlosen Mitmenschen (Ex 23,1ff) und auch persönliche Gegner (Ex 23,4f). Auch ein Tierschutzgebot (Ex 23,12) und das Gebot, jedes siebte Jahr die Felder brach liegen zu lassen und ihren Ertrag den Armen zu überlassen (Ex 23,10f)[30], zählen dazu. Diese Bestimmungen sind Teil des Gesetzes in Israel, womit das Erbarmen einem zufälligen und stimmungsabhängigen Verhalten entzogen werden soll[31]. Es entspricht der Überzeugung Israels, daß Recht ohne Integration der Schwachen keine Gerechtigkeit darstellt und damit dem Willen Jahwes widerspricht.

Weil Jahwe ein Gott ist, der für Israel da sein will, sollen die Israeliten zu selbstlos Gebenden werden. Teilnahme und Teilgabe fallen hier zusammen: Indem sie denen umsonst geben, von denen keine Gegenleistung zu erwarten ist, indem sie geben, ohne einen eigenen Nutzen daraus ziehen zu können, nehmen sie teil am Wirken Gottes in der Welt, führen sie in ihrem Leben weiter, was ihnen von Jahwe bereits geschenkt wurde[32].

2.1.4 Der (er-)hörende und (sich mit-)teilende Gott

»Möchte wahr sein, was graviert steht:
daß da jemand ist, der hört.
Möchtest du es sein, der hört, weiß,
sieht, hinabsteigt, zu befreien (...)«[33]

Um die Erfahrung des verborgenen und doch nahen Gottes mitteilbar zu machen, pflegt die biblische Tradition die Vorstellung von einem (er-)hörenden Gott.

Das Hören setzt sowohl Nähe als auch Differenz voraus: Nahesein ohne Differenz wäre Verschmelzung, Differenz ohne Nähe wäre Beziehungslosigkeit, eine Entfernung ›außer Rufweite‹. Ein dritter Aspekt, den das Hören voraussetzt, ist Interesse: Ohne inneres Interesse (Liebe) wäre der Akt des Zuhörens sinnlos.

Dem ganzheitlichen Denken Israels entsprechend sind die Organe des Hörens das Ohr *und* das Herz[34] (1 Kön 3,9). Das Hören meint im Ersten Testament nicht allein den physischen Vorgang; vielmehr umfaßt es ein existentielles Angesprochensein und Sich-Bewegen-Lassen von dem Gehörten. Merkmal echten Hörens ist damit die gläubige Realisation der Botschaft, das Selbst-Tun des Gehörten[35] (Mt 13,13; Mk 8,18; Lk 8,21). Das Hören zielt letztlich auf Gott selbst, auf die Gabe seiner selbst, die dem Menschen zum Heil wird.

Das Hören (und Ge-horchen) der Weisung Gottes ist Voraussetzung für gelungenes Leben, was insbesondere die Propheten immer wieder anmahnen. So verheißt etwa Jesaja: »Wenn ihr bereit seid zu hören, sollt ihr den Ertrag des Landes genießen« (Jes 1,19; vgl. etwa auch Jes 1,10; Jer 2,4; Am 7,16; Jak 1,22ff). Demgegenüber bedeutet Nicht-Hören Ungehorsam und Abkehr von Gott, der Leben und Befreiung will. Leugnung und Verweigerung (der Gebote) Gottes ziehen damit unweigerlich Tod und Verbannung nach sich (Jer 7,13ff; Jes 7,9).

Aber auch Gott wird als einer erfahren, der ›hörend‹ und teilnehmend das Leben der Menschen begleitet. Insofern Gott sich immer als daseiender und verborgener Begleiter erweist, kann man sich immer an ihn wenden, ›hört‹ er auch, indem er zu jeder Zeit seinen Willen – sich selbst – mitteilen möchte. Da das biblische Hören immer Gott selbst – sein Heil und seine Gerechtigkeit – zum Ziel hat, beinhaltet das ›Hören Gottes‹ eigentlich immer seine Macht, zu heilen, zu retten, zu vergeben. So wird etwa in Ex 22,22f von Gott gesagt, daß er die Fremden, die Witwen und Waisen, die ausgenutzt werden und bei Gott klagen, ›hört‹, indem er ihnen – ganz konkret – Hilfe bringt, sie von den Ausbeutern befreit[36]. Auf einer grundlegenden Ebene kann davon gesprochen werden, daß das Hören Gottes mit ›Erhören‹ gleichzusetzen ist (Lk 18,7; 1 Joh 5,14f)[37]; die Bitte, der Hilferuf, ein Klageschrei konstituieren und aktualisieren Begegnung und Gemeinschaft mit Gott, die als *solche* bereits Erhörung ist. Sie ist es insofern, als Gottes Nähe die Verwirklichung und Ausbreitung seiner

Gerechtigkeit, Barmherzigkeit und Liebe impliziert, die Ziel jeden Bittens, jeder menschlichen Sehnsucht ist.

Jedoch will Gott den nicht hören, der unehrlich handelt, redet oder klagt (Jes 59,1f); er kann es auch nicht, weil dieser sich nicht wirklich nach Gottes Willen ausstreckt, daher Gott – der nicht über die Freiheit des Menschen hinweg handelt – in ihm nicht ankommen kann. Hören ist ein dialogisches Geschehen, ein Vorgang, der auf Gegenseitigkeit beruht:»Gott hört den, der auf ihn hört«[38], der von ganzem Herzen nach ihm fragt (Jer 29,12f). So wird das Rufen und Bitten der Menschen in dem Maß erhört, in dem sich Menschen in ihrem Leben für Gottes Willen offenhalten.

Nach biblisch-christlicher Erfahrung vermag Gott auch zu ›sprechen‹, sich mitzuteilen. Er redet sowohl aus der Tiefe der Existenz wie auch in allen Dingen[39], er spricht durch andere Menschen[40], in der Natur[41], in geschichtlichen und biographischen Ereignissen, im Schweigen[42]. Die Stimme Gottes ist von anderer Art als menschliche Stimmen. Trotzdem ist sie vernehmbar, sofern die Menschen sie aufmerksam hören und verstehen lernen, sie ein»hörendes Herz« (1 Kön 3,9) haben, was freilich bereits Geschenk des Geistes Gottes und darin durch ihn ermöglicht ist. Das Sprechen Gottes ist sehr grundsätzlich im Sinn von ›Mitteilen‹ zu denken; es bedeutet nicht nur ›etwas zu sagen‹ oder ›über etwas zu informieren‹, sondern vor allem ›Anteil geben‹ oder auch ›Übergeben‹, da sich darin sein Wille zur communio manifestiert. Der transzendente Gott redet»aus überströmender Liebe die Menschen an wie Freunde (vgl. Ex 33,11; Joh 15,14f) und verkehrt mit ihnen (vgl. Bar 3,38), um sie in seine Gemeinschaft einzuladen und aufzunehmen«[43]. Um die Sprache Gottes kennenzulernen, kann man in die Schule Jesu gehen, sich auf ihn einlassen, schließlich ist er das»Wort Gottes« (Joh 1,14), schließlich hat in ihm»die Selbstmitteilung Gottes (...) ihren Höhepunkt erreicht«[44]. Dort findet man freilich keine formale Lehre, sondern ein Geschehen, eine lebendige Person.

Die paradoxe und zugleich großartige biblische Grunderfahrung liegt also darin: Der *verborgene* Gott (Differenz zu den Menschen) gibt aus *Liebe* (Interesse an den Menschen) *von sich selbst* Anteil (Nähe zu den Menschen).

Hören und Sprechen sind in Gott strenggenommen eines: Es sind zwei anthropomorphe Vorstellungen seines für Menschen begreifbaren Daseins. Sein ›Hören‹ ist seine Macht zu befreien, wie sein ›Sprechen‹ die tätige Botschaft seines Heiles ist (vgl. Gen 1,3; Mt 8,8).

2.1.5 Gewinn des biblischen Gottesbildes für die Wahrnehmung und Deutung der Wirklichkeit

Die Annahme, daß es ›irgendwo‹ einen Gott geben mag, würde in weiten Kreisen der gegenwärtigen Gesellschaft vermutlich Konsens finden. Strittig ist hingegen, was das für ein Gott ist, wo er ist und inwiefern er für das Leben der Menschen relevant ist.

Es sind insbesondere zwei Gründe, durch die Gott in der Welt seinen Platz zu verlieren scheint, nämlich eine zunehmend mechanistisch-reduktionistische Wirklichkeitsauffassung sowie die Erfahrung von Leid und Ausweglosigkeit.

Mit Beginn der Neuzeit und dem Aufkommen der Naturwissenschaften erscheint Gott – zumindest als Funktion – immer weniger als notwendig. Lediglich in den sonst unerklärlichen Lücken der Wissenschaften, dort, wo bislang noch keine empirische Erklärung gefunden werden konnte, spielt er noch eine Rolle. Schließlich gilt er nur noch als oberster Weltverursacher, als transzendentale Bedingung für alles Existieren; dort, wo Mensch oder Natur etwas verursachen, wird Gott scheinbar überflüssig. Bei einem solchen Wirklichkeitsverständnis ist Gott ein fernes, wirkungsloses und letztlich für die Welt irrelevantes Wesen[45].

Der zweite Grund ist kein Spezifikum unserer Zeit, vielmehr hat die Erfahrung von sinnlosem Leiden Menschen zu allen Zeiten fragen lassen: Wo ist hier Gott, und wie kann er dies zulassen?

Gleichwohl ist unser Jahrhundert – insbesondere im europäischen Kontext – gekennzeichnet durch das Grauen zweier Weltkriege, die mit Auschwitz eine bis dahin unvorstellbare Dimension des abgrundtiefen Schreckens dessen gebracht haben, was Menschen Menschen antun können. Zum anderen befinden wir uns in einem ökologischen Notstand, demzufolge in den verschiedenen wissenschaftlichen Disziplinen nach einem neuen Weltverständnis und Weltverhältnis gesucht wird. Angestoßen durch diese bedrängenden Tatsachen, stellt sich erneut die Frage nach der Präsenz und dem Wirken Gottes in der Welt. Die gegenwärtige Theologie ist daher um eine »Neuintegration von Gottes- und Welterfahrung«[46] bemüht.

Um einerseits Gottes Allmacht mit der Macht von Schöpfung und Menschen vereinbaren zu können[47], um andererseits den Widerspruch zwischen Gottes Liebe und Gottes Gerechtigkeit mit der Erfahrung von Leid und Zerstörung zusammendenken zu können[48], wurde Gott von der Welt getrennt gedacht, sein Handeln auf eine Schöpfung ›am Anfang‹ reduziert: ein Gott, der die Welt vor aller Zeit ins Dasein setzte, sich aber dann – wohin auch immer – zurückzog.

Hier sagt das biblische Zeugnis, daß Gott nicht fern und weltabgeschieden sich selbst genügt, sondern daß er – kraft seines Geistes – tatsächlich da ist[49], daß er sich selbst darauf festgelegt hat, ein Gott für die Menschen, ein Gott für die Welt zu sein. Gott drängt nach etwas, ›spricht‹ und ›hört‹, er will etwas: Er will selbst in seiner Schöpfung und seinem Volk gegenwärtig sein, will von sich selbst, seinem Leben in Fülle, seinem Reichtum, seiner Freiheit und Liebe teilgeben; daher kann davon gesprochen werden, daß der Bund der innere Grund der Schöpfung ist[50]. In Jesus Christus ist der Bund menschlich-geschichtlich fortgeführt und vollendet worden. In der Auferweckung Jesu wurde von Gott »noch einmal das große göttliche Ja zum Bund«[51] und zur Schöpfung gesprochen, an dem er auch gegen die Verneinung der Menschen festhält.

Das Verhältnis der Welt zu ihrem Schöpfer hat Peter Knauer treffend beschrieben als »restloses Bezogensein auf (...) (Gott) in restloser Verschiedenheit von (...) (Gott)«[52]. Gott, der ›vor‹ und unabhängig von seiner Schöpfung schon Gott ist, hat sich im Bund frei und verbindlich auf die Schöpfung bezogen, in restloser Verschiedenheit von ihr. Er will und kann deshalb ohne sie nicht mehr sein; dies nicht, weil er sie als Selbstbeweis seiner Göttlichkeit bräuchte, sondern weil er sich selbst – in grundloser Liebe – darauf festgelegt hat, der zu sein, der bleibend (in anderen) da ist – Leben spendend, heilend und rettend.

2.1.6 Ertrag für das Gebet

Der Mensch: ›Aus den Tiefen rufe ich zu dir, o Herr, höre meine Stimme!‹
(Ps 130,1).
Gott: Aus den Tiefen rufe ich zu dir, o Mensch, höre meine Stimme![53]

Eine aktuelle Beziehung zu Gott wäre unmöglich, der Sinn von Gebet höchstens auf ein rein innerweltliches Geschehen reduziert, wenn Gott der Welt fern wäre, wenn er nicht ›hören‹ könnte und sich nicht in irgendeiner Weise mitteilen würde. Nach dem biblischen Zeugnis ist Gott jedoch jeder Zeit präsent, jedem Geschöpf zuinnerst nahe, er ist jederzeit ansprechbar, will sich ständig mitteilen, darum muß man ständig auf ihn gefaßt sein. Von seiten Gottes steht einer Bundesbeziehung nichts im Weg: »Gott ist allezeit bereit, aber wir sind sehr unbereit; Gott ist uns nahe, aber wir sind ihm ferne; Gott ist drinnen, aber wir sind draußen; Gott ist in uns heimisch, wir sind Fremde«[54].
Wenn Gott jederzeit nahe ist, sich aber nicht aufdrängen will, sondern leise und diskret immer wieder um die Freundschaft der Menschen wirbt, kann es für die Menschen nichts Wohltuenderes geben, als sich auf dieses Nahesein, diese Freundschaft einzulassen – um ihrer selbst willen. Das würde bedeuten, jederzeit in der Gegenwart Gottes zu leben, weil jede Zeit Gottes Zeit ist. In der Gegenwart Gottes leben meint zunächst kein ausdrückliches Gebet, sondern eine Aufmerksamkeit für den, der dem Menschen da immer wieder entgegenkommen will, eine Grundeinstellung[55], durch die Menschen sich in ihrem Alltag mit Gott ›verbündet‹ wissen, aus dieser Beziehung ihr Leben gestalten, von dorther Vertrauen schöpfen und anderen weiterschenken können. Wer in der Gegenwart Gottes lebt, »dem wird alles Gebet sein«[56]. Wer in der Gegenwart Gottes lebt, traut der Welt und den Menschen mehr zu, als sie gemeinhin von sich zeigen.
Es bedarf aber auch immer wieder der Zeiten, in denen man diese Beziehung realisiert und pflegt, in denen man sich ausdrücklich zu dem hinwendet, dem man sich im Alltag verbündet weiß, denn eine Beziehung, die man nie realisiert, bei der man einander nie trifft, wäre keine Beziehung. Dieser ›Treffpunkt‹ ist der Ort des Gebets[57].

Von der Geschichte Israels ist zu lernen, daß das Leben mit Gott immer in die konkrete gesellschaftliche Situation eingebunden ist. Von hier aus kann ein erster Blick auf die notwendige wechselseitige Durchdringung von Aktion und Kontemplation, von Welt- und Gottesdienst geworfen werden: Weil Jahwe ein Gott für die Welt sein will, müssen sich die Menschen in der Welt nach seinem Willen ausstrecken.

2.2 Zur biblischen Deutung der Welt

Nach biblischer Sicht ist die Welt ohne Gott nicht vorstellbar. Das Verhältnis der Welt zu Gott wird als radikale Abhängigkeit gedeutet. In den Schöpfungsberichten (Gen 1–2) wie auch in Hymnen (Ps 19; 24; 104; 139) oder in der Weisheitsliteratur (Weish 13,1–9; Sir 43) wird aufgezählt, was es auf der Erde gibt, und dann für alle diese Lebensbereiche die Abhängigkeit von Gott ausgesagt.

Die Welt verdankt sich Gott sowohl in der Dimension von Lebensermöglichung als auch in den Dimensionen von Lebenserhaltung und -begleitung, Erlösung und endgültiger Rettung[58].

2.2.1 Lebensermöglichung durch Gott

Mit der Aussage, daß Gott »am Anfang Himmel und Erde« geschaffen hat (Gen 1,1), stellt der priesterschriftliche Schöpfungsbericht gleich im ersten Satz die Welt in ein Verhältnis zu Gott und bezeugt, daß Himmel und Erde sich jemandem verdanken, der diese umfassenden wahrnehmbaren Größen überhaupt erst ins Dasein gerufen hat. Claus Westermann deutet Gen 1,1 als »eine die Erzählung in einen einzigen Satz fassende Überschrift«[59] und hebt den unerhörten Anspruch dieses Satzes hervor, wenn er sagt, daß über diesen hinaus eigentlich nichts von der Schöpfung zu sagen sei[60].

Das Bekenntnis zu einem Schöpfer und die Konzeption des priesterschriftlichen Schöpfungsberichts zeigen Israels kritische Auseinandersetzung mit den Schöpfungsvorstellungen seiner Umwelt[61]:

Während in den Schöpfungsmythen der Nachbarvölker für die verschiedenen Lebensbereiche und Naturerscheinungen jeweils eine andere Gottheit als verantwortliche Autorität angerufen wurde, bekennt sich Israel zu einem einzigen Gott, dem sich das Leben der Erde verdankt. Während mit den Schöpfungsmythen der Nachbarvölker die Erkenntnis der Weltordnung intendiert war, mit dem Ziel, daraus eine unmittelbar gültige, gottgegebene Grundlage für das (Zusammen-)Leben abzuleiten, die entsprechend als sakrosankt galt, bekennt Israel einen transzendenten Gott, der der Welt und ihren (Un-)Ordnungen gegenübersteht – liebend, kritisch, korrigierend und rettend[62].

In Gen 1,1 wird gesichert, daß Gott alles souverän und ohne Vorbedingung geschaffen hat. Doch für die priesterschriftlichen Autoren war nicht von Interesse, daß vor der Schöpfung formal »nichts« da war; Gen 1,2 setzt ausdrücklich einen chaotischen Zustand vor der Schöpfung voraus. Abstraktphilosophische Fragestellungen lagen den Hebräern und ihrer Wirklichkeitserfahrung fern. Die Welt wurde vielmehr als lebendiger Prozeß und Gott mehr als ein Wirkender denn als ein Seiender wahrgenommen[63]. Erst unter dem Einfluß griechischen Denkens entwickelte sich die Vorstellung einer »creatio ex nihilo«, einer Schöpfung aus dem Nichts, wie sie in 2 Makk 7,28 begegnet[64]; ein Begriff, der die Gefahr in sich birgt, lediglich ein Anfangswirken Gottes zu thematisieren. Er ist in der christlichen Theologie- und Dogmengeschichte immer wieder aufgegriffen worden[65]. Parallel dazu aber lebte in der jüdisch-christlichen Geschichte durch die Jahrhunderte hindurch ein waches Bewußtsein für die dauernde Gegenwart Gottes in seinen Geschöpfen, seine Anteilnahme an und seine Verwobenheit mit der Welt[66]. Mit Beginn der Neuzeit reduzierte sich die Schöpfungsvorstellung jedoch weitgehend auf ein Handeln Gottes ›im Ursprung‹. Der Schöpfungsbegriff wird auf den Anfang der Welt beschränkt, Gott wird aus der Welt gleichsam hinausgedrängt. Gott wird weltlos und damit irrelevant, die Welt wird gottlos.

2.2.2 Lebenserhaltung und Lebensbegleitung durch Gott

Nach dem biblischen Zeugnis ist die Welt nicht nur bezüglich ihrer Ermöglichung von Gott abhängig, sondern auch hinsichtlich ihrer Erhaltung: Kraft seiner bleibenden Gegenwart in den Geschöpfen (Mitsein) stiftet er Leben und ständige Erneuerung.

Von dieser immanenten Präsenz Gottes sprechen die wahrscheinlich ältesten Schöpfungsaussagen. Sie sind – neben der jahwistischen Erzählung von der Erschaffung des Menschen – in Hymnen des Psalters (etwa Ps 19; 24; 104) und bei den vorexilischen Propheten (etwa Am 4,13; 5,8; 9,6; Hos 8,14; u. a.) zu finden. Dabei fällt auf, daß hier – entgegen der heute vorherrschenden Schöpfungsvorstellung – kein Interesse an einer systematischen Erfassung und abstrahierenden Beschreibung des Wesens der Welt[67] vorliegt; vielmehr entspringen die Schöpfungsaussagen der unmittelbaren Begegnung mit der konkreten Mitwelt. Die Israeliten hatten wohl ein waches Gespür für die verborgene Anwesenheit Jahwes in seiner Schöpfung. Das ging so weit, daß »die Wahrnehmung der Welt (...) schon Glaubensaussage (war), weil die Schöpfung ständig vom Schöpfer spricht«[68]. So wird etwa in Psalm 104 die Vielfalt des Lebens aufgezählt und darin die Güte des Schöpfers bezeugt: Himmel und Wolken, Wind und Wasser, Berge und Täler, Wildesel, Steinbock, Vögel und Vieh, Bäume und Pflanzen, Wein und Brot – kraft ihrer Existenz weisen sie bereits auf die Freundlichkeit ihres Schöpfers hin.

Die immanente Präsenz Gottes kann auch unter dem Aspekt seiner Begleitung betrachtet werden. Der Begriff der Begleitung bringt die lebendige Anteilnahme Gottes an seinen Geschöpfen, sein Mit-Leiden wie seine Mit-Freude,
vielleicht noch deutlicher zum Ausdruck. Während mit einem Welterhalter sich
eher die Vorstellung einer einseitigen Beziehung verbindet, die von einem
unantastbaren und gefühlsneutralen Gott ausgeht, rückt der Aspekt der Begleitung stärker die wechselseitige lebendige Beziehung ins Bewußtsein[69]: die
Beziehung zwischen einem Schöpfer, der in solidarischer Verwobenheit am
Geschick seiner Geschöpfe Anteil nimmt, und seinen Geschöpfen, die dieser
Begleitung bedürfen.

Als Beispiel für dieses Prädikat Gottes sei aus den ersttestamentlichen
Schriften an die Abrahamsgeschichten in Gen 12 – 25 erinnert.

Die exegetische Forschung hat gezeigt, daß es sich hierbei um eine Sammlung von Einzelerzählungen[70] handelt, die historisch das Milieu von Halbnoma-
den voraussetzen. Weitgehend sicher ist, daß Abraham eine historische Ein-
zelperson war, die vor dem Exodus und vor der Landnahme gelebt hat; auf
diese Person bezieht sich die Abrahamstradition, und von dorther ist sie angestoßen worden[71]. Jedoch sind die Verfasser der Abrahamsgeschichten nicht an
geschichtlichen Fakten interessiert, vielmehr soll hier der Anfang des Weges
verdichtet dargestellt werden, den Israel bis heute geht, der Glaubensweg mit
seinem Gott: »Die Vätergeschichte (ist) als solche schon im Blick auf die
Volksgeschichte komponiert worden als deren Vorgeschichte«[72]. Jahwe hat sich
in der konkreten Geschichte von Anfang an als Mitseiender, als zuverlässiger
Begleiter erwiesen: »Gott ist mit dir in allem, was du tust« (Gen 21,22). Das,
was am Anfang war, hat für jede Zeit Gültigkeit – als Hoffnung und Auftrag.
Abraham und Sara gelten daher korporativ als die ›Ureltern‹ oder Ahnen[73] der
Glaubenden (Israels, des Christentums und des Islam).

Im Mittelpunkt dieser alten Texte stehen zwei Menschen, die von Jahwe
aus vertrauten, sicheren Bindungen in ein unbekanntes Land geschickt werden.
Sie erhalten eine dreifache Verheißung – Land, Nachkommenschaft und – vor
allem – die Zusage, daß Jahwe ihr und ihrer Kinder Gott sein will (Gen
17,4–8), daß er bei ihnen bleiben und mit ihnen sein wird[74]. Das Gelingen des
Weges sowie die Zukunft des Volkes nach Erreichen des Ziels werden allein
durch Jahwe verbürgt: durch (den Glauben an) seine treue Begleitung, sein
Dabeisein und seine Führung. Mit dem Aufbruch in das unbekannte Land
antworten Abraham und Sara dem Ruf Jahwes, lassen sich damit aber auch
mutig auf eine Geschichte mit Jahwe ein.

In den neutestamentlichen Schriften begegnet Gott in Jesus Christus als
Weggefährte der Menschen. Verdichtet findet sich dieses Prädikat etwa in der
Emmauserzählung (Lk 24,13–35), die zum lukanischen Sondergut zählt.

Jesus nähert sich zwei Jüngern, die sich auf dem Weg traurig unterhalten.
Er geht mit ihnen, erschließt ihnen den Sinn der Schrift und des Geschickes
Jesu, trotzdem erkennen sie die Identität ihres Wegbegleiters nicht. Am Ziel
der Wanderung bitten sie ihn, er möge bei ihnen bleiben, womit Lukas wohl

die Bitte der nachösterlichen Gemeinde ausdrückt, daß Jesus sich auch nach Ostern als gegenwärtig erweisen möge[75]. Der Weggefährte kehrt bei ihnen ein, »um bei ihnen zu bleiben« (V 29c). Beim Brotbrechen erkennen sie den unbekannten Wanderer, er entschwindet jedoch. Die Weise seines Entschwindens ist so überraschend wie sein Erscheinen auf dem Weg nach Emmaus, worin man das Motiv »vom unerkannt unter den Menschen weilenden Gott«[76] erkennen kann.

Nach der Emmauserzählung begegnet (Gott in) Jesus Christus als Freund, der (als der Erhöhte) mit auf dem Weg ist, der ganz nah und doch verborgen gegenwärtig ist. Dort, wo Menschen ihn bei sich aufnehmen, ihm Raum geben, dort tritt er ein, »um bei ihnen zu sein« (V 29c), dort teilt er mit ihnen Brot und Leben, dort offenbart er sich als verborgener Begleiter.

Sowohl die Abrahamstradition als auch die Emmausgeschichte erzählen von der solidarischen Immanenz Gottes bei den Menschen[77]. Anhand ersttestamentlicher Beispiele konnten wir sehen, daß die Bibel ebenso um die Präsenz Gottes in der nichtmenschlichen Welt weiß; auch im Neuen Testament gibt es dafür Beispiele, etwa wenn Jesus bei Matthäus darauf hinweist, daß kein Sperling ohne das Wissen Gottes zur Erde falle (Mt 10,29). Für die biblischen Autoren ist alles, was existiert – sowohl die belebte als auch die unbelebte Natur -, von Gott erschaffen und durchdrungen, »durch ihn ist alles« (1 Kor 8,6; 12,6; Eph 4,6), und alles existiert auf ihn hin[78].

2.2.3 Erlösung durch Gott

Offensichtlich ist die Schöpfung – bei aller Schönheit und differenzierten Ordnung – nicht vollendet: Täglich werden sinnlos Lebensmöglichkeiten beendet. Die Welt ist erlösungsbedürftig, sowohl in der Dimension menschlich verschuldeten Unheils (willentliches Fehlverhalten, geschichtlich bzw. durch Traditionen bedingte Unterdrückungsstrukturen) als auch in den Dimensionen physisch (etwa Krankheit, Naturkatastrophen etc.) und metaphysisch bedingten Leids (Begrenztheit und Endlichkeit aller Geschöpfe)[79].

Die biblischen Schriften zeugen von einer Sensibilität gegenüber Natur und Geschichte, die Unheil und Leiden wahrnimmt. Gott begegnet als einer, der die Welt nicht nur geschaffen, sondern für die Welt auch einen Wunsch hat, etwas für sie will, nämlich gutes, heiles Leben und Schalom[80].

Unheil und Unterdrückung lernt Israel – sofern es nicht einfach als völlig unverschuldet und sinnlos angeklagt wird (Hiob) – als implizite Folge einer Abkehr von Gott und seiner Schöpfungsordnung (Sünde) zu deuten. Biblisch ist Sünde normalerweise kein direkter Aufstand gegen Jahwe, sondern Verachtung oder Gewalt gegenüber der Schöpfungsordnung und *darin* die Verneinung des Liebes- und Lebenswillens Jahwes *in* der Welt[81]. Menschen verhindern – zumindest zu diesem Zeitpunkt – die Durchsetzung von Gottes Wohlwollen, indem sie sich selbst und anderen Lebensmöglichkeiten rauben.

In der daraus entstehenden vielfältigen Not wendet Israel sich dem zu, von dem es allein Erlösung und neue Perspektiven erhoffen kann – Jahwe. Die Israeliten schreien zu ihm, bitten um Vergebung und neues Leben. Jahwe erweist sich als einer, der sie nicht fallenläßt und der bei ihnen bleibt[82]. Hier wird deutlich, daß die Rede vom mitseienden, liebenden Gott und die Rede vom leidenden Gott[83] aufeinander bezogen sind: Indem Gott am Geschick der Schöpfung teilnimmt und mit ihr verwoben ist, leidet er selbst – in der Gestalt des Geistes – in der Schöpfung mit (Röm 8,22). Als Mitleidender offenbart er aber auch seinen Willen; er drängt in der Welt auf notwendende Veränderung und Befreiung – weil er das Leben will, weil er es in Fülle und für alle will. Jahwe will Leben und Erlösung, Jahwe ist Leben und Erlösung – Wille und Wesen fallen bei ihm zusammen.

Das zentrale Ereignis, in dem Jahwe seinen Heilswillen geoffenbart hat, ist die Herausführung Israels aus der Unterdrückung in Ägypten. Dieses befreiende Handeln Gottes ›am Anfang‹ der Geschichte Israels bildet die Mitte des jüdischen Glaubensbekenntnisses[84]. Die Exoduserfahrung, die geglückte Flucht der Mose-Gruppe aus dem östlichen Nildelta und ihre Deutung als Rettungstat Jahwes konstituiert das Volk Israel[85].

Jahwe zeigte sich beim Exodus als einer, der das Leiden seines Volkes hört und sich zu Herzen gehen läßt, der sich leidenschaftlich für das Wohl der Menschen einsetzt (Ex 3,7), aus Unterdrückung und Sklaverei herausruft (Ex 3,10), der die Feinde und Unterdrücker beschämt (Ex 14,4), der durch die Wüste geleitet (Ex 13,21), dort für Manna, Fleisch und Wasser sorgt (Ex 16–17) und ein Land verheißt, ›in dem Milch und Honig fließen‹ (Ex 3,8). Er achtet ›sorgsam auf sein Volk‹ (Ex 3,16) und kann Erlösung wirken (Ex 6,6; Jes 43,1–3; 44,22; Ps 18; 23; 25,5; 30; 31; Lk 1,68ff)[86].

Diese Tat Jahwes ›am Anfang‹ ist jedoch nicht abgeschlossen, vielmehr gehört in dieses Geschehen die gesamte Geschichte hinein, in der sich dieser Gott immer wieder rettend ereignet. Hier kommt dem Menschen innerhalb der Schöpfung eine Schlüsselstellung zu, insofern er zur Freiheit ermächtigt ist, Gottes lebenschaffendem Willen Hand und Fuß zu geben oder dies zu verweigern[87].

In den neutestamentlichen Schriften bekommt dieser Gott und sein Wille, der sich im Laufe der Geschichte Israels immer deutlicher zu erkennen gibt, ein konkretes Antlitz. Es tritt ein Mensch auf, der so offen ist für Gott, daß dieser in ihm ganz ankommen und sich durch ihn unverstellt mitteilen kann. Indem Jesus von Nazareth sich ganz auf den Schöpfungs- und Befreiungswillen Gottes einläßt und den alten Intentionen der Tora mit seinem Leben Gestalt gibt[88], kann sich durch ihn Erlösung ereignen[89].

So werden durch seine Zuwendung Menschen geheilt (Lk 5,12–26; 8,26–56; 9,37–43; 18,35–43), Arme und Diskriminierte erfahren seine unbedingte Solidarität (Mk 2,14–17; Mt 25,31–46). Die Selbstverschließungsmechanismen derer, die sich im Vertrauen auf ihn öffnen, bricht er auf und trägt ihnen so das Reich Gottes zu (Lk 7,36–50; 19,1–10); er vergibt Schuld, ermöglicht dadurch konkrete Neuanfänge (Joh 8,2–11; Lk 23,34) und fordert dazu auf, sich immer wieder für solche zu öffnen (Mt 5,38–42; 18,21–35; Lk 15,11–32). Er durchbricht gesellschaftlich-religiöse Trennungen (Mt 15,21–28; Lk 10,25–37; Joh 4,1–42) und inhumane Traditionen (Mk 2,23–28; Lk 6,6–11) mit der Autorität, der Freiheit und dem Großmut eines Menschen, der sich ganz von Gott her gesichert und gesandt weiß, von dem unbeirrbar gütigen Gott, der sich allen mitteilen möchte (Mt 14,13–21; Mk 14,22), der ›seine Sonne aufgehen läßt über Böse und Gute‹ und ›es regnen läßt über Gerechte und Ungerechte‹ (Mt 5,45), der sich um die Verlorenen bemüht (Lk 15,1–10; Mt 18,12–14) und unendlich geduldig und großherzig ist (Lk 15,11–32).

Die befreiende Praxis Jesu hat ihren Grund in seinem einmaligen Gottesverhältnis. Herzstück dieser Beziehung ist die vertraut-vertrauende ›Abba‹-Anrede[90]. Jesus weiß sich seinem Gott so verbunden wie ein Kind seinem Vater. Dieses Vertrauen in die verläßliche Gegenwart seines Vaters verbürgt ihm, daß er als Weggegebener existieren kann – im Leben, im Dasein für andere und im Sterben. Weil er in allen Bezügen Gottes erlösendes Wesen realisierte, wird er als »Sohn Gottes« (Mt 27,54; Joh 20,31; Röm 1,4) erkannt und bezeugt. Durch die Treue Jesu zu Jahwe und dessen Willen, die er im Leben durchtrug, angesichts des drohenden Todes bewahrte und die im Tod ihre eschatologische Gültigkeit fand, konnte Gott sich ein für allemal – endgültig – mit der Welt verbinden, konnte der Himmel auf die Erde kommen. In Jesus, der sich ganz festgemacht hat in Gott, konnte Gott sich endgültig in der Welt festmachen (Joh 17,26; 2 Kor 5,19; Kol 1,19f).

Das Schöpfungs- und Erlösungshandeln liegt seit dem Bundesschluß[91] nicht mehr allein auf seiten Gottes; Gott gibt sich den Menschen und eröffnet ihnen dadurch die Freiheit, zu Mitschöpferinnen und Mitschöpfern von Freiheit und Gerechtigkeit, zu Mit-Liebenden zu werden. Überall dort, wo Menschen sich das Leiden zu Herzen gehen lassen und die ihnen zur Verfügung stehenden Möglichkeiten ergreifen, um aus Ausbeutung, Unterdrückung und schleichendem Tod auszubrechen, wo sie in Rückbindung an Gott anderen Freiheit ermöglichen, dort realisieren sie die geschichtliche Fortsetzung des soteriologischen Handelns Jesu, dort ist Gottes lebenschaffender Geist lebendig, dort feiert die Schöpfung Erlösung und Auferstehung – mitten in der Welt.

Nach biblischem Zeugnis ist dies ein Angeld der endgültigen Rettung durch Gott.

2.2.4 Neuschöpfung durch Gott[92]

Es gehört zum eigenartigen Profil der Welt, daß das Leben vom Prozeß des Sterbens durchwoben ist, daß das Leben auf den sicheren Tod zuläuft. Jeder Mensch und jeder Baum, jedes Tier und jeder Stein in seiner jeweiligen Einzigartigkeit, jedes Glück und jede Freiheit trifft irgendwann auf die Grenze des Todes, auch »die restlose Verwirklichung von Gerechtigkeit in der menschlichen Gemeinschaft wird durchkreuzt vom Tod«[93]. Im Tod kommt die Geschöpflichkeit von Mensch und Natur zu ihrem schärfsten Ausdruck; es ist der Ort, an dem erschreckend deutlich wird, daß nichts und niemand sich selbst Leben geben kann, daß empfangen werden muß, was als eigene Tat geleistet werden soll[94].

Der Tod wird als Verrat erfahren. Der Schöpfung wohnt ein Versprechen inne, das der Tod zu brechen scheint, eine Verheißung, die sie aus sich heraus nicht einzulösen vermag[95]. Das Leben der Natur und insbesondere alle menschlichen Vollzüge greifen aus nach einem ›Mehr‹, nach einem Sinn über den Sinn des Augenblicks und seine Funktionalität hinaus[96].

In biblischer Tradition wird der Tod unterschiedlich bewertet[97]. Ein Sterben »alt und lebenssatt« (Gen 25,8) ist zwar bitter (1 Sam 15,32), wird jedoch als Realität nüchtern akzeptiert (Ps 89,49). Schlimmer als das biologische Daseinsende ist der Zugriff des Todes mitten im Leben, etwa in Gestalt von Krankheit, Angst, Konflikten, Schuld und Knechtschaft (Gen 2,17), zeigen sie doch eine gestörte Gottes- bzw. Bundesbeziehung an. Für Israel liegt der eigentliche Schrecken des Todes in der Trennung von Jahwe. Jahwe ist insofern »Herr über Leben und Tod« (Num 27,16), als er seinen Lebenshauch (ruah) spenden, aber auch wieder entziehen kann (Gen 2,7; 35,18; Ps 104,29f); über die Toten und die Scheol hat er jedoch – nach altisraelitischem Verständnis – keine Macht (Ps 88,6). Die Mütter und Väter Israels suchten Jahwe in ihrem Leben treu zu sein – auch ohne Hoffnung auf Zukunft über den Tod hinaus. Im Laufe der Glaubensgeschichte Israels entwickelt sich die Gewißheit, daß Jahwe, der in den Ausuferungen des Todes – sei es in der Wüste (Ex 16–17; Jer 2,6; Hos 2,5) oder im Meer (Ex 14,22; Ps 69,2; Jona 2,4) – den Leidenden als treuer »Freund des Lebens« (Weish 11,26) zu Hilfe kam, auch die Macht hat, die letzte Grenze zu überwinden, nämlich durch den Loskauf (Ps 49,16) aus dem Tod, und daß die Gemeinschaft mit Jahwe – das Entscheidende – auch über das Leben hinaus trägt. Die (spätnachexilische) Hoffnung auf Auferweckung erweist sich als »innere Konsequenz und Explikation«[98] des Jahwe-Glaubens, verbindet sich mit ihr doch letztlich die Frage nach der Göttlichkeit Jahwes: Wenn Jahwe Gott ist, kann es keinen Ort geben, über den er keine Macht hätte (Ps 139,8); wenn Jahwe Gott ist, muß es für den leidenden Gerechten eine Vollendung geben sowie für die Vernichteten eine Zukunft und kann die Vergangenheit nicht einfach als abgeschlossen gelten, sonst wäre Gott in seiner Schöpfermacht, seiner Lebens- und Gerechtigkeitsliebe (Ez 18,23.32; Weish 1,13f) begrenzt.

In den neutestamentlichen Schriften erreicht die Auferstehungshoffnung eine neue Qualität und tiefere Gewißheit: Jesus von Nazareth, der seine Existenz ganz auf Gott gründete, ist nach dem Zeugnis der Apostel von Gott aus dem Tod erweckt worden (1 Kor 15,1–5), als erster der Schöpfung (Apg 26,23; Kol 1,15.18; 1 Thess 4,14; Kol 3,1). Der Gott, in dessen Namen Jesus durch Wort und Tat Freiheit ermöglichte, hat damit einerseits seine Macht und seinen Lebenswillen endgültig geoffenbart. Gleichzeitig hat er sich darin ganz mit Jesus identifiziert, dem Leben Jesu unzerstörbare Gültigkeit und Bestätigung geschenkt (Phil 2,9ff), so daß Menschen in Jesus Gott selbst begegnen (Mt 3,17; Kol 1,19). Die Hoffnung auf Leben, Rettung und Auferstehung ist von nun an unwiderruflich mit Jesus verknüpft: War das Ideal früher die Gemeinschaft mit Jahwe, so ist es jetzt die Gemeinschaft mit Jesus, in dem Jahwe erschienen ist (Tit 3,4; 1 Joh 1,2). Gemeinschaft aber vollzieht sich in der konkreten Nachfolge (Mt 16,24–28; Lk 10,25–37; 18,18–30; Apg 2,43–47; 3,1–10): Wer – wie Jesus – aus Gott lebt, von ihm schon jetzt radikal Neues erwartet (Lk 11,20) und seinen Heilswillen realisiert, lebt bereits jetzt – kraft des Geistes – in der Gemeinschaft Jesu (2 Kor 3,17; Gal 4,6f). Sie führt in Konflikt mit den – damals wie heute – herrschenden »Naturgesetzen«[99] der Selbstsicherung und Selbstdurchsetzung und kann daher tödlich enden. Der biologische Tod hat jedoch – bei aller menschlichen Trauer und Angst – mit der Auferweckung Jesu seinen Stachel verloren (1 Kor 15,55), die Gemeinschaft mit Jesus wird im Tod nicht zerbrochen, sondern erfährt – soweit sie tatsächlich versucht und gelebt worden ist – dort ihre Vollendung.

Indem Jesus sich bis in den Tod ganz Gott übereignete und Gott auch im Tod an der Gemeinschaft mit Jesus festhielt, ist er »hinabgestiegen in das Reich des Todes«[100], bedeutet der Tod nicht mehr die Trennung von Gott. Gleichzeitig ist mit der Auferweckungstat die große Zusage zur Welt ausgesprochen, die die Welt im Modus der Hoffnung – im Geist Gottes – immer schon in sich trägt: Sie geht nicht verloren, sondern ist aufgehoben in der Liebe des dreieinen Gottes.

Nur ein Gott, der auch die Macht über den Tod hat, kann bereits im Leben wirkliche Erlösung und Versöhnung schaffen[101]. Das Auferstehungshandeln ist daher der »äußerste Erweis«[102] der Göttlichkeit. Es liegt nicht in den Möglichkeiten dieser Welt, sich selbst nochmal etwas ganz Neues zu schenken, etwas, was die empirischen Gesetze übertrifft und letztlich begründet, indem es sie übersteigt.

Die Verheißung, die der Welt innewohnt, zielt auf eine radikale Neuschöpfung, ein Geschehen, das der Schöpfung insofern treu bleibt, als es sie mit aller Schönheit und allem Glück, allen mißglückten Anfängen und allem Scheitern aufnimmt[103], sie aber zugleich vollendet, ihr radikal Neues – das Göttliche selbst – zukommen läßt und darin die Schöpfung zu ihrem eigentlichen Ziel – zu sich selbst und damit zu Gott – führt. Für die Hoffnung einer Auferweckung bzw. Neuschöpfung nach dem Tod bedarf es der Anerkennung eines Gottes, der der Welt und ihrem Sterben frei gegenübersteht und ihr rettend entgegenkommt.

Die Hoffnung auf Neuschöpfung richtet sich nach christlichem Zeugnis auf Gott, der die Welt erschafft und begleitet, der ihr in Jesus Christus (Mk 1,15; Lk 11,20) rettend entgegenkommt und in der heilsökonomischen Gestalt des Geistes jeder Zeit gegenwärtig ist (Ps 104,30).

Die eschatologische Erwartung vertröstet nicht auf ein Jenseits, sondern ermutigt und ermöglicht überhaupt erst gesellschaftliche Verantwortung: Nur im Vertrauen auf ein Gelingen ist Engagement sinnvoll; Gott selbst verbürgt das Gelingen[104].

2.2.5 Gewinn des biblischen Weltbildes für die Wahrnehmung und Deutung der Wirklichkeit

Nach biblischer Auffassung schafft und genügt die Welt sich nicht selbst, sondern verdankt sich in allen Dimensionen Gott und ist bleibend auf ihn verwiesen. Diese Wahrnehmung stellt die Welt und ihre Gesetze in eine Dimension, die von der Naturwissenschaft nicht wahrgenommen werden kann. Die naturwissenschaftliche Anschauung der Welt geht strikt von der materiell meßbaren Wirklichkeit aus. Intendiert ist eine möglichst adäquate Beschreibung von Naturerscheinungen und eine Erklärung der ihnen zugrunde liegenden Bedingungen. Bei der Deutung der Wirklichkeit werden – der naturwissenschaftlichen Methode entsprechend – keine Größen außerhalb der wahrnehmbaren Welt einbezogen. Die Grenze naturwissenschaftlicher Welterfassung ist der Tod. Bestenfalls ein genetischer, materieller oder wirkungsgeschichtlicher Fortbestand der Einzelwesen bleibt nachvollziehbar.

Eine religiöse Anschauung der Welt sieht dieselbe (Natur-) Erscheinung als ›Offenbarung‹[105], »als Äußerung menschlicher oder göttlicher Freiheit«[106]. Das Phänomen wird in einem dialogischen Sinnzusammenhang betrachtet, der über seine Funktionalität hinausgeht: als Geschöpf, das von einem anderen – außerhalb der Welt stehenden – Grund her unbedingt sein soll, als ein anerkanntes, gewolltes und geliebtes Geschöpf. Diese Dimension, die menschlicher Existenz allein Halt zu geben vermag, kann sich die Welt nicht selbst geben[107], und die Naturwissenschaft kann sie aufgrund ihrer spezifischen Methode und Aufgabenstellung nicht zu ihrem Gegenstand machen.

Nachdem das erste Kapitel aufgezeigt hat, daß nach biblisch-christlichem Glauben Gott ein Gott für die Welt sein will und ihr bleibend gegenwärtig ist, muß nun betont werden, daß er sich um der Welt willen *als Transzendenter* offenbart. Gerade weil er die Schöpfung liebt, ist er ihr auch bleibend gegenüber. Würde er ganz in der Welt aufgehen, gäbe es keinen Bezugs- und Hoffnungspunkt außerhalb ihrer, die Welt wäre allein auf sich verwiesen. Nur einer, der einen Standpunkt ›außerhalb‹ der Welt hat, kann ihr Gott sein, als Hörender, Helfender und Rettender. Nur dort, wo der Welt ein Gott gegenübersteht, kann der einzelnen Individualität in ihrer Gesamtheit – angefangen von ihrem materialen Dasein über die ihr eigene Transzendenz bis hin zu ihren nicht entfalteten Anlagen – Aufgehobensein und letzte Rettung zugesagt werden[108]; nur dort kann es Raum und sogar Liebe für die geben, die keine Funktion mehr erfüllen, für Kranke und Tote, für alle Vergessenen und alles Vergessene.

Als Transzendenter vermag Gott jedem Menschen (und jedem anderen Geschöpf) vorgängig zu allem Lassen und Tun zuzusagen, daß er (es) unbedingt gewollt ist. Dies ist der Kern christlicher Botschaft, dies trifft das tiefste Verlangen menschlicher Existenz – angenommen und geliebt zu sein. Damit es dem Leben jedoch wirklich Halt zu geben vermag, muß es dem Menschen *von einem anderen* gesagt werden, er kann es sich nicht selbst sagen[109]. Leben ist auf die dialogische Dimension hin angelegt. Jedoch muß der Mensch es sich auch sagen lassen. Wo dies geschieht, wo dieser unbedingten Zusage geglaubt wird, dort gerät die Welt in Erstaunen, dort werden Wunder möglich. Hier muß kein Naturgesetz durchbrochen werden, trotzdem ist dieses Geschehen auch nicht von vornherein in den natürlichen Abläufen der Welt enthalten: Die meßbare Wirklichkeit wird in ein dialogisches Verhältnis ›gerufen‹. Ein Wunder meint genau dieses (Gnaden-)Ereignis, dieses geschenkte und unberechenbare Geschehen, daß sich zwei Freiheiten einander liebend und unbedingt anerkennend zuwenden, dadurch neue Freiheit realisieren und Sinn erschließen[110]. Zwei Menschen wie auch Gott und Mensch sind jeweils zwei Freiheiten; in dem Maß, in dem sie sich einander liebend zuwenden, werden Wunder möglich.

Indem Gott als Transzendenter jeder Individualität zuspricht, daß sie unbedingt anerkannt ist, eröffnet er die Möglichkeit, daß sie zu etwas befähigt wird, wozu sie von sich her nicht in der Lage wäre: zur Liebe, zur Teilgabe ihrer selbst, statt sich selbst krampfhaft festhalten und gewalttätig durchsetzen zu müssen[111]. Diese Zusage Gottes[112] – die er in jedem Moment neu spricht – hat in dem Maß, in dem Menschen sich dafür öffnen, real-geschichtliche Konsequenzen: Es kommt tatsächlich vor, daß Menschen aus diesem immer neuen Angesprochensein Gottes leben[113], daß Menschen aufgrund dieses ›Rufes‹ ihr Leben, ihre Lebensoption und damit den Lauf der Geschichte real verändern[114].

Das Bekenntnis zu einem transzendenten Gott bedeutet für die Weltdeutung insofern einen Gewinn, als ihr eine neue Dimension geschenkt wird: Sie entspringt nicht einer bloßen Naturnotwendigkeit oder purem Zufall. Die Geschöpfe werden von einem transzendenten Du angerufen, ihnen wird zugesagt, daß sie konkret So-Gewollte sind (Jes 43,1), daß sie angenommen und aufgehoben sind – auch über die Todesgrenze hinaus. Nicht die kosmische Ordnung als solche, sondern die gleichbleibende Identität dieses Gottes, der auch dann noch erreichbar ist, wenn »Himmel und Erde vergehen« (Mt 24,35), und der dem Menschen (etwa im Gebet) zum ›Du‹ werden kann, garantiert die Einheit der Welt[115].

Das Bekenntnis zu einem transzendenten Gott impliziert zudem, daß weder die Natur (einschließlich der des Menschen) noch Gesetze und Ordnungen der Welt direkt göttlich sind; sie dürfen daher nicht verabsolutiert werden und besitzen keinen Anspruch auf Anbetung. Dieser Aspekt des biblischen Bekenntnisses stellt eine entschiedene Absage gegenüber einer Vergötzung irdischer Größen wie Macht, Erfolg, Natur und Geld dar.

2.2.6 Ertrag für das Gebet

Wenn Gott in seiner Transzendenz der Welt nicht immer auch gegenüber wäre, würde das Gebet zu einem atheistisch geschlossenen Selbstgespräch[116].

Die Auffassung, daß letzteres der Fall sei, begegnet nicht nur in der klassischen Religionskritik, sondern auch bei einigen Theologinnen und Theologen, die die Wirklichkeit derart einseitig naturwissenschaftlich bestimmen, daß sie den Gewinn der biblisch-christlichen Botschaft preiszugeben scheinen und damit dem Wirklichkeits- und Gebetsverständnis vorenthalten. So etwa Walter Bernet[117], der ein dialogisches Geschehen im Gebet ablehnt. Gebet ist durchaus sinnvoll, jedoch wird ihm bei Bernet die Voraussetzung eines transzendenten – ›hörenden‹ und ›sprechenden‹ – Gottes entzogen. Der moderne Mensch müsse, so meint er, um seiner »Bestimmung zur Endlichkeit«[118] gerecht zu werden, jede Zuflucht zu einem transzendenten Wesen als kindlich-regressive Flucht ablehnen. Die Funktion des Gebets besteht nach Bernet in der Reflexion der eigenen endlichen Situation, im immer neuen Sicheinfinden darin sowie in einer Trauerarbeit, die immer wieder geleistet werden muß, damit die Loslösung von der Sehnsucht nach einer transzendenten Hilfe gelingt. Ziel des Gebets ist seelische Entkrampfung und innerpsychische Ordnung. Gott wird – aus dem Grund endlicher Selbstbeschränkung – als Subjekt abgelehnt und dient lediglich als formale Funktion, durch die der psychotherapeutische Effekt herbeigeführt werden kann; Gott wird zu einem Mittel degradiert. Gebet wird zu einem rein immanent-psychologischen Umgehen des Menschen mit sich selbst. Hans Schaller[119] hat gezeigt, daß Bernet durchaus psychologische Wirkungen des Gebets herausarbeitet[120], daß er diese jedoch zum primären Zweck und Ziel erhebt und damit das Gebetsverständnis reduziert. Wo eine Deutung des Gebets als personale Begegnung mit dem transzendenten Gott als unredliche Extrapolation abgelehnt wird, wird ihm seine eigentliche Kraft entzogen – die Kraft des Angesprochenwerdens von einem ›Du‹, die Kraft liebender Zusage zweier Freiheiten. Nach biblisch-christlicher Gebetsauffassung ist Ziel des Gebets (stets neue) Gemeinschaft mit Gott, und *daraus* erwächst – soweit es sein Wille ist – innere Ordnung, neue Hoffnung, (Selbst-) Vertrauen und Frieden, denn Gottes Heilswille betrifft ja durchaus auch die seelische Gesundheit des Menschen. Die schöpfungstheologische, soteriologische und eschatologische Dimension göttlichen Handelns durchdringen im Gebet einander.

Nach biblisch-christlicher Überzeugung kann in der betenden Hinwendung zu dem Gott Jesu der Welt Neues geschenkt werden, indem Menschen sich dort neu für die Absichten Gottes öffnen. Eine solche existentielle Öffnung ist etwas anderes als eine Besinnung auf Grundwerte oder eine Wiederherstellung der eigenen psychischen Ordnung aufgrund von Meditationspraktiken. Sie schließt diese ›Früchte‹ ein[121], doch bleiben die Einzelnen dabei nicht mit ihrer Psyche, ihren Fragen und Problemen allein, sondern werden in Gott verankert. Im Hören auf Gott, im Kommen-Lassen dessen, was Gott von sich her offenbaren und schenken möchte, wird Menschen das zugesagt[122], was ihnen allein Halt und Sinn geben kann: Achtung, Angenommensein und Liebe *vor* jeder Leistung.

Gemäß den Grundgestalten des Handelns Gottes kann auch beim Gebet von entsprechenden Dimensionen gesprochen werden. So wird – in schöpfungstheologischer Dimension – manifest, daß die Wirklichkeit sowohl im Ganzen als auch die der eigenen Existenz eine gegebene ist, seien ihre einzelnen Erscheinungen auch noch so gut wissenschaftlich erklärbar. Hier hat das *Dankgebet* seinen Ort, insofern sich der Mensch darin neu in das Gesamt der Wirklichkeit einfügt. Indem Betende sich neu zurückbinden an den, der die Wirklichkeit zusammenhält, der ihr letztes Getragensein (Rettung) verbürgt, üben sie sich in ihre Geschöpflichkeit ein[123]: Unter den liebenden Augen Gottes dürfen sie sie selbst sein, endlich begrenzte Menschen, mit allen Fehlern und Schwächen. Hier geht die schöpfungstheologische Dimension über in die soteriologische Dimension des Gebets: Wo Menschen diese Geschöpflichkeit annehmen können, werden sie von dem Zwang befreit, vollkommen sein zu müssen[124], und erwarten dies auch nicht von anderen. So werden Vergebung, Solidarität und eine Kultur der Güte möglich.

In der soteriologischen Dimension wird im Gebet realisiert, daß Gott der Welt zu jeder Zeit Neues schenken kann. Indem er sie zu *seiner* Wirklichkeit[125] macht, sie als *seine* Welt anspricht, wird sie auch für den Menschen bejahbar. Insofern hier ein Sichöffnen für Gott geschieht, er »neu und erneuernd« in der Welt ankommen kann, bricht hier sein Heilswille neu auf, werden hier (von Gott her) neue Perspektiven eröffnet[126]. Jedes *Bittgebet* zielt strenggenommen auf die Bitte, daß Gott sich neu mitteilen und sein Reich bauen möge, es zielt auf das neue Kommen Jesu[127], ist Ausdruck der Sehnsucht des Menschen nach Heil und guter Zukunft. Alle Einzelbitten sind Variationen dieser Grundbitte. Sie sind insofern schon erhört, als Gott in Jesus Christus sein Reich endgültig mit der Erde verbunden hat, es daher jederzeit und jedenorts antreffbar ist und der Mensch die Fähigkeit hat, sich in jedem Moment neu mit Gott zu verbünden, seiner Liebe Raum zu geben und so den Bau des Reiches Gottes fortzusetzen. Im Gebet wird so der andauernde Prozeß der Schöpfung mitgestaltet, indem ihr darin permanent das ›Du Gottes‹ angeboten wird.

Im *Lobgebet* wird die Rettung durch Gott bereits anfanghaft vorweggenommen (eschatologische Dimension); der Mensch stimmt ein in das Lied der Befreiung (Ex 15,1–18.21; Lk 1,46–55.68–79) und sucht mit Hilfe der Kraft, die daraus gewonnen wird, Wege der Umkehr, Wege der Erlösung und Befreiung in der realgeschichtlichen oder biographischen Situation.

2.3 Zum biblischen Verständnis des Menschen

2.3.1 Die Frage nach dem Menschen[128]

Es gibt wohl kaum eine Frage, die Menschen so sehr beschäftigt wie die Frage nach dem Menschen. Was ist das Wesen des Menschen? Wo ist sein Ort innerhalb der Schöpfung? Was ist seine Aufgabe? Alle empirischen Wissenschaften erklären den Menschen aus einer bestimmten Perspektive, analysieren ihn unter einem bestimmten Gesichtspunkt, benennen das, was sie mit dem ›Werkzeug‹ ihrer Methode zu fassen bekommen[129]. Ihr Ergebnis führt zu einer

Fülle von Daten, die zur Beantwortung bestimmter Fragen sehr nützlich sind. Und trotzdem sind sie bei noch so großer Exaktheit nicht in der Lage, den konkreten Menschen hinreichend zu beschreiben[130].

Der Mensch ist Person: Er ist mehr als die Summe seiner chemisch-physikalischen Komponenten. Die ursprüngliche Grunderfahrung des Menschen ist die Gewißheit, daß er mehr ist als eine »Fett-Eiweiß-Verbindung«[131], daß ›da doch noch etwas ist‹ – eine geheimnisvolle Anwesenheit –, wenn man einen Menschen in seiner leiblichen Gestalt vor sich hat; aber dieses ›Mehr‹ geht über die Begrifflichkeit und Begreifbarkeit hinaus. Es ist eine Erfahrung, die sich nicht aufzwingt, die auf die Freiheit des Menschen setzt, auf seine freie Antwort angewiesen ist und letztlich gerade diese Freiheit aussagen will.

Die Personerfahrung ist eine transzendentale Erfahrung, insofern sie der sinnlich-gegenständlichen Erfahrung vorausliegt und diese erst ermöglicht. Sie ist einerseits zwar verborgen, andererseits jedoch in jeder Erfahrung bereits »unthematisch mitgegeben«[132]; sie muß daher reflektiert und benannt werden, da sie sonst verschüttet werden kann.

Die Personerfahrung deutet darauf hin, daß (insbesondere) Menschen »von Natur aus auf übernatürliche Erfüllung«[133] ausgerichtet sind, »daß wir (Menschen) auf dieser Erde nicht ganz zu Hause sind, daß wir noch woanders hingehören und von woanders kommen«[134]. Der Mensch gibt sich mit dem Erreichten nie zufrieden, er fragt und sucht, und je mehr Antworten er bekommt, desto weiter wird der Fragehorizont. So erfährt sich der Mensch – das endliche Wesen – hingeordnet auf einen unendlichen Horizont, als Wesen einer unendlichen Offenheit[135]. Indem sich der Mensch als ständig neu aufgegebene Frage erfährt und all sein Tun und Begreifen letztlich die Suche nach dem Woher, Wohin und Wofür des Lebens in sich trägt, erfährt er sich als Wesen der Transzendenz. Menschliches Leben ist so eine ständige Bewegung hin auf das Transzendente, das wiederum diese Bewegung ermöglicht und trägt.

Das Phänomen, daß sich Menschen als Wesen reiner Offenheit erfahren, deutet die christliche Theologie derart, daß sie auf Gott verwiesene Wesen sind. Wenn der Mensch die ewige Frage ist, dann ist Gott die Antwort – und zugleich derjenige, der die Frage ermöglicht, indem er sich offenbart.

2.3.2 Mitliebende Geschöpfe

Die beiden Schöpfungserzählungen der Bibel antworten auf die Frage nach dem Menschen in unterschiedlicher Gewichtung.

In der jahwistischen Schöpfungserzählung wird der Mensch dadurch zu einem lebendigen Wesen, daß Jahwe ihm (seinen) Lebensatem (ruah) einbläst (Gen 2,7)[136].

Der Mensch verdankt Jahwe nicht nur das bloße *Dasein,* Jahwe bereitet ihm auch fürsorglich einen *Lebensraum:* Er pflanzt einen Garten, der schön ist und (zur Nahrung) Früchte trägt, er bewässert ihn (Gen 2,8–10), schenkt dem Menschen Arbeit (2,15) und (nach dem Sündenfall) Kleidung (3,7.21). Vor allem schafft er dem einsamen Menschen ein Gegenüber, das ihm entspricht (2,18. 21ff), stellt ihn von vornherein in den Raum personaler Partnerschaft. Auch in der *Geschichte* erweist sich Jahwe als fürsorglich Führender, etwa in der bereits erwähnten Abrahamstradition oder in der Wüste: Während der Mensch (Mose) ohnmächtig ist, schenkt Jahwe trinkbares Wasser (Ex 15,22ff) und Brot im jeweils richtigen Maß (Ex 16,4.18), er sorgt auch für den Sabbat vor (Ex 16,5).

Nach der jahwistischen Theologie ist der Mensch »in all seinen Lebensbereichen ganz und gar abhängig von diesem Gott (...) er ist nicht seiner selbst mächtig«[137], Gott aber setzt seinen Plan auch im schuldhaften Handeln des Menschen durch[138]. Beim Jahwisten ist Gott der allein Handelnde, der Mensch ist passiv.

In dem schon erwähnten priesterschriftlichen Schöpfungsbericht werden andere Akzente gesetzt. Natürlich verdankt der Mensch auch hier seine Existenz dem Wollen Gottes, er erhält jedoch eine zentrale Aufgabe innerhalb der Schöpfung: Er soll – als Bild Gottes – wie ein »Hirte« über die anderen Lebewesen herrschen (Gen 1,26).

Erich Zenger hat anhand eines Vergleichs mit Vorstellungstraditionen aus der altorientalischen Königsideologie gezeigt, daß die Metapher ›Bild Gottes‹ dem Menschen eine dreifache Aufgabe zuweist[139]:

»1.) Wie ein König die Lebensordnung der Schöpfung zu sichern und zu schützen; 2.) wie ein Götterbild Erscheinungsweise und Offenbarungsmedium göttlicher Wirkmächtigkeit auf der Erde zu sein; 3.) wie ein Verwandter Gottes die Welt als das ihm zugewiesene Heimathaus zu verwalten und liebevoll zu gestalten«[140].

Dem entspricht die ›Hirtenmetapher‹, die in finaler Verknüpfung folgt: Der Mensch soll wie ein Hirte die anderen Geschöpfe hüten, insbesondere die Schwachen schützen.

Während in Ägypten und Mesopotamien die Gottebenbildlichkeit ausschließlich Prädikat des Königs, wie auch das Hirtenamt ausschließliche Aufgabe des Königs war, bezieht der priesterschriftliche Schriftsteller Prädikat und Aufgabe auf alle Menschen[141] und schreibt damit dem Menschen überhaupt königliche Würde zu. Für ihn liegt das Wesen der Gottebenbildlichkeit darin, daß der Mensch die Erde, die Gott gut gebaut hat, im Sinne Gottes fürsorglich verwalten soll[142]. Durch Liebe und Arbeit sollen Menschen zu Mitschöpferinnnen und Mitschöpfern der neuen Erde werden[143], sollen Leid mindern und für Gerechtigkeit eintreten. Nicht nur Gott, auch die Menschen sollen – durch das Zusammenwirken mit Gott – ›heilig‹ werden[144]. In dem Maß, in dem sie sich dem Geist Gottes öffnen und sich auf seinen Willen einlassen, kann sich Heilung und Heil ereignen. Der Mensch ist hier nicht passiv, sondern wird als Handelnder und freies Geschöpf ernst genommen. Nach der priesterschriftlichen Komposition ist es ihm in die Hand gegeben, ob die Geschichte zur Heils- oder Unheilsgeschichte wird: »Es gibt keine Heilsgeschichte neben der Schöpfungsgeschichte oder gar gegen sie«[145]. Gott wirkt nicht jenseits der konkreten Weltgeschichte, sondern in ihr; er läßt die Menschen nicht in (und mit) der Welt allein, sondern bleibt ihnen (in der Gestalt seines ›Geistes‹) gegenwärtig.

Die Spannung zwischen den beiden Schöpfungserzählungen eröffnet den Raum, in dem Menschen sich immer schon vorfinden – sie sind zugleich Verfügte und Verfügende: Zum einen lebt jeder Mensch immer schon vom Anderen her – sei es von der Natur und Umwelt, sei es von den Mitmenschen, was etwa an den Phänomenen der Evolution, Zeugung, Nahrung, menschlicher Beziehung abzulesen ist: Menschen leben nie ›aus sich‹ heraus, sondern sind – wenn auch stets zugleich über die Bedingungen ihrer Existenz hinausgreifend – bedingte Wesen. Für religiöse Menschen ist dies Ausdruck der restlosen Abhängigkeit von Gott, Zeichen der Verwiesenheit auf ihn und seine guten Gaben. Zum anderen ist der Mensch mit Freiheit ausgestattet, das heißt, er hat die Fähigkeit, über sich selbst und die Gestaltung der Welt zu entscheiden. Darin erfährt er sich als das sich aufgegebene Subjekt – als Kind Gottes, das seinem Schöpfer Ehre machen kann. Menschen können dies auch verweigern, doch damit verfehlen sie sich selbst.

Eine Synopse der beiden Schöpfungserzählungen ergibt, daß Menschen in biblischer Sicht ›mitliebende Geschöpfe‹ sind: Sie sind von Gott geschaffen und bleibend auf ihn verwiesen; *darin* sind sie aufgerufen zu tätiger Mitliebe: Überall dort, wo Menschen – wie Jesus von Nazareth – Gott in der Welt ›Hand und Fuß‹ geben, ihn mit ihrem Leben real präsent werden lassen, überall dort, wo Menschen sich in ihrem Leben nicht um sich selbst, sondern um Gott drehen und darum tätige Solidarität – insbesondere mit den Armen – leben, bei denen Gott in besonderer Weise gegenwärtig ist, dort setzen sie das schöpferische Erlösungshandeln Gottes fort, schaffen sie Heilung und Befreiung in ihren vielen Dimensionen und finden zu sich selbst.

2.3.3 Anteilnahme an der göttlichen Selbstgabe im Kult

Es zeichnet Menschen aus, daß sie die Vor-Gabe Gottes immer neu empfangen müssen, um zu mitliebenden Geschöpfen zu werden.

Der bevorzugte Ort, an dem Gott in der Welt ausdrücklich um ›Einlaß‹ und Erneuerung gebeten wird, ist der Kult[146]. Auch in der biblischen Tradition wird dem Kult innerhalb des Glaubensvollzugs eine bedeutende Rolle zugeschrieben, freilich durchformt vom Spezifikum des Jahwe-Glaubens. Sie ist daher gleichzeitig eine Tradition der permanenten Kultkritik[147]: Dem Glauben an Jahwe widerspricht eine Kultpraxis, die sich der Nähe Jahwes sicher zu sein meint, ohne die ethisch-rechtlichen Forderungen Jahwes im Alltag zu verwirklichen[148]; dem entspricht die Tatsache, daß die entscheidende Mitte des Bundeserneuerungsfestes in Israel nicht das Opfer, sondern die Verkündigung des Jahwe-Rechts darstellte[149]. Dem Glauben an Jahwe widerspricht auch ein magisches Kultverständnis. So ist etwa das altorientalische Opferverständnis in Israel dahingehend verändert, daß Jahwe mit der Gabe nicht beeinflußt werden soll, vielmehr das Opfer Ausdruck der Gemeinschaft mit Gott ist[150].

Der Kult wird nicht grundsätzlich abgelehnt, braucht es doch auch in Israel Orte und Zeiten, die aus dem Alltag herausgenommen sind[151], um sich bewußt an Jahwe rückzubinden, sich an seinen Willen und sein (permanent heilbringendes) Tun zu erinnern und den Bund zu erneuern[152].

Die urchristlichen Gemeinden befinden sich von vornherein in Auseinandersetzung mit dem Phänomen des Kultes in ihrer jüdisch-hellenistischen Umwelt[153]. Jesus lehnte den Kult nicht rundweg ab, radikalisierte jedoch die prophetische Kultkritik, indem er die Gottes- und Nächstenliebe untrennbar miteinander verband und herkömmlich-formalistische Formen jüdischer Frömmigkeit aufsprengte (etwa Mt 5,23f; Mk 2,23–28; 7,1–13; 12,33). Mit der Möglichkeit einer »Anbetung im Geist und in der Wahrheit« (Joh 4,23f) wird »die Möglichkeit einer Gottesverehrung unabhängig von sakralen Orten, äußeren Riten und bestimmten Zeiten«[154] eröffnet. Als gläubiger Jude jedoch ging auch Jesus in die Synagoge (Mt 4,23; 13,54) und in den Tempel (Mt 21,12ff), besprach sein Leben im Gebet mit Gott (Mk 1,35; 14,32; Lk 3,22; 6,12; 9,18; 9,28; 22,17) und feierte Pessah (Mt 26,18).

Es zeichnet den Menschen aus, daß er dazu in der Lage ist, sich bewußt auf Gott hin zu öffnen, seinen Willen zu erkennen und mit ihm ›zusammenzuarbeiten‹.

Der Begriff ›Person‹, ein Würdetitel der philosophischen Anthropologie, hat hier seinen Ursprung. Das lateinische ›persona‹ wie auch das griechische ›prosopon‹ meinen ursprünglich die Maske[155], ein Gebilde, durch das hindurch ein anderer spricht. Wesen und Auftrag des Menschen bestehen also darin, für die Gegenwart Gottes transparent, »Persona des Göttlichen zu sein«[156], Gott in der Welt einen Platz freizuhalten, was freilich die beiden Dimensionen von Gottes- und Nächstenliebe impliziert: Auf der einen Seite müssen Menschen sich immer wieder an ihren Schöpfer und Begleiter rückbinden, sich immer wieder neu für Gott öffnen, ihm – etwa in Gebet und Gottesdienst – einen Raum freihalten, damit er »neu und erneuernd«[157] in der Welt ankommen kann. Es ist der Ort, an dem Menschen sich von Gott wandeln lassen – hin zu realer Communio; es ist der Ort der notwendigen Unterbrechung des Alltags, Ort der Abkehr von Arbeit, Pflichten und Sachzwängen, um frei zu sein für die Begegnung mit Gott, sich selbst und den anderen. Der andere Part ist – als Konsequenz und Explikation – das Tun der Gebote Gottes, nämlich Gerechtigkeit, Güte und Treue im Alltag zu leben.

Zu diesem Tun aber bedarf es der Vorgabe Gottes, die sich immer wieder neu schenkt und empfangen werden muß. Gottesdienst und Weltdienst, verhalten sich komplementär zueinander, legen sich gegenseitig aus.

2.3.4 Gewinn des biblischen Menschenbildes für die Wahrnehmung und Deutung der Wirklichkeit

Nach biblisch-christlichem Wirklichkeitsverständnis verdankt sich die Welt in allen Dimensionen Gott, einem Gott, der der Welt – aus Liebe – sowohl zuinnerst gegenwärtig als auch transzendent ist. Diese bisher gezeichnete Skizze muß nun dahingehend erweitert werden, daß die spezifische Stellung des Menschen in der Welt ausdrücklich herausgearbeitet wird. Insbesondere ist im Blick auf unser Thema des Gebets zu fragen, wie sich das Handeln Gottes und das Handeln des Menschen zueinander verhalten: Handelt der Mensch im Gebet an der Wirklichkeit, handelt er an bzw. mit Gott, handelt Gott am Menschen?

Die Bibel denkt groß vom Menschen: Er ist Ebenbild Gottes, er ist von Gott anrufbar und – neben vielen anderen Fähigkeiten – mit Freiheit zur Liebe begabt. Er ist von Gott her mit königlicher Würde ausgestattet und nimmt infolgedessen innerhalb der Schöpfung eine Schlüsselstellung ein: Ihm ist die Verantwortung für den Lauf der Geschichte und dem ihm gegebenen Lebensraum Erde anvertraut. Selbst für den Wirkungsbereich der sogenannten »Mächte des Bösen« (Gal 4,3; Kol 1,13) ist dem Menschen Verantwortung übertragen. Jene Mächte, die Menschen ›besessen‹ machen können (zwanghaftes Streben nach Leistung, Besitz, Konsum, Vitalität), jene inneren und äußeren Mechanismen (biographische Wiederholungszwänge, Militär- und Wirtschaftsmächte) und Götzen, denen Menschen und Gesellschaften sich leicht unterwerfen, entpuppen sich erst dort als gefährlich und lebenszerstörend, wo ihnen *durch Menschen* reale Macht eingeräumt wird[158]. Nach biblischem Wirklichkeitsverständnis verfügen sie aus sich über keine Macht und besitzen kein Leben; es sind endliche Größen, »ein Machwerk von Menschenhand« (Ps 115, 4–7), die nüchtern betrachtet zwar Augen, Ohren und Nase haben, aber weder sehen noch hören oder riechen können; sie sind vor allem nicht handlungsfähig (Ps 115,7). Jedoch gebärden sie sich (durch Projektion) lebendig und attraktiv, wo sie von Menschen verabsolutiert werden und allmählich das Leben zu ›regieren‹ beginnen. Der Mensch ist nach biblischem Verständnis diesen Mächten nicht hilflos ausgeliefert. Er kann die Strukturen des Bösen durchschauen, jene Götzen, die das Leben zu rauben versuchen, als ›Dämonen‹ entlarven und Gottes Heilswillen folgen. Wo die Güte Gottes regiert und im Menschen Raum gewinnt, sind die Mächte des Bösen außer Kraft gesetzt (Mk 3,27; 16,17f; Lk 11,20; Eph 1,20ff).

Die Bibel denkt groß vom Menschen, zugleich weiß sie um seine Grenzen und bekennt nüchtern, daß Menschen bei aller Verantwortung letztlich nicht in der Lage sind, Leben zu schaffen. Das ist und bleibt allein Sache Gottes. Der Mensch ist nicht Herr über Leben und Tod; wo er sich als solcher gebärdet, verfehlt er sich selbst und schafft Unheil für andere (Gen 4,10; Joh 19,10f). Ihm ist der liebend-verantwortliche Umgang mit dem Leben aufgegeben, das jedoch immer geschenkt ist.

An dem Ergehen der Welt ist also nach biblisch-christlicher Auffassung sowohl *ganz der Mensch wie auch Gott ganz* beteiligt. Ihre Wirkweisen stehen in keinem Konkurrenzverhältnis, vielmehr geben Gott und Mensch sich gegenseitig Stand in der Welt. Gott und Mensch wirken »unvermischt und ungetrennt«[159] zusammen. Der Mensch kann ohne Gott nichts tun, Gott möchte ohne den Menschen nichts tun. Gott und Mensch eignen die Welt einander zu, übergeben sie vertrauend in die Hand des anderen, wodurch sie verwandelt wird: Indem sie hineingehalten wird in das Geheimnis Gottes und Gott sie dem Menschen wieder anheimgibt, wird sie dem Menschen zur Gabe und Aufgabe.

Insbesondere am Leben Jesu ist abzulesen, daß die Gegenwart eines Menschen die Gegenwart Gottes nicht ausschließt: Gerade in der Begegnung mit (dem Menschen) Jesus lernen Menschen, wer Gott ist. Hier wird deutlich, daß »seine Göttlichkeit die Menschlichkeit dieses Menschen (und dank seiner aller Menschen) nicht erdrückt, gefährdet oder zerstört. Im Gegenteil: Je unvergleichlicher menschlich dieser Mensch aus Nazareth ist, desto offenbarer wird die Göttlichkeit Gottes als solche Liebe«[160]. Getragen vom Geist Gottes werden Menschen nicht weniger, sondern wahrhaft Mensch.

2.3.5 Ertrag für das Gebet

Bittende wir
daß Gott
durch unseren Willen
wolle —[161]

Auf der Basis eines so umrissenen Gottes-, Welt- und Menschenbildes kann sich eine Theologie des Gebets neu den Anfragen stellen, ob und inwieweit es sinnvoll und mit dem spezifischen Glauben zu verantworten ist, eine Veränderung der Wirklichkeit aufgrund von Gebet zu erhoffen, Gott im Gebet etwas anzutragen, was er bitte ›besorgen‹ solle. Sie muß fragen, ob und inwieweit durch das Gebet etwas von Gott bewirkt wird, was dieser ohne das Gebet nicht getan hätte. Nach biblisch-christlichem Verständnis kann der Mensch im Gebet keineswegs Verantwortung ›nach oben‹ abgeben: Gott selbst ermächtigt ihn – auch im Gebet –, an seiner Statt und mit ihm gemeinsam zu handeln. Gebet ist damit – sofern es eine wirkliche existentielle Öffnung und Hinwendung zu Gott beinhaltet und nicht bloß ein leerer formaler Akt bleibt – keine Alibihandlung, sondern vielmehr der Ort, an dem Menschen Verantwortung übernehmen für sich und die Mitwelt. Verantwortung kann nur von Menschen übernommen werden; es ist etwas, »was kein Gesetz und auch keine informatorische Nachricht übernehmen kann«[162] und damit Ausdruck personaler, existentiell angenommener und so erfüllter Freiheit. Verantwortung meint die konstruktiv-antwortende Annahme der eigenen Fähigkeiten und Aufgaben in der Verpflichtung gegenüber dem Schöpfer, meint letztlich das Stehen vor

Gott. Wo dies geschieht, steht je neu die Entscheidung für oder gegen die lebenschaffende Kraft des Ursprungs, für oder gegen das Heil (Gottes für die Menschen) zur Disposition[163]. Im Gebet also stellt sich der Mensch der ihm (vor und von Gott) zukommenden Verantwortung zur Verfügung.

Zugleich ist es der Ort, an dem Menschen sich vergewissern, daß sie nicht allein (am Werk) sind, was von einsamer Weltverantwortung entlastet: Im Gebet erfahren sie das unbedingte Mitsein, die Solidarität Gottes. Die Teilnahme an der Gemeinschaft mit Gott im Gebet ermächtigt zur eigenen Teilgabe dieser Solidarität. Hans Schaller fragt daher mit Recht, ob das Gebet nicht gerade die »Garantie (ist), welche die Einheit (in der Differenz) von unbedingter Initiative Gottes für die Welt und dem Tun des Menschen verbürgt«[164].

Weil Gott sich darauf festgelegt hat, nicht über die Köpfe und Hände der Menschen hinweg zu handeln, wäre es paradox, ihn um ein ›besonderes Eingreifen‹ zu bitten: Der Mensch würde damit die ihm geschenkte Würde wieder abgeben, die beinhaltet, daß gerade er selbst Träger bzw. sie selbst Trägerin dieses Gottesreiches werden soll. Zudem ist solches Beten häufig mit einem gewalttätigen Zug gekoppelt: Gott möge doch endlich ›mit starker Hand dreinfahren‹. Das widerspricht aber dem Stil Gottes, dessen Merkmal es ist, daß er sich gerade nicht gewaltsam durchsetzen möchte, sondern sich mit Freiheit und Liebe verbunden hat.

Christian Duquoc weist in diesem Zusammenhang auf den auffällig zurückhaltenden Zug im Gebet Jesu hin: Jesus bittet nicht, daß die Botschaft durch ein machtvolles Eingreifen Gottes verwirklicht werden möge (vgl. Mt 27,42f). Duquoc geht davon aus, daß sich der Umsturz vollziehen würde, wenn Jesus darum bitten würde. Jesu Zurückhaltung habe seinen Grund nicht in einem Zweifel, vielmehr in dem Inhalt seiner Botschaft: »Das Reich Gottes kommt nur unter gewissen Voraussetzungen. Das zur Bekehrung einladende Wort, das rechtschaffene Handeln und die Gewaltlosigkeit sind dem Gottesreich verschwistert; die gewaltsame Durchsetzung aber widerspricht seinem Sinn«[165].

Im Glauben und in der Hinwendung zu dem Gott Jesu können Menschen darauf vertrauen, daß das Reich Gottes – wenn es auch sehr langsam zu gehen scheint – trotzdem wächst und sich ausweitet, jedoch leise, zaghaft, fast unscheinbar, jedenfalls ohne Gewalt (Mk 4,26–32) und nicht allein ›von oben‹.

In ähnlicher Perspektive ist Meister Eckhart zu lesen, wenn er dazu ermuntert, »sich die Gnade selber zu nehmen«[166]. Dies hat nichts mit spirituellem Konsumismus zu tun; Gnade läßt sich nicht materialisieren oder besitzen. Vielmehr geht Eckhart implizit davon aus, daß Gott gegenwärtig ist und daß damit bereits gegeben ist, was Menschen zur Erfüllung ihres Lebens und ihrer Sehnsucht bedürfen. Eckhart setzt damit genau die Übereignung Gottes an die Welt voraus, die den (im Glauben mündigen) Menschen permanent zur Verantwortung und Liebe anstößt: Weil die Gnade (mittelhochdeutsch: ge-nahen, im Sinne von sich-neigen, sich niederlassen[167]), weil Gott da ist, sollen wir »es dahin bringen, daß wir Gott nicht zu bitten brauchen, er möge uns seine Gnade und seine göttliche Güte geben; sondern wir sollen schaffen, daß wir *selber nehmen* und daß wir ihn darum gar nicht fragen«[168].

Eckharts Wort darf nicht als Rede gegen das Bittgebet fehlinterpretiert werden. Es stellt lediglich Gott, Welt und Mensch in ein angemessenes Verhältnis, bei dem die Verantwortung weder geleugnet noch delegiert wird. Der Gottesglaube ist Begründung und Ermöglichung menschlicher Verantwortung, nicht deren Eliminierung.

2.4 Gottesvorstellungen und Gebetsverständnis

Gebet ist »sprechender Glaube«[169], in dem ein spezifisches Wirklichkeitsverständnis beansprucht wird. Daher war zunächst zu fragen, welches Weltverständnis, welches Menschen- und welches Gottesbild der biblischen Tradition zugrunde liegen.

Das Gottesverständnis bildet – wie soeben entwickelt – die erste und grundlegende Voraussetzung dafür, ob, warum, wann und wie Gebet sinnvoll sein kann. Stellt man das christlich-trinitarische Gottesverständnis anderen (Beziehungs-) Vorstellungen von Gott und der Welt gegenüber, wird sein Mehrwert für die Deutung der Wirklichkeit wie für das Glaubens- und Gebetsverständnis erkennbar.

Nach *deistischer Auffassung* hat Gott zwar ›am Anfang‹ die Welt geschaffen, hat aber seither keinerlei Einfluß auf das Weltgeschehen. Welt und Geschichte bilden nach diesem Verständnis eine Produktion außerhalb und unabhängig von ihrem ›Produzenten‹; das Verhältnis von Gott und Welt wird mechanistisch (›Uhrmacherprinzip‹), nicht als lebendiges Beziehungsgeschehen gedacht. Welt und Gott begrenzen einander. Eine immanente Anwesenheit in und Verwobenheit Gottes mit der Welt wird geleugnet. Der Lauf der Geschichte liegt daher allein in den Händen der Menschen. Ein bleibendbegleitendes und freies Handeln Gottes in Schöpfung und Geschichte ist nicht vorstellbar. Der Mensch ist der allein Handelnde und bleibt, zwar mit sittlichem Anspruch ausgerüstet, in seiner Existenz allein. Da Gott von der Welt getrennt und dem Menschen unerreichbar ist, kann Gebet folglich nicht als Dialog mit Gott gedacht werden, da dieser nicht antreffbar scheint. So kann etwa Immanuel Kant infolge seines Gottesbegriffs[170] Gebet lediglich als ein »immanent-anthropologisches Phänomen«[171] mit »natürlichen Folgen«[172] deuten, nämlich als ein Tun zur Belebung der sittlichen Gesinnung.

Wie wir gesehen haben, bezeugen die biblischen Schriften demgegenüber, daß Gott die Welt nicht nur ins Dasein gesetzt, sondern sich – im Bund – aus Liebe in sie eingestiftet hat; er ist – bei gleichbleibender Transzendenz – mit ihr verwoben. Daher kann man ihm ständig begegnen, wie auch die Schöpfung ständig auf Gott verweist.

Die zweite Gottesvorstellung, die vom biblischen Zeugnis her zu kritisieren ist, soll in Ermangelung eines vorgeprägten Begriffs »*Immanentismus*« genannt werden. Auch hier ist der Mensch der allein Handelnde. Ihm ist die ganze Last der Verantwortung für Schöpfung und Geschichte übertragen; er kann keine aktuelle Hilfe Gottes erhoffen. Ein solches Gottesbild entwickelt Hans Jonas[173]; ihm steht strukturell die Gotteslehre von Walter Simonis nahe. Bei beiden ist Gott einer, der sich in die Welt völlig verausgabt bzw. vor aller Zeit verausgabt hat. Eine personale Gottheit, die der Welt noch einmal gegenübersteht, ihr korrigierend und rettend entgegenkommt, wird nicht angenommen. Bei Jonas hat sich Gott ganz in den evolutiven Weltprozeß hineingegeben; er hat seine Macht total überantwortet, es ist nun am Menschen, sich für das Gelingen der Welt einzusetzen[174]. In der Gotteslehre von Simonis ist Gott ontologisch reine Bezogenheit, seine Existenz ist »Ek-sistenz«[175]. Dies zu Ende gedacht, kann keine Differenz zwischen Welt und Gott mehr angenommen werden.

Wenn Gott in der Welt aufgeht, kann er ihr nicht mehr korrigierend und rettend entgegenkommen; er kann sie auch nicht begründen oder erneuern. Steht Gott der Welt nicht mehr als der ganz Andere gegenüber, ist die Welt auch hier allein dem Menschen ausgeliefert. Gott ist zwar immanent anwesend, kann jedoch nichts mehr selbst tun, nachdem er den Menschen alle Verantwortung und Liebe in die Hand gegeben hat. Er ist strenggenommen nur noch Zuschauer, allenfalls Mitleidender, jeder Macht entäußert. Ein bleibendes Zusammenwirken kann nicht gedacht werden.

Nur wenn Gott restlos von der Welt verschieden ist, wird sowohl die Eigenwirklichkeit der Geschöpfe in Freiheit ermöglicht als auch ihre Rettung, nur dann kann man sich an ihn wenden, weil jedes Gebet Differenz voraussetzt.

Gegenüber den Gottesvorstellungen des Deismus wie des Immanentismus liegt der *Gewinn des trinitarischen Gottesbildes* in der spezifischen Kombination von Transzendenz und Immanenz Gottes. Die christliche Gotteserfahrung zeichnet sich aus durch einen Reichtum vielfältiger Beziehungen: Gott wird als der erfahren, der alles schafft und in seinen guten Händen hält, als Jahwe, auf den Jesus sich verläßt und der ihn aus dem Tod zum Leben erweckt hat. Gott ist aber auch Jesus von Nazareth, der dem »Vater« gegenübersteht, in dem die Liebe und der Heilswille Gottes ganz ankommen konnte, in dem damit Gott selbst unter uns menschlich anwesend ist und die Schöpfung als Freund begleitet. Gott ist schließlich auch der Geist beider, in welchem sie der Schöpfung bleibend gegenwärtig sind.

Dies darf nicht als Tritheismus mißverstanden werden, vielmehr ist Gott (eine) Liebe, die in sich differenziert ist, ein Geschehen der Liebe, das sich in verschiedenen Beziehungen ereignet. Dabei werden die Eigenheiten der drei Personen nicht ineinander aufgesogen, vielmehr wachsen sie im Maß ihrer Hinwendung zueinander. Ähnlich wird in einer echten Liebesbeziehung zwischen Menschen das Anderssein des Partners gerade nicht aufgehoben.

Es ist irreführend, den drei göttlichen Personen jeweils verschiedene Heilstaten zuzuschreiben, wie etwa dem ›Vater‹ die Schöpfung oder dem ›Sohn‹ die Erlösung. Vielmehr muß das ganze Zueinander von Schöpfung und Erlösung als Ereignis des dreieinen Gottes und Geschehen seines Bundeswillens gedacht werden, der auf jeweils verschiedene Weise Gegenwart gewinnt[176].

Im Gebet wird diese reichgestaltige Gegenwart Gottes vorausgesetzt und stets neu erfahren; sie verbürgt den Betenden, daß ihr Gebet nicht ins Leere geht: Gott ist als Transzendenter gegenwärtig, zugleich zuinnerst nah und doch gegenüber[177]. Darum kann man`sich jederzeit und jedenorts an ihn wenden, darum ist die Welt nicht allein sich selbst überlassen, darum kann Gott ›hören‹ und ›sprechen‹[178]. Gott will etwas, nämlich seine Liebe und Barmherzigkeit mitteilen, jedoch will er dies nicht ohne die Menschen. Indem sich Menschen auf die ›Mitteilung‹ Gottes einlassen, wird etwas bewirkt: Gottes Wille inkarniert sich, sein Reich gewinnt schon heute anfanghaft Gegenwart. Gebet ist der Ort, an dem sich Menschen öffnen für die Absichten Gottes – für den Betenden selbst und für alle.

[1] Eine Gegenüberstellung und Diskussion dieser Wirklichkeitsauffassung mit anderen – z. T. herrschenden – Weltbildern, wodurch der Gewinn des trinitarischen Gottesbildes deutlich wird, klingt später in Kapitel 2.4 an, kann jedoch in dieser Arbeit nicht ausreichend behandelt werden.

[2] Der Grundgedanke dieses Kapitels ist in kritischer Anlehnung an zwei Arbeiten von Walter Simonis entstanden. Die Stärke der Gotteslehre von Simonis liegt darin, daß sie das Wollen Gottes radikal als Mitsein-Wollen denkt. Dies hat eine Theologie besonders zu beachten, die immer wieder dem Versuch erliegt, Gott von der Welt zu trennen, ihn aus der Welt hinauszudenken, obwohl er sich ihr doch – als Transzendenter – unwiderruflich eingestiftet hat. Keine Gefolgschaft ist jedoch seiner Gotteslehre dahingehend zu leisten, daß Gott ausschließlich als »Ek-sistenz« (Gott in Welt. Umrisse christlicher Gotteslehre, St.Ottilien 1988, S. 176) zu denken wäre in dem Sinn, daß »das bloße Dasein im Mitsein aufgehoben und überwunden wäre« (ebd. S. 175). Dies birgt nicht nur das Problem, daß über das Wesen und die Existenz Gottes – auch als Ek-sistenz! – nicht so sicher-verfügend geredet werden sollte: Auch in der Selbstoffenbarung bleibt Gott ein Verborgener. Es ist auch unbiblisch. Bereits im Buch Genesis wird von Gott gesagt, daß er sich sowohl nach außen gibt (»1.–6. Tag«) wie auch bei sich selbst bleibt (»7. Tag«); vgl. dazu Norbert Lohfink, Der Schöpfergott und der Bestand von Himmel und Erde, in: ders., Studien zum Pentateuch, Stuttgart 1988, S. 207. Darüber hinaus wäre Gott, wenn er reines Bezogensein zur Welt wäre, notwendig an die Welt gebunden. Nicht nur, daß der Unterschied zwischen Gott und Welt dann verschwimmen würde – dies weist Simonis selbst von sich (ebd., S. 347, Anm.184) –, sondern vielmehr weil dann das Verhältnis Gottes zur Welt kein Ereignis der Liebe sein, die Berufung Israels nicht mehr als Erwählung gedacht werden kann. Liebe korrespondiert immer mit Freiwilligkeit. Sie ist zerstört, wenn sie eingefordert wird. Um der Liebe willen muß die Differenz gewahrt bleiben.
Auch hinsichtlich seiner anthropologischen Implikationen – und damit für das Gebet, das einen geschöpflichen Grundakt darstellt – sind einige Bedenken anzumelden, auf sie wird in Kapitel 3.8 gesondert eingegangen.

[3] Damit ist noch nicht gesagt, daß es sich dabei um ein historisch verifizierbares Ereignis handelt, vielmehr handelt es sich um ein theologisches Ereignis: Gott hat sich immer schon als Mitseiender offenbart; das Ereignis dieser Erfahrung, das von Menschen zu jeder Zeit neu gemacht werden muß, wird in dieser Erzählung transportiert.

[4] In der Tradition ist das hebräische Verb hajáh meist als abstraktes »ewiges Sein« interpretiert worden; es meint aber vielmehr »dynamisches Dasein«; Jahwe ist ein Gott, der sich – wie den Müttern und Vätern so auch in Zukunft – als hilfreich Daseiender erweisen wird; vgl. Joseph Scharbert, Exodus, Würzburg 1989, S. 23.

[5] Vgl. Erich Zenger, Der Gott der Bibel, Stuttgart 1979, S. 111.

[6] Erich Zenger, Das Buch Exodus, Düsseldorf 1978, S. 53.

[7] Zenger, ebd. S. 53.

[8] Nach dem biblischen Zeugnis hat sich Jahwe zuerst Israel zugewandt, um sich von dort aus der ganzen Welt zu offenbaren, vgl. Alfons Deissler, Gottes Selbstoffenbarung im Alten Testament, in: MySal, Bd. II, Einsiedeln u. a. 1967, S. 250f. Wenn also von Israel die Rede ist, sind wir Heutigen mitgemeint.

[9] Simonis, Gott in Welt, S. 179.

[10] Vgl. Deissler, Gottes Selbstoffenbarung, S. 249.

[11] Vgl. etwa die Zusicherung Gottes gegenüber Noah: Gen 9,11ff.

[12] Thomas Pröpper, Freiheit als philosophisches Prinzip der Dogmatik, in: Eberhard Schockenhoff / Peter Walter (Hg.), Dogma und Glaube, FS Walter Kasper, Mainz 1993, S. 178.

[13] Vgl. zum folgenden Walter Simonis, Gottesliebe – Nächstenliebe, in: Thomas Franke / Markus Knapp (Hg.), Creatio ex amore, FS A. Ganoczy, Würzburg 1988, bes. S. 73–76. Bei dieser Exegese von Gen 1 kommt schön heraus, daß die Geschöpfe gerade in ihrer Beziehung zueinander zu sich selbst finden und ihrer geschöpflichen Sendung entsprechen. Anzufragen wäre jedoch, ob das in seiner Vielschichtigkeit und Intention unbegreifliche Schöpfungshandeln Gottes derart funktionalisiert werden kann.

[14] Längst ist klar, daß sich mit dem sogenannten ›Herrschaftsauftrag‹ in Gen 1,26–28 die schrankenlose Ausbeutung der Erde nicht legitimieren läßt, weil der Text dies nicht zuläßt. So meint etwa das mit ›herrschen‹ wiedergegebene Wort ›radáh‹ in seinem ältesten Gebrauch das Begleiten und Mitgehen – etwa eines Hirten mit seiner Herde. Das mit ›unterwerfen‹ übertragene Wort ›kabásch‹ meint ursprünglich ›den Fuß auf etwas setzen‹, in unserem Sinne von ›die Hand auf etwas legen‹ – als Geste der Annahme für etwas, für das man nun Verantwortung übernimmt; vgl. dazu Norbert Lohfink, »Macht euch die Erde untertan?«, in: Orientierung 38 (1974), S. 137–142.

[15] Erich Zenger, Gottes Bogen in den Wolken, Stuttgart 1983, S. 60.

[16] Der innere Zusammenhang von Allmacht und Ohnmacht wurde von Sören Kierkegaard aufgezeigt: »Alle endliche Macht macht abhängig, nur die Allmacht kann unabhängig machen, aus nichts hervorbringen, was Bestand hat in sich dadurch, daß die Allmacht beständig sich selbst zurücknimmt« (Tagebücher, München 1949, S. 216).

[17] Vgl. dazu ausführlicher Hans Kessler, Gott, der kosmische Prozeß und die Freiheit. Vorentwurf einer transzendental-dialogischen Schöpfungstheologie, in: Gotthard Fuchs / Ders. (Hg.), Gott, der Kosmos und die Freiheit, Würzburg 1996, S. 189–232, hier bes. 202f.

[18] Ein Schlüsselbegriff, der im folgenden immer wieder eine Rolle spielen wird und die spezifisch christliche Wirklichkeitsdeutung – daß hinter und in allem Geschehenden die selbstlose Liebe Gottes zur Verwirklichung drängt – in einem Wort verdichtet. Vgl. Bernhard Dörr, Heilswille Gottes, in: LThK, Bd. 4, Freiburg u. a. Neuauflage 1995, S. 1355–1357.

[19] Mit dem Begriff des ›Ersten‹ statt des ›Alten Testaments‹ schließe ich mich dem Vorschlag von Erich Zenger, Das erste Testament, Düsseldorf 1992, S. 144ff an.

[20] Hans Kessler, Christologie, in: Handbuch der Dogmatik (nachfolgend abgekürzt HdD), Bd. 1, Düsseldorf 1992, S. 241.438f.

[21] Zu dem erlösenden Dasein Jesu ausführlich Kapitel 2.2.3.

[22] So etwa der Noah-Bund (Gen 9,9ff), der allen Lebewesen gilt, der Abrahams- (Gen 15 und 17) und Sinaibund (Ex 24 bzw. Dtn 5,2), die Verpflichtung unter Josua (Jos 23–24) und der Bund mit den Tieren (Hos 2,20) zugunsten Israels.

[23] Zum Bundesbegriff vgl. M. Weinfeld, Art. ›berith‹, in: ThWAT, Bd. 1, Stuttgart 1973, S. 781–808; zur Bundestheologie vgl. Gerhard von Rad, Theologie des Alten Testaments, Bd. I, 8. Aufl. München 1982, S. 143–149.

[24] »Die Ausrufung der Gebote und der Zuspruch des Lebens waren einander schon seit alters liturgisch engstens zugeordnet (vgl. Hes 18,5–9) (...) mit den Geboten hat Jahwe seinem Volk das Leben angeboten, mit dem Hören der Gebote ist Israel eingetreten in die Ent-

scheidung über Leben und Tod«, G. von Rad, ThAT I, S. 207; vgl. auch Georg Braulik, Gesetz als Evangelium, in: ZThK 79 (1982), S. 127–160.

[25] Vgl. Simonis, Gott in Welt, S. 190.

[26] Vgl. Ernst Jenni, Art. ›ahaw‹ (lieben), in: THAT, Bd. I, München 1978, hier bes. S. 71f.

[27] »Darin besteht die Liebe zu Gott, daß wir seine Gebote halten« (1 Joh 5,3; vgl. auch Weish 6,18; Joh 14,21; 15,9f). Vgl. dazu W. Simonis, Gottesliebe – Nächstenliebe; auch K. Rahner, Über die Einheit von Nächstenliebe und Gottesliebe, in: GuL 38 (1965), S. 168–185. Bund und Gebote sind einander zugeordnet, insofern die Intention der Gebote darin liegt, in den Heilswillen Jahwes einzutreten und damit den Bund zu realisieren.

[28] Dies ist gegen bzw. ergänzend zu Simonis festzuhalten, nach dem die Antwort von seiten der Geschöpfe keine Rückwendung zu Gott, sondern lediglich die Weltverpflichtung sein soll.

[29] Vgl. Simonis, Gott in Welt, S. 190.

[30] Vgl. dazu Martin Noth, Das zweite Buch Mose – Exodus, Göttingen 1965, S. 136–157. Vgl. zu dem Gebot in Ex 23,10f auch Lev 25,1–7.18–22, dazu Erhard S. Gerstenberger, Das dritte Buch Mose – Leviticus, Göttingen 1993, S. 337–364.

[31] Seine Wurzeln hat der auffallend humane Zug im altisraelitischen Recht wohl in der Solidaritätsethik der nachbarlichen nomadischen Verbände, lange Zeit vor der Seßhaftwerdung, vgl. von Rad, ThAT I, S. 45.

[32] Obwohl in diesem Kapitel das Gottesbild skizziert werden soll, ging es in diesem Teil um den Menschen. Daß dies so sein muß, dürfte klar geworden sein: Die Selbstentfaltung der Menschen und Weitergabe des empfangenen Lebens sind Indikatoren für das Mitsein Gottes in der Schöpfung.

[33] Huub Oosterhuis (Übertragung von Alex Stock), in: Alex Stock, Gottesfürchtige Andacht – Lieder aus Amsterdam, in: ThQ 167 (1987), S. 50.

[34] Vgl. H. Schult, Art. ›schamah‹ (hören), in: THAT Bd. II, München 1979, hier S. 977.

[35] Vgl. dazu ausführlicher Gerhard Kittel, Art. ›akouo‹ (hören), in: ThWNT, Bd. 1, Stuttgart 1954, S. 218–221 und H. Schult, ebd., S. 974–982.

[36] Dort heißt es: »Wenn du sie ausnützt und sie zu mir schreit, werde ich auf ihren Klageschrei hören. Mein Zorn wird entbrennen und ich werde euch (die ihr die Witwe oder den Fremden ausgenützt habt) mit dem Schwert umbringen« (Ex 22,22f). Andere Beispiele der zahlreichen Stellen im Ersten Testament, bei denen Gottes ›Hören‹ seine Hilfe ist, finden sich etwa in Ex 3,7; Ps 94,9.17ff; 102,21.

[37] Vgl. Oscar Cullmann, Gebet im Neuen Testament, S. 136.

[38] Schult, Art.: ›schamah‹ (hören), S. 980.

[39] Das Bemühen, ›Gott in allen Dingen‹ zu finden, wird heute besonders der ignatianischen Spiritualität zugeschrieben. Es findet sich aber bereits in gleicher Formulierung bei den hochmittelalterlichen Mystikerinnen und Mystikern (vgl. etwa die Predigt von Meister Eckhart zu Mt 15,4, in: Ders., Deutsche Predigten und Traktate, ausgewählt und übertragen von F. Schulze-Maizier, 2. Aufl. Leipzig o.J., hier besonders S. 223). Sachlich findet sich diese Maxime natürlich in der ganzen biblisch-christlichen Geschichte, angefangen von dem alten Ps 19 über 1 Kor 12,6 bis in die Gegenwart, in der beispielsweise Fridolin Stier in seinen Tagebuchaufzeichnungen immer wieder bemerkt, daß er »das Reden der Dinge« hören lernen möchte (Vielleicht ist irgendwo Tag, Freiburg 1993; z. B. in den Aufzeichnungen vom 25.4.1970, 20.11.1971, 5.12.1971 und 6.12.1971).

[40] Verdichtet findet sich diese Erfahrung etwa bei den Erzählungen von Propheten oder auch Engeln; kraft des Geistes Gottes können Menschen einander (punktuell) Propheten und Engel sein.

[41] Als Beispiele seien genannt: der schon erwähnte Psalm 19, die Predigt über Mt 10,28 von Meister Eckhart (Predigten, S. 332ff) und wieder F. Stier, der die Schöpfung »Urstätte der Epiphanie« nennt (Vielleicht ist irgendwo Tag, Aufzeichnung vom 14.3.1970); er vernimmt »das Seiende als Stätte der Stimme, die ruft Ich bin da« (ebd., Aufz. v. 28.3.1970), wobei »das Erschienene das Erscheinende verschweigt« (ebd., Aufz. v. 15.4.1970).

[42] Etwa im Werk des Mystikers, der als ›Dionysius vom Areopag‹ in die Geschichte eingegangen ist (vgl. Dionysius Areopagita, Ich schaute Gott im Schweigen, Freiburg 1985).

[43] Dogmatische Konstitution »Dei Verbum«, Absatz 2, in: Karl Rahner / Herbert Vorgrimler (Hg.), Kleines Konzilskompendium, Freiburg 21. Aufl. 1989, S. 367f.

[44] Karl Rahner, Grundkurs des Glaubens, Freiburg 1984, S. 178.

[45] Dies entspricht der Überzeugung des Deismus. Darauf wird später in Kapitel 2.4 noch eingegangen.

[46] Gisbert Greshake, Gott in allen Dingen finden, Freiburg 1986, S. 25. Die Anwesenheit Gottes in allen Geschöpfen (wieder-) aufzuzeigen ist gegenwärtig ein Hauptanliegen der Theologie, vgl. dazu neben Greshake auch Alexandre Ganoczy, Schöpfungslehre, Düsseldorf 1983; Hans Kessler, Das Stöhnen der Natur, Düsseldorf 1990; Jürgen Moltmann, Gott in der Schöpfung, 2. Aufl. München 1985.

[47] Gemeint ist hier die Frage nach der Kausalursache: Wer ist für was verantwortlich? Die Frage impliziert bereits die Annahme, daß entweder Gott oder der Mensch als Verursacher angenommen werden müßten, daß dort, wo Gott handelt, der Mensch nicht handeln müsse und umgekehrt dort, wo der Mensch handelt, Gott überflüssig werde. Demgegenüber stehen im biblisch-christlichen Wirklichkeitsverständnis Gott und Mensch nicht in Konkurrenz, worauf später noch näher eingegangen wird.

[48] Dies meint im Kern die Theodizeefrage; einen Überblick dazu, sowohl in biblischer, theologischer, theologiegeschichtlicher als auch literarischer Perspektive, bietet Walter Groß, »Ich schaffe Finsternis und Unheil!«: Ist Gott verantwortlich für das Übel? Mainz 1992.

[49] In einem Liedtext von Huub Oosterhuis ist dies sehr schön ausgedrückt:»Herr, unser Herr, wie bist du zugegen, und wie unsagbar nah bei uns (...)« in: Gotteslob, Nr. 298.

[50] Vgl. (in Anlehnung an K. Barth) Hans Jorissen, Die Welt als Schöpfung, in: JBTh, Bd. 5, Neukirchen 1990, S. 209.

[51] Jorissen, ebd., S. 210.

[52] P. Knauer, Der Glaube kommt vom Hören, 6. Aufl. Freiburg 1991, hier S. 32f.

[53] Fridolin Stier, Vielleicht ist irgendwo Tag, Aufz. vom 21.12.1968, S. 30.

[54] Meister Eckhart, Predigt über Lukas 21,31, in: Ders., Predigten, S. 197.

[55] Hier ist die Haltung eines »offenen Herzens« gemeint, wie sie später in Kapitel 3.2 näher ausgeführt wird.

[56] Hubertus Halbfas, Der Sprung in den Brunnen, 10. Aufl. Düsseldorf 1990, S. 128.

[57] Eine schöne Analogie von menschlicher Beziehung zur Gottesbeziehung zeigt H. Halbfas, ebd., S. 142.

[58] Diese Unterscheidung entspricht den Grundgestalten des Handelns Gottes, wie sie Hans Kessler zu systematisieren versucht: Sucht den Lebenden nicht bei den Toten, Düsseldorf 1985, S. 290–298. Die verschiedenen Dimensionen bedingen einander, keine Dimension kann ohne die anderen gedacht werden. Die Unterscheidung will also nicht mehr leisten als eine Anschauungshilfe. Die klassisch-theologische Struktur göttlichen Wirkens ist dreigestaltig: Schöpfer – Erlöser – Vollender. Die Unterscheidung von Lebensermöglichung, Erhaltung und Begleitung stellt eine Differenzierung innerhalb des Schöpfungshandelns Gottes dar.

[59] Claus Westermann, Genesis, Bd. 1, 3. Aufl. Neukirchen 1983, S. 131.

[60] Westermann, ebd. S. 135.

[61] Vgl. zum folgenden Westermann, ebd. S. 176ff sowie Jörg Jeremias, Schöpfung in Poesie und Prosa des Alten Testaments, in: JBTh, Bd. 5, Neukirchen 1990.

[62] Damit ist bereits implizit gesagt, daß die Welt weder göttlich noch gottlos, sondern Gottes gutes Werk ist, an dem er Wohlgefallen hat.

[63] Vgl. Westermann, Genesis, Bd. 1, S. 139; siehe auch die folgende Anmerkung 67.

[64] Vgl. Werner H. Schmidt, Art. ›bara‹, in: THAT I, München 1978, S. 336–339; Bergman, J. u. a., Art. ›bara‹, in: ThWAT, Bd. I, Stuttgart 1973, S. 769–777.

[65] Vgl. Josef Neuner / Heinrich Roos, Der Glaube der Kirche in den Urkunden der Lehrverkündigung, 13. Aufl. Regensburg 1992 (IV.Laterankonzil (1215), NR 295.918; Konzil von Florenz (1442), NR 301; I.Vatikanum (1870), NR 322).

[66] Vgl. Hans Kessler, Das Stöhnen der Natur, S. 72-97.

[67] Hier darf kein abstrakter Begriff von ›Welt‹ gedacht werden, da die hebräische Bibel einen solchen gar nicht kennt. Auf die so ganz andere Welterfahrung der Hebräer weist Gerhard von Rad hin, nämlich »(...) daß Israel weder unseren (abstrahierenden) Begriff ›Natur‹ noch den griechischen von einem ›Kosmos‹ gekannt hat. Die Welt war für Israel nicht ein stabiler und harmonischer Ordnungsorganismus, der alles Vorhandene gleichmäßig umgreift, der so sehr als etwas Ganzes galt, daß man nach seinem letzten bestimmenden Prinzip (archae) fragen konnte(...) ›Welt‹ war für Israel wohl überhaupt mehr ein Geschehen als ein Sein« (ThAT I, S. 439f).

[68] Jeremias, Schöpfung, S. 22.

[69] Darauf weist Jürgen Moltmann hin: Gott in der Schöpfung, S. 28.

[70] So (im Anschluß an Gunkel) C. Westermann, Genesis 12–50, Darmstadt 1992, S. 20.

[71] Ebd. S. 35.

[72] Ebd. S. 30f.

[73] Westermann, Genesis Bd. 2, 3. Aufl. Neukirchen 1981, S. 4. Die Ahnenverehrung wurde durch die afrikanische Kultur als theologisches Denkmodell wiederentdeckt, vgl. dazu Bénézet Bujo, Afrikanische Theologie in ihrem gesellschaftlichen Kontext, Düsseldorf 1986.

[74] Dies ist bereits der erste Teil der späteren Bundesformel am Sinai; vgl. G. von Rad, ThAT I, S. 183.

[75] Vgl. Gerhard Schneider, Das Evangelium nach Lukas, Gütersloh u. a. 1977, S. 499.

[76] Walter Schmithals, Das Evangelium nach Lukas, Zürich 1980, S. 235.

[77] Vgl. auch Gen 21,22; Ps 121,5; Mt 28,20 oder Ex 4,13ff, wo Jahwe dem zaudernden Mose seinen Bruder Aaron als Begleiter und Sprecher zusagt; in Gen 28,15 wird der Zusammenhang von Begleitung und Segen deutlich, vgl. auch die schöne Segenszusage im Buch Levitikus: »Ich schlage meine Wohnstätte in eurer Mitte auf und habe gegen euch keine Abneigung. Ich gehe in eurer Mitte« Lev 26,11f. Hier begegnet Jahwe als ein Freund, der sein Zelt direkt neben die Zelte seiner Freundinnen und Freunde aufbaut, um ganz nah bei ihnen zu sein, um auch in Zukunft bei ihnen zu bleiben.

[78] Vgl. das bekannte Augustinus-Wort: »Geschaffen hast Du uns zu Dir (hin), und ruhelos ist unser Herz (ist die Schöpfung) bis es (sie) Ruhe findet in Dir« (Bekenntnisse, Buch I/1, Frankfurt 1956, S. 7; die Einfügungen in den Klammern sind der Verfasserin hinzugesetzt).

[79] Natürlich hängen diese Dimensionen in concreto zusammen; so gäbe es etwa keine Krankheit ohne menschliche Endlichkeit, häufig entsteht sie auch durch bewußtes Fehlverhalten.

[80] ›Schalom‹ meint im Ersten Testament primär Ganzheit, Unversehrtheit und Heilsein; die Bedeutung ›Frieden‹ als Abwesenheit von Krieg taucht erst in relativ späten Schichten auf; vgl. zu dem umfassenden Bedeutungsgehalt Hans Heinrich Schmid, Schalom – ›Frieden‹ im Alten Orient und im Alten Testament, Stuttgart 1971, sowie Franz Joseph Stendebach, Art. ›Schalom‹, in: ThWAT, Bd. VIII, Stuttgart 1995, S. 12–46.

[81] Vgl. Simonis, Gott in Welt, S. 255–263.

[82] Vgl. zu dem Gehalt des Gottesnamens als ›Ich-bin-da‹ Kapitel 2.1.1.

[83] Vgl. dazu' die Examensarbeit von Birgit Möller, Die Rede vom leidenden Gott, Universität Frankfurt 1992.

[84] So im ›kleinen geschichtlichen Credo‹ Dtn 26,5–9, in der Abschiedsrede Samuels (1 Sam 12,8), in den Geschichtspsalmen (Ps 105; 114; 136), in Deuterojesaja. Die Prosaerzählung findet sich in den Büchern Exodus und Numeri, im konkrete Auszug mit der Rettung am Schilfmeer in Ex 13–14.

[85] Vgl. etwa G. von Rad, ThAT I, S. 189ff; Antonius H. J. Gunneweg, Geschichte Israels bis Bar Kochba, 5. Aufl. Stuttgart 1984, S. 22ff.

[86] Ausführlicher bei Hans Kessler, Art.: Erlösung/Soteriologie, in: NHThG, Bd. 1, S. 241–254.

[87] Vgl. dazu ausführlicher das Kapitel 2.3.

[88] Zum Entwicklungszusammenhang vom Glauben Israels bis hin zum Leben und der Botschaft Jesu, aus dem die Verwurzelung Jesu im Judentum deutlich wird, vgl. Kessler, Sucht den Lebenden; Ders., Christologie.

[89] Vgl. die programmatische Selbstvorstellung Jesu, die Lukas an zentraler Stelle Jesus in den Mund legt: Lk 4,18–21. Zur soteriologischen Bedeutung des Lebens Jesu vgl. neben den oben genannten Arbeiten Kesslers auch Ders., Erlösung als Befreiung, Düsseldorf 1972.

[90] Kessler, Christologie, S. 276ff.

[91] Wie gesagt, ist damit kein historisches, sondern ein theologisches Datum gemeint. ›Bund‹ ist eine Aussage über die Wirklichkeit schlechthin: Gott will communio mit der Welt.

[92] Da wir uns im Kapitel über das Weltbild befinden, scheint dieser Abschnitt auf den ersten Blick nicht hierher zu passen, da die Welt aus sich keine Neuschöpfung zu erwarten hat. Im Modus der Sehnsucht wohnt der Welt jedoch die Erwartung einer Neuschöpfung inne. Darüber hinaus ist dieses Kapitel Bedingung der Möglichkeit für das vorangegangene: Nur einer, der die Welt radikal neu schaffen kann, kann bereits immanent Erlösung schenken.

[93] G. Bachl, Über den Tod und das Leben danach, Graz 1980, S. 49.

[94] Der Tod – insbesondere der Tod eines Menschen – bedeutet den Entzug jeder Handlungsmöglichkeit, jeder Mitverfügung, den »Abbruch aller Kommunikation, den Austritt aus der Sprache(...) Der einmal ein Zentrum der Selbsttätigkeit gewesen ist, in freier Selbstverfügung anderen Menschen gegenüber Person, ein Jemand für die Liebe wie für den Haß, ein mögliches Du für jeden Begegnenden, der ist nun als Leiche verfügbar wie ein Gegenstand« (Bachl, Die Zukunft nach dem Tod, Freiburg 1985, S. 15f). Das Grauen des Todes liegt in der plötzlich auftretenden totalen Beziehungslosigkeit: Der Tote ist Menschen nicht mehr erreichbar.

[95] Insbesondere das Ja zu einem Menschen zielt auf Endgültigkeit. Vgl. dazu Jörg Splett, Konturen der Freiheit, Frankfurt 1981, S. 133–152; vgl. auch das obige Kapitel 2.3.1.

[96] Paradox ist, daß die Geschöpfe in dem Maß zu sich selbst kommen, in dem sie über sich hinausweisen. Vgl. dazu K. Rahner, Grundkurs, S. 86f. und Bachl, Über den Tod, S. 40f.

[97] Vgl. zum folgenden Tiemo Rainer Peters, Art. ›Tod/Ewiges Leben‹, in: NHThG, Bd. 4, S. 212–221; Kessler, Sucht den Lebenden, Kap I.

[98] Kessler, ebd. S. 67.

[99] Das Recht des Stärkeren wird lediglich aus der Perspektive des Stärkeren als »Naturgesetz« erklärt. Strickmuster der Natur bildet mindestens genauso das Teilen und Mitteilen. Vgl. dazu György Doczi, Die Kraft der Grenzen, München 1984, bes. S. 92–96.

[100] Apostolisches Glaubensbekenntnis, NR 911. Vgl. auch Phil 2,6–10.

[101] So stellt z. B. Vergebung Neuschöpfung im Vollsinn dar: »Der Schuldige verlangt danach, ein ›neuer Mensch‹, eine ›neue Schöpfung‹ (2 Kor 5,17) zu werden; nicht eine andere Person (es geht ja um ihn), aber als er selbst ›ein anderer‹, anders« (Splett, Der Mensch ist Person, Frankfurt 1978, S. 34).

[102] Kessler, Sucht den Lebenden, S. 301.

[103] Darum hält das Christentum an einer »Auferstehung des Leibes« (Röm 8,11.23; NR 292; 912) fest, um »die komplexe Einmaligkeit der irdischen Geschichte« (Bachl, Die Zukunft, S. 92–97, hier S. 93) nicht preiszugeben. Der Mensch ist nur in seiner seelisch-leiblichen Ganzheit er selbst, als solcher steht er in Beziehung mit anderen Menschen und im Kosmos. Die Neuschöpfung umfaßt alle Dimensionen der irdischen Welt, auch die Materie wird verwandelt (1 Kor 15,44).

[104] Ausführlicher dazu Franz Joseph Nocke, Eschatologie, in: HdD, Bd. 2, S. 418ff.

[105] Offenbarung meint das Sich-selbst-Kundtun einer anderen Wahrheit: »Offenbarung (...) bezeichnet das Hervortreten eines anderen Begriffs von Wahrheit als des Begriffs der durch die Kriterien von Verifikation und Falsifikation geregelten Adäquations-Wahrheit: eines Begriffs von Manifestations-Wahrheit, im Sinne des Sein-Lassens dessen, was sich zeigt. Was sich zeigt, das ist jedesmal das Angebot einer Welt, einer Welt, die so beschaffen ist, daß ich meine eigensten Möglichkeiten in sie hinein entwerfen kann« (Paul Ricoeur, Gott nennen, in: B. Casper [Hg.], Gott nennen. Phänomenologische Zugänge, Freiburg / München 1981).

[106] Thomas Pröpper, Thesen zum Wunderverständnis, in: Greshake / Lohfink (Hg.), Bittgebet – Testfall des Glaubens, Mainz 1978, S. 71–91.

[107] Jedoch können (und müssen) Menschen in der Welt dies empfangen und weitergeben.

[108] Dort etwa, wo ein Mensch sich selbst nicht mehr anzunehmen vermag, er im eigenen Lebensweg keine Kontinuität mehr erkennen kann, braucht es einen, der den Maßstäben dieser Welt nicht verpflichtet ist, einen, bei dem man trotz allen Versagens angenommen ist, wo das Versagen als Teil der eigenen Geschichte stehenbleibt und trotzdem umfangen, vielleicht verwandelt bzw. vollendet wird.

[109] Daher sagt Paulus: »Der Glaube kommt vom Hören« (Röm 10,17). Die Bewegung ›hinzu‹ ist hier entscheidend. Vgl. dazu P. Knauer, Der Glaube, sowie Gotthard Fuchs, Geistliche Kernexplosionen, in: KatBl 114 (1989), S. 32–41; ders., Der Glaube kommt vom Hören, in: rhs 26 (1983), S. 73–78.

[110] Pröpper beschreibt Wunder als »Geschehnisse, die konkret auf einen Menschen eingehen und dabei ihn selber erreichen, die ihn zu seiner Bestimmung rufen und sie schon realisieren, die seiner tiefsten Sehnsucht (...) entgegenkommen (...)« Pröpper nennt sie Wunder, »nicht weil sie unser Erkenntnis- und Erklärungsvermögen in Verlegenheit bringen, sondern weil sie die Kraft haben, einen Menschen in seiner absoluten Sinnoffenheit anzusprechen und seinem Selbstsein die Wahrheit und Gewißheit freier Anerkennung zu geben« (Thesen, S. 86). Ähnlich Kessler, Sucht den Lebenden, S. 294f.

[111] »Überall dort, wo Menschen das möglich wird, wozu sie von Haus aus nicht neigen, nämlich nicht egoistisch bei sich zu bleiben, sondern sich zu übersteigen und Menschen für andere zu werden, handelt Gott durch Menschen« (Kessler, Sucht den Lebenden, S. 290). Hier ist etwa das ›Wunder‹ der Brotvermehrung anzusiedeln. Das eigentliche Wunder liegt nicht etwa im vielen Brot – dies ist Konsequenz und ›Frucht‹ –, sondern vielmehr im Teilen-Können, das Jesus von Gott her möglich ist. Daher wendet sich Jesus zuerst im Gebet an Gott (Mk 6,41); von dorther vermag so zu teilen, daß es für alle im Übermaß ausreicht. Freilich ist dies auch ein Bild für das Ereignis der lebendigen Selbstmitteilung Jesu und seiner Vergegenwärtigung in der Eucharistie.

[112] In Jesus von Nazareth hat sich dieses entscheidende Wort inkarniert; vgl. oben Kap. 2.1.4.

[113] Ein Mensch, dessen ganze Existenz sich auf das Hören Gottes gründete und der darum zur Liebe selbst wurde, ist Jesus von Nazareth.

[114] Als Beispiele seien etwa Franz von Assisi, Oscar Romero, Mutter Teresa und Martin Luther King genannt.

[115] Vgl. Richard Schaeffler, Das Gebet und das Argument, Düsseldorf 1989, S. 147.

[116] So etwa L. Feuerbach, bei dem Gebet »als das sich selbst Gehör gebende, sich selbst genehmigende, sich ohne Ein- und Widerrede bejahende menschliche Gemüt« (Wesen der Religion, S. 183) gilt.

[117] Walter Bernet, Gebet, Stuttgart 1970.

[118] Bernet, ebd. S. 100.

[119] Schaller, Das Bittgebet, Einsiedeln 1979, hier bes. S. 103ff. Schaller liefert eine ausführliche, kritisch-differenzierte Besprechung von Bernets Gebetsverständnis.

[120] Aufgrund religionspsychologischer Studien kann angenommen werden, daß christlich geprägte Religiosität etwa das Selbstwertgefühl durchaus positiv stützt und stärkt: »Die transsoziale Beziehung (...) kann einerseits ganz ohne Kompensationsdruck einfach als Mehrwert, als bereichernde und bestärkende Ich-Erweiterung (...) erlebt werden. Sie kann in extremer Angst aber auch die (...) Gelassenheit und Kompensation vermitteln, für die es keine Letzt-Katastrophe mehr gibt« (Bernhard Grom, Religionspsychologie, München / Göttingen 1992, S. 177). Daß auch hier krankmachende Verformungen existieren, ist eine andere Sache.

[121] Auf diese ›Früchte‹ wird später in Teil 5 noch ausführlich eingegangen.

[122] Hier handelt es sich nicht unbedingt um eine sprachliche, sondern um eine existentielle ›Zusage‹, bei der das ›gesagt‹ wird, was Menschen nicht selbst sagen können, was sie aber zutiefst ersehnen: daß sie – von einem anderen – geliebt und anerkannt sind.

59

[123] Sie sind nicht allein aktiv; es geschieht hier auch – von Gott her – etwas an ihnen: vgl. das spätere Kapitel 3.1.3 (Gebet als Geschehen im Geist).

[124] Nach Horst Eberhard Richter liegt der Kern der neuzeitlichen Krise in der Unversöhntheit des Menschen mit der eigenen Endlichkeit und Ohnmacht, die er durch einen Allmachtswahn zu kompensieren sucht; vgl. H. E. Richter, Der Gotteskomplex, Reinbek 1986.

[125] Theologisch ist jede Zeit »Gottes Zeit«, vgl. Koh 3,1–8, dazu Gerhard Delling, Art. ›kairós‹, in: ThWNT, Bd. III, Stuttgart 1950, v.a. S. 460.

[126] Auch Heilung ereignet sich – wie bereits oben angedeutet – im Gebet bereits insofern, als die neu geschenkte Gewißheit der Nähe und Solidarität Gottes dem Betenden inneren Frieden, Vertrauen, Mut und Zuversicht schenkt. Des weiteren vgl. später Teil 5.

[127] Darauf weist Josef Sudbrack hin: »Der Sohn, der in der Welt Gott liebt, ist der Ort, wo Gott die Welt liebt (...). In ihm (Jesus Christus) haben wir die Erfüllung der Grundbitte des Menschen, wie sie von der Psychoanalyse in den vielfältigen menschlichen Anliegen entdeckt wird: die Bitte nach dem Absoluten, wo das Grundübel, der Tod, überwunden wird« (Beten ist menschlich, Freiburg 1973, S. 213). Vgl. dazu auch den alten aramäischen Gebetsruf der Urgemeinde »Maranatha« (Komm, Herr Jesus); in ihm ist strenggenommen jede Bitte mitgesagt und eingeborgen.

[128] Dieses Kapitel ist in Anlehnung an die theologische Anthropologie von Karl Rahner entwickelt, wie er sie in dem ersten Gang seines ›Grundkurs des Glaubens‹ entfaltet. Sein anthropologischer Ansatz hat die Stärke, daß er nicht bei einer Glaubensaussage, sondern bei der Selbsterfahrung des heutigen Menschen beginnt.

[129] Die objektiv-exakten Wissenschaften beschreiben lediglich eine bestimmte »Projektion dieser Wirklichkeit, nämlich unter dem Aspekt, den man nach Maßgabe einer bestimmten Fragestellung und Methode durch bestmögliche Beobachtungen herausfiltern kann« (Hans Peter Dürr, Das Netz des Physikers, München 1988, S. 31f.; vgl. dort auch die Parabel vom ›Ichthyologen‹).

[130] Letztlich ist das deshalb nicht möglich, weil der Mensch sich zu all diesen Einzeldaten – und auch zu sich selbst – nochmal zu verhalten vermag: »Selbst dort noch, wo der Mensch sich restlos als das Fremdbedingte von sich abwälzen und so sich selbst wegerklären wollte, ist er es, der dies tut und weiß und will, umgreift er die Summe möglicher Elemente einer solchen Erklärung und erweist er sich so als derjenige, der ein anderes ist als das nachträgliche Produkt solcher Einzelelemente« (Rahner, Grundkurs, S. 41).

[131] Jörg Splett entfaltet dies in den bereits genannten Büchern ›Der Mensch ist Person‹, S. 11–41, ›Konturen der Freiheit‹, 2. Aufl. Frankfurt 1981, S. 154–179, sowie in ›Lernziel Menschlichkeit‹, 2. Aufl. Frankfurt 1981, S. 9–41. Vgl. auch den prägnanten Kurzprosatext »Mensch« von Reiner Kunze, in: Die wunderbaren Jahre, Frankfurt 1976, S. 81.

[132] Rahner, Grundkurs, S. 44.

[133] Splett, Der Mensch, S. 18.

[134] Eine Formulierung von Heinrich Böll, zit.n.: Ilka Scheidgen, Abel steh auf, in: PuFo Nr. 15, 21 (1992) 15, S. 34.

[135] Daher kommt man nie an ein Ende, wenn man einen Menschen beschreiben will. Max Frisch macht in seinen Tagebüchern darauf aufmerksam, daß wir gerade von dem geliebten Menschen am wenigsten sagen könnten, wie er/sie sei, daß wir mit ihm/ihr nie fertig würden. Eindrucksvoll schildert er dies z. B. in »Du sollst dir kein Bildnis machen«, in: Tagebuch 1946–1949, Frankfurt 1985, S. 27; ähnlich in der Aufzeichnung zum »Neujahrstag 1949«, ebd. S. 293.

[136] Seinen Ursprung hat diese Vorstellung wohl in dem schlichten Phänomen, daß Atem und Leben unlösbar verbunden sind, daß der Atem den Organismus belebt und die Körperfunktionen erhält. Beim Jahwisten ist der Atem der Ort der Seele; vgl. zur Theologie des Jahwisten Franz Joseph Stendebach, Der Mensch – wie ihn Israel vor 3000 Jahren sah, Stuttgart 1972, hier S. 128ff.

[137] Stendebach, Der Mensch, S. 23f.

[138] Vgl. etwa die Jakobserzählung (Gen 27–31) oder die Josefsgeschichte (Gen 37–50).

[139] Zenger, Gottes Bogen, S. 84–96.

[140] Zenger, ebd. S. 90.

[141] Vgl. Zenger, ebd. S. 87.92.

[142] Dies vermag der Mensch natürlich nur durch die bleibende Nähe und Treue Gottes, vgl. z. B. Ex 2,23–4,17: Gott beruft den Mose, der zunächst wenig selbstbewußt ist und zaudernd fragt: »Wer bin ich, daß ich die Israeliten aus Ägypten herausführen könnte?« Mose erhält seine Bestimmung und sein Selbstbewußtsein durch das »Ich bin mit dir« Jahwes; vgl. Paul Heinisch, Das Buch Exodus, Bonn 1934, S. 47–59; Noth, Das zweite Buch Mose, S. 28ff. Vgl. außerdem oben Kapitel 2.1.

[143] Vgl. Dorothee Sölle, Lieben und Arbeiten, Stuttgart 1985, S. 139. Sölle baut ihre engagierte Schöpfungstheologie von der priesterschriftlichen Komposition her auf. Im Rückgriff auf die amerikanische Prozeßtheologie wie auf Martin Buber und Carter Heyward denkt sie Gott als Kraft, insbesondere als Kraft der Beziehung, die von sich teilgeben möchte.

[144] Vgl. Sölle, ebd. S. 60. Sölle bezieht sich dabei auf Lev 19,2 und Mt 5,48.

[145] Zenger, Gottes Bogen, S. 179.

[146] Auffällig ist, daß in den Weltgründungsberichten vieler Kulturen das Wesen des Menschen mit seiner Beauftragung zum Kult beschrieben wird. Beispiele dafür finden sich bei Richard Schaeffler, Kultisches Handeln, in: Ders./ P. Hünermann (Hg.), Ankunft Gottes und Handeln des Menschen, Freiburg u. a.1977, S. 19ff.

[147] Vgl. dazu ausführlich Franz Joseph Stendebach, Kult und Kultkritik im Alten Testament, in: N. J. Frenkle u. a., Zum Thema Kult und Liturgie, Stuttgart 1972.

[148] Das mahnen insbesondere die Propheten Amos und Jeremia immer wieder an.

[149] Vgl. Stendebach, Kult und Kultkritik, S. 56. Was das Jahwe-Recht inhaltlich bedeutet, wurde insbesondere in dem Kapitel 2.1.3 gezeigt: Weitergabe des Empfangenen, Recht und Erbarmen, insbesondere für die Armen.

[150] Vgl. Stendebach, ebd. S. 50ff.

[151] Die Wurzel ›tem‹ – etwa in templum oder in tempora – bedeutet abgrenzen, (heraus-) schneiden. Hier hat insbesondere das Sabbatgebot bzw. der Sonntag seinen spezifischen Ort: Gott hat der Welt einen Rhythmus eingestiftet, eine Zeit zum Arbeiten und eine Zeit zum Ruhen (Koh 3,1ff). Indem die Menschen den siebten Tag – bzw. in christlicher Tradition den ersten Tag der Woche (Beginn der Neuschöpfung durch Christus) – heiligen, entsprechen sie der Ordnung Gottes (Ex 20,8–10; Dtn 5,12–14): ein Tag, an dem sie sich daran erinnern, woher sie kommen und wofür sie da sind; ein Tag, an dem sie spielen, tanzen und feiern sollen, an dem sie neu wahrnehmen, wie gut Gott das eigene Leben und die Schöpfung bereitet hat.

[152] Genannt seien neben dem wöchentlichen Sabbat vor allem das Bundeserneuerungsfest (Laubhüttenfest), das Pessah-Fest, das Neujahrsfest (Rosch ha-Schana), Jom Kippur und das Wochenfest (Schawuot) genannt; ausführlicher bei Stendebach, Kult und Kultkritik, S. 47ff.

[153] Dazu ausführlicher P. Stockmeier, Vom Abendmahl zum Kult, in: N. J. Frenkle u. a., Zum Thema Kult und Liturgie, Stuttgart 1972.

[154] Stockmeier, Abendmahl, S. 70.

[155] Auch in dem Begriff ›Maske‹ ist die religiöse Bedeutung enthalten. Das hebräische ›maskeret‹ meint eine Gedächtnisfeier. Der Maskenträger stiftet ein Gedächtnis, durch das Gott neu ankommen kann, vgl. Schaeffler, Kultisches Handeln, S. 20.

[156] Ebd. S. 21.

[157] Ebd. S. 17.

[158] Dazu ausführlicher Hans Kessler, Christologie, in: HdD, S. 404–406.

[159] Die chalcedonensische Formulierung ist insofern hilfreich, als darin sowohl das Eigenwirken als auch das Zusammenwirken der Partner ausgedrückt ist.

[160] Gotthard Fuchs, Gott ist Liebe. Die Trinitätslehre als Inbegriff christlicher Glaubenserfahrung, in: rhs 24 (1981), S. 1–15.

[161] Kurt Marti, Kontrapunkt, in: Ders., Abendland, 2. Aufl. Darmstadt / Neuwied 1981, S. 53.

[162] Josef Sudbrack, Beten ist menschlich, Freiburg 1973, S. 96.

[163] »Wie im absoluten Beginn, ›in principio‹, über Sein und Nichtsein der Welt im Ganzen entschieden wurde, so ist überall dort, wo dieser Anfang neue Gegenwart gewinnt, wo also das ›Principium‹ den Menschen gegenwärtig anredet, die ›damals‹, vor aller Zeit, gefällte Entscheidung noch einmal offen. Der Mensch wird in solcher Begegnung zum Zeitgenossen der Gründungstat (...)«, so Richard Schaeffler, Erfahrung als Dialog mit der Wirklichkeit, München 1995, S. 452.

[164] Schaller, Bittgebet, S. 97. Zu der fruchtbaren Spannung zwischen Gelassenheit und Verantwortung, unter die ›das Heilige‹ stellt vgl. auch Schaeffler, Erfahrung als Dialog, S. 716–719.

[165] Das Gebet Jesu, in: Conc 18 (1982), S. 623.

[166] Meister Eckhart, Predigten und Traktate, ausgewählt, übertragen und eingeleitet von Friedrich Schulze-Maizier, Leipzig o.J., S. 361f.

[167] Deutsches Wörterbuch von Jacob und Wilhelm Grimm, Bd. 8, München 1984, Sp. 505ff.

[168] Meister Eckhart, Predigten, S. 361f.

[169] Otto Hermann Pesch, Sprechender Glaube, Mainz 1970.

[170] Kant lehnt zum einen jede Verzweckung der göttlichen Freiheit wie auch eine Einwirkung auf sie ab, da dies innerhalb der Grenzen der Vernunft nicht legitim sei; zum anderen möchte er um jeden Preis den sittlichen Einsatz des Menschen garantieren, von dem das Gebet leicht zu dispensieren drohe. Vgl. dazu ausführlicher die Darstellung von Hans Schaller (Bittgebet, S. 72ff), der eine differenziert-kritische Diskussion der kantischen Position bietet.

[171] Schaller, Bittgebet, S. 84.

[172] Immanuel Kant, zit. nach Schaller, ebd. S. 86.

[173] Vgl. Hans Jonas, Der Gottesbegriff nach Auschwitz, Baden-Baden 1987. Freilich darf nicht aus den Augen verloren werden, auf welchem Hintergrund Jonas sein Gottesbild entwirft. Das Geschehen von Auschwitz kann für Jonas mit den herkömmlichen theologischen Kategorien nicht mehr gefaßt werden, Gott kann nicht mehr als der Herr der Geschichte gelten. Um dennoch an dem Bild eines guten Gottes festhalten zu können, entwickelt er das Bild von einem leidenden, werdenden und sich sorgenden Gott; die Vorstellung einer Allmacht Gottes lehnt er ab.

[174] Jonas, ebd. S. 46f.

[175] Simonis, Gott in Welt, S. 176.

[176] Jürgen Moltmann hat dies für den Zusammenhang der Schöpfung gezeigt (Gott in der Schöpfung, S. 106ff), Thomas Franke für den Zusammenhang der Erlösung (Salus ex amore. Erwägungen zu einer trinitarischen Soteriologie, in: Ders. / Knapp, Creatio ex amore, S. 48–59).

[177] Der Gewinn für die Deutung der Wirklichkeit liegt bisher auf reflexiver Ebene; vgl. dazu ausführlicher auch Hans Kessler, Gott, der kosmische Prozeß und die Freiheit, besonders S. 205ff. Eine andere Frage ist, inwiefern dieses Wirklichkeitsverständnis die konkrete Praxis der so Glaubenden verändert, sich dort bewährt (Mt 7,16; Joh 8,32). Darauf wird in Kapitel 3.8 und in Teil 5 eingegangen.

[178] Daß dies anthropomorphe Vorstellungen sind, wurde bereits gesagt. Infolgedessen würde ich beim Gebet auch nur bedingt von einem Dialog zwischen Gott und Mensch sprechen. Im Begriff des Dialogs wird nicht nur die Asymmetrie der Dialogpartner zu wenig deutlich, es liegt auch keine Gesprächssituation vor, die der zwischenmenschlichen entspräche. Gott spricht eben eine andere – vielfältigere – Sprache.

3 DAS GOTTESVERHÄLTNIS IM GEBET

Aus der soeben entwickelten biblischen Wirklichkeitsdeutung ergeben sich systematische Grundbestimmungen für das christliche Gebetsverständnis; diese markieren das Gottesverhältnis im Gebet. Christliches Gebet ist dadurch bestimmt, daß es trinitarisch orientiert ist und sein Adressat nicht in stolzer, unberührbarer Transzendenz auf devot-unterwürfiges Gebet wartet, sondern einer ist, der menschlicher Suche immer schon liebend zuvorkommt (3.1) und um die freie Antwort des Menschen wirbt (3.3). Christliches Gebet zeichnet sich weiterhin dadurch aus, daß es nicht primär Bitte, sondern personale Öffnung meint (3.2), daß die Gebetsbeziehung sich zwischen gänzlich ungleichen Partnern vollzieht (3.4) und das Paradox von Freiheit durch Bindung sich hier in verblüffend radikaler Weise realisiert (3.5). Das Gebetsverständnis wird außerdem von der Frage bestimmt, was im Gebet von Gott erwartet bzw. erbeten wird (3.6) und was die so Glaubenden mit ihrem Gebet erreichen wollen (3.7). Schließlich ist das Verhältnis von Gebet und sozialer Praxis zu bestimmen (3.8).

3.1 Gottes Zuvorkommen: Die trinitarische Struktur des Gebets

Die große Liebes- und Heilszuwendung Gottes in der Geschichte wird hier und jetzt konkret. Hier und heute muß sie wahrgenommen und in den konkreten Alltag eingearbeitet werden. Im Glauben werden Menschen in diese Heilsbewegung Gottes hineingezogen, die immer schon vom »Vater«[1] ausgeht. Geist und Sohn Gottes sind als die »Hände Gottes«[2] vorstellbar, durch die der transzendente Schöpfer sich in der Welt erfahrbar macht. Im Heiligen Geist wie in Jesus Christus ist damit den Menschen die für alles Beten unentbehrliche Nähe des verborgenen Gottes geschenkt.

Die reichgestaltige trinitarische Struktur der christlichen Gotteserfahrung spiegelt Gottes Zuvorkommen im Gebet wider, das permanent dazu einlädt, sich auf das große Heilsangebot Gottes für Menschen und Schöpfung einzulassen: Der Geist drängt und lockt ins Gebet zum Vater durch den Sohn, der uns den Vater erschlossen hat. Gebet ist somit eine zentrale Artikulation des Sich-Hineinnehmenlassens in diese Bewegung. Das soll im folgenden näher entfaltet werden.

3.1.1.1 Gebet zum Vater Jesu

Jedes Sprechen zu Gott verdankt sich dem Selbstmitteilungswillen und der Selbstkundgabe Gottes in der Geschichte und setzt diese voraus. In der jüdischen Tradition wird diese Selbstkundgabe in der Nennung der Adressaten, nämlich der Erzväter verbürgt (»Unser Gott« und »Gott unserer Väter, der Gott Abrahams, Isaaks und Jakobs«). Die christliche Tradition erweitert diesen korporativen Rückbezug um die Nennung des Namens Jesu. In der heilsentscheidenden Existenz Jesu erkennen die Freundinnen und Freunde Jesu den Gott, der sich den Vätern und Müttern kundgetan hat, in neuer Weise (Hebr 1,1–3). Dabei wird die Kontinuität zur ersttestamentlichen Vätergeschichte mit Jesus nicht überflüssig, vielmehr wird diese sowohl im Gebets- und Existenzvollzug Jesu (Mt 5,17; Mk 12,28–34; 15,34; Lk 22,7ff) wie von der nachösterlichen Gemeinde (Lk 1,54–55.68ff; Röm 9,4f) vorausgesetzt: »Vor, neben und in der Anrufung des Gottes Jesu bleibt die Anrufung des Gottes der Väter bestehen«[3]. Die christliche Gottesanrede an den ›Gott Jesu‹ bringt jedoch den Anspruch zum Ausdruck »in der Kontinuität der Väter zu stehen und zugleich auf einem neuen Grund, der mit dem Namen Jesu bezeichnet ist«[4]. Der Gottesname wird somit nach christlichem Bekenntnis untrennbar mit der Person Jesu von Nazareth verknüpft, und damit wird die Anrede Gottes als ›Gott und Vater Jesu‹ qualifiziert: »Gepriesen sei der Gott und Vater unseres Herrn Jesus Christus!« (2 Kor 1,3; Eph 1,3).

Eine christliche Theologie des Gebets muß sich jedoch fragen lassen, wie das Bekenntnis zu Jesus Christus sich zur Anbetung des einen Gottes verhält[5].

Christliches Gebet richtet sich an Gott, den Vater Jesu, nicht an Jesus selbst. Weil Jesus die Vergegenwärtigung des Vaters ist, weisen die neutestamentlichen Schriften eine *theozentrische*, keine christozentrische Struktur auf. Das ergibt sich aus dem Selbstverständnis Jesu, der nicht sich verkündigt hat, sondern Gott und den Willen Gottes.

Jesus zeigt den Menschen jenen Gott, der die restlose Güte (Lk 15,11–32) ist. In seinem Beten, Verkündigen und Handeln verweist er auf ihn, seinen Abba. Wenn Jesus Menschen heilt (Lk 9,37–43a; Joh 9,1–12), zeigt und erfüllt er damit den unbedingten Heilswillen *Gottes*; wenn er Schuld vergibt (Lk 5,17–26; Joh 8,1–11) und Sünder nicht ausgrenzt (Lk 15,1–10), offenbart er darin die grenzenlose Großmut *Gottes*; wenn er mit Frauen partnerschaftlich umgeht, sie aus herkömmlichen sozialen Rollen löst (Lk 8,1–3) und niederdrückende Tabus bricht (Mk 5,25–34; Joh 4,1–15), ist dies Zeichen und Realisation der angebrochenen *Gottesherrschaft*, in der jegliche destruktive Herrschaftsstruktur aufgelöst wird (Gal 3,28).

Wenn Menschen sich an Jesus orientieren, werden sie also von ihm selbst zu seinem »Vater im Himmel« gelenkt, mit dem er in inniger Beziehung lebte und von dessen Intentionen er sich ganz einnehmen und bestimmen ließ. Sie stoßen auf den lebendigen Gott Abrahams, Isaaks und Jakobs, den Gott von Sara, Rut und Naomi, den Gott des Exodus und der Landnahme, auf den »einen Gott und

Vater aller, der über allem und durch alles und in allem ist« (Eph 4,6), der »allem Leben und Atem und alles gibt« (Apg 17,25). Weil es Jesus zentral um diesen Gott geht, ist es nur folgerichtig, daß er hinsichtlich eigener Verehrung und Huldigung zurückhaltend ist[6]; schließlich ist er »nicht gekommen, um sich bedienen zu lassen, sondern um zu dienen« (Mk 10,45). Verehrung und Anbetung sollen seinem himmlischen Vater entgegengebracht werden (Mt 22,21; Joh 4,23; Kol 1,3.12). In der Unterweisung Jesu, wie die Jüngerinnen und Jünger beten sollen, findet dies seine Verdichtung: Jesus stellt sich mit allen Fasern seines Lebens, Strebens und Vermögens in die große Bitte, daß das Reich *Gottes* kommen (Lk 11,2), daß der Wille *Gottes* geschehen möge (Mt 6,10)[7].

Die Theozentrik läßt sich auch an den anderen Gebetstexten Neuen Testaments ablesen. Sie richten sich ebenfalls, bis auf wenige Ausnahmen, nicht an Jesus Christus, sondern an Gott[8]. Das hat Oscar Cullmann[9] in seiner Untersuchung gezeigt. Ausnahmen bilden die Texte Joh 14,14, Joh 17, Phil 2,9, 1 Kor 16,22 und 2 Kor 12,8, die deshalb wenigstens kurz betrachtet und eingeordnet werden müssen.

Das Wort Jesu in Joh 14,14 (»*Wenn ihr mich um etwas in meinem Namen bittet, werde ich es tun*«) ist nach Cullmann in der Perspektive der Abschiedsreden in Kapitel 16–17 zu interpretieren. Im Blick auf das bevorstehende Leiden und Sterben Jesu wird den Jüngern hier seine bleibende Anwesenheit und Nähe zugesagt. Jesus verspricht ihnen in diesem Wort, daß er ihnen auch nach seinem Tod – freilich in anderer Weise, nämlich als der Erhöhte – beistehen wird, was ihre Gemeinschaft nicht mindert, sondern vertieft und stärkt[10]. Die Nennung seines Namens verbürgt seine wirkmächtige Gegenwart[11]. Ähnlich deutet Jungmann diese Textstelle als Antwort auf eine entsprechende Anfrage aus dem Jüngerkreis, als »tröstendes Entgegenkommen gegen seine Jünger, die ja gewohnt waren, in allen ihren Anliegen zu ihm zu kommen«[12], und die sich in der Stunde des Abschieds nicht recht vorstellen konnten, wie sie ohne ihn wirken sollten.

Die Abschiedsrede in Joh 17 ist trotz der christologischen Thematik an den *Vater* Jesu gerichtet. Sie bietet nach Cullmann »die Begründung der Notwendigkeit für die Jünger, seit Jesu Verherrlichung zu Gott in seinem Namen zu beten«[13]. In dieser großen Fürbitte Jesu erhalten die Jüngerinnen und Jünger (bis heute) die Gewißheit, daß sie aufgrund der Erhöhung Jesu – seiner endgültig bleibenden Gemeinschaft mit dem Vater *und* den Menschen – in ihrem Beten in direkter Verbindung zum Vater stehen. Auf die Wortverbindung »durch Christus« wird im folgenden Kapitel näher eingegangen.

Bei dem aramäischen Gebetsruf »*maranatha*« (Unser Herr, komm!) in 1 Kor 16,22 (auch Offb 22,20) handelt es sich um einen alten, aus der palästinischen Urgemeinde stammenden und in der Liturgie bereits vorhandenen Gebetsruf zu Christus, den Paulus hier übernimmt[14].

In 2 Kor 12,8 betet Paulus zu Christus als dem Kyrios. Er bittet ihn – der in Gethsemane ebenfalls dreimal um Verschonung gebetet hatte – darum, dem schwächenden Wirken des Versuchers Einhalt zu gebieten[15]. Ein ausdrückliches Gebet von Paulus zu Christus ist nur an dieser einen Stelle überliefert, wenn es auch »indirekte, aber nicht so eindeutige Zeugnisse dafür (gibt), daß er zu Christus beten konnte«[16].

Im Philipperhymnus (2,9ff) begegnet die Aufforderung, vor dem Namen Jesu die Knie zu beugen und das erlösende Dasein Jesu zur Ehre Gottes zu bekennen. Das hier gebrauchte griechische Verbum *exomologeo* kann ebenso *preisen, loben* wie auch *bekennen* bedeuten. Das Wort ist daher nicht ausdrücklich als Gebet zu Christus, eher als Bekenntnis zu deuten; jedoch ist dies weder etymologisch noch sachlich genau zu trennen.

Die genannten Stellen bilden zwar z. T. formal Ausnahmen; jedoch sprechen auch sie nicht gegen die Theozentrik der neutestamentlichen Schriften. Die Zielrichtung christlichen Betens ist Gott, der Vater Jesu. Darin wird die immer neu ersehnte und je anders formulierte Bitte realisiert, daß sein guter (Heils-) Wille für die Welt und den Einzelnen geschehe und Gestalt annehmen möge. Das kann an der Haltung Jesu abgelesen werden, der in Gethsemane (Mk 14,35; Lk 22,42)[17], in seiner Gebetsweisung (Mt 6,10)[18], vor allem aber in seiner ganzen Verkündigung wie in seinem Handeln nichts anderes tat, als den Willen Gottes konkret werden zu lassen. Nicht die Durchsetzung *seiner* Absichten stand bei ihm im Mittelpunkt (Joh 6,38; Mt 7,21), sondern die Verwirklichung des Heilsplanes *Gottes*.

Immer wieder wird die Frage gestellt, ob Jesus sich in seinem Gebet an Gott gewissermaßen (auch) an sich selber wende[19].

Dazu ist zunächst festzuhalten, daß der Begriff ›Theos‹ im Neuen Testament in der Regel den *Vater Jesu* bezeichnet[20]. Dabei braucht nicht geleugnet zu werden, daß natürlich objektiv jedes der Attribute des Vaters auch den anderen trinitarischen Gestalten zukommt, da der Vater sich ganz dem Sohn und dem Geist schenkt, wie auch er sich ihnen permanent verdankt[21]. Jedoch sind die innertrinitarischen Beziehungen ernst zu nehmen, da sonst keine lebendige (Liebes-) Bewegung in Gott denkbar ist.

Jesus macht sich selbst nicht zu Gott; und es obliegt der Verantwortung der Kirche, ihn nicht als separate Gottheit zu verkündigen[22]. Vielmehr lebt er im ständigen Verweis auf seinen »Vater im Himmel«, von dem her er lebt und lehrt (Joh 6,57; 12,45). Jesus betet sich auch nicht selbst an; er wendet sich in seinem Gebet an Gott als ein lebendiges Du, das ihm – bei aller innigen Verbundenheit – doch auch gegenübersteht, was nicht zuletzt bzw. zuhöchst am Auferweckungsgeschehen zutage tritt. Jesus ist ohne die permanente Verwiesenheit auf jenen »Vater« gar nicht vorstellbar.

»Wenn *Theos* im Neuen Testament der Vater ist, dann sind wir nach der Schrift *zunächst einmal* in Teilnahme an der ewigen Sohnschaft des eingeborenen Sohnes *Kinder des Vaters* Christi«[23]. Im Gebet zu Gott, dem Vater Jesu und unser aller, manifestiert sich die allgemeine Gotteskindschaft, jenes menschliche und paradoxe Selbstverständnis und -verhältnis, das sich einem transzendent-anderen, ewigen Du ganz verdankt weiß und darin ganz er bzw. sie selbst wird.

3.1.1.2 Anrede Gottes als »Vater oder Mutter«

Dem Beispiel Jesu folgend haben wir zur Bezeichnung und Anrufung Gottes zumeist die Metapher »Vater« gewählt. Sie ist bei Jesus – im Unterschied zu mancher Jesus-Rezeption – nicht androzentrisch reduziert[24] und nicht mit herrschaftlich-patriarchalen Konnotationen gekoppelt. Vielmehr drückt sich darin seine besondere Gotteserfahrung aus – innige Nähe und Verbundenheit, in der Jesus mit Gott lebte. Die Vateranrede ist bei Jesus daher als *Ausdruck von Beziehung* (»Du, lieber Vater!«) und darin als Entfaltung des ersttestamentlichen Gottesnamens Jahwe (»Ich bin da für euch«) zu lesen, der gerade nicht Herrschaft, sondern die (ebenso mütterliche) Fürsorge, Verantwortlichkeit und Menschenfreundlichkeit des Gottes Israels meint. Wenn daher hier die Gottesanrede »Vater« gebraucht wird, dann geschieht dies in Anschluß an Jesus.

Die ausschließliche Anrede Gottes als ›Vater‹ stellt jedoch auch eine besonders für Frauen folgenreiche und der Ergänzung bedürfende Engführung der biblischen Gotteserfahrung dar. Gerade in der christlichen Tradition wurden überwiegend männliche Gottesbilder rezipiert. Die Gründe dafür liegen in erster Linie in der patriarchalen Verfaßtheit der Gesellschaft zur Zeit Jesu, sodann (und in Folge dessen) in der Tatsache, daß Jesus ein Mann war, schließlich in seiner spezifischen Gottesanrede; sie dienten und dienen zudem – entgegen der Intention Jesu – bis heute der Stabilisierung realer Herrschaftsverhältnisse.

Es sind jedoch in der biblischen Überlieferung wie in der christlichen Tradition auch einige andere Spuren zu finden[25]. Es ist das Verdienst feministischer Theologien, daß sie vernachlässigte Traditionen ausgraben und einseitig männliche Gottesbilder ergänzen; sie untersuchen dabei kritisch die Wechselwirkung zwischen religiösen Metaphern (z. B. Herr, König) und gesellschaftlichen Verhältnissen, wie auch den Zusammenhang zwischen dem Gottesbild und der Entwicklung eigener Identität[26].

Die biblische Gotteserfahrung ist weit farbiger und vielschichtiger, als daß sie in einem einzelnen Bild gefaßt werden könnte. Gott ist Liebe (1 Joh 4,8); und wenn bereits zwischenmenschliche Liebe aus sich kreativ ist, je neue Formen ihrer Mitteilung entwirft und stets neue Möglichkeiten der Nähe sucht, um wieviel (facetten- und einfalls-) reicher ist Gott, von dem alle Liebe ausströmt.

Gerade in den ersttestamentlichen Schriften wird eine Fülle anderer Gottesbilder überliefert, seien sie weiblich (Gott als Mutter, als Gebärende, als stillende Frau, als Hebamme, als Bäckerin, als Adlermutter, als Bärin, als Henne[27], schließlich die ›ruah‹: Gottes schöpferischer Atem und die ›sophia‹: Gottes Weisheit,), männlich (Gott als Vater, Herr, Richter, Liebhaber, König, Hirte, Freund, Begleiter) oder jenseits geschlechtsspezifischer Zuordnung (Gott als Licht, Brot, Quelle des Lebens) konnotiert. Obgleich im Laufe der Geschichte zwar männlich geprägte Bilder dominiert haben, so ist es dennoch biblischer Tradition gemäß und legitim, Gott ebenso mit weiblichen Metaphern als Mutter, Schwester oder Freundin anzurufen. Entscheidend ist dabei stets das Bewußtsein, daß jedes Anrufungswort Gottes immer nur *einen* Aspekt der Liebe Gottes auszusagen vermag und auf (auch projektiv-) anthropomorphen Vorstellungen beruht; die je »größere Unähnlichkeit«[28] der unendlich reichen Wirklichkeit Gottes gegenüber der endlichen Ähnlichkeit analoger Rede muß jeweils mitbedacht werden. Gott ist Gott, und damit *jenseits* all dessen, was unsere Bilder und Namen über ihn zu sagen versuchen (Hos 11,9).

3.1.2 Gebet durch und mit Christus

Daß Menschen *mit gutem Grund* zu Gott beten können, ist in Jesus Christus endgültig deutlich geworden.

Wie wir gesehen haben, bedarf es (zumindest nach der Logik dieser Welt) dreier Aspekte, damit das wechselseitig aufmerksame Hören im Gebet gelingt, damit lebendige Gemeinschaft mit Gott möglich wird: der Nähe und Erreichbarkeit Gottes, seiner Andersartigkeit sowie seines Interesses (seiner Liebe). Es hat sich auch gezeigt, daß Gebet nur dann sinnvoll ist, wenn der Adressat nicht ein »hölzerner Götze« (Jes 45,20) ist, der weder zu antworten noch zu helfen vermag (Jes 46,7); vielmehr muß der Angerufene die Macht haben zu erlösen und zu befreien, er muß in der Lage sein, der Welt je Neues zu schenken.

Dieser Gott hat sich nach christlichem Zeugnis in Jesus kundgetan. In ihm hat sich der transzendente Gott als wirkmächtige Güte, als liebender Vater gezeigt, in ihm ist er den Menschen als interessierter Begleiter und treuer Freund begegnet. Jesus erschließt den Menschen bis heute ein Gottesverhältnis, kraft dessen auch wir uns – wie er – in Gott unbedingt geborgen, gehört und angesehen wissen dürfen; er ermächtigt seine Freundinnen und Freunde, Gott ebenso vertrauensvoll anzureden, wie er das tut. Durch Jesus wissen Menschen daher, daß Gebet zu (diesem) Gott nicht sinnlos und bei (diesem) Gott an der ›richtigen Adresse‹ ist.

Diese Nähe zu Gott, die der Beter, die Beterin im Gebet immer schon beansprucht, gewinnt in der Gebetsformel »*darum bitten wir durch Christus*« Ausdrücklichkeit. Eine Entfaltung der Gebetsformel müßte daher lauten: »*Darum bitten wir durch die Nähe zu Gott, die Christus uns erschlossen hat;* oder: *darum bitten wir im Vertrauen auf Christus, der uns Gott nahegebracht hat*«. Darum können Menschen durch und mit Jesus beten: Er hat gezeigt, wie dieser Gott ist, der sich in Schöpfung und Geschichte immer wieder blitzlichtartig geoffenbart hat; er zeigt uns den Vater, zu dem auch wir *durch und mit Jesus* ebenso ›Abba‹ sagen dürfen. Christen wenden sich in ihrem Gebet nicht an einen gänzlich verborgenen, unberechenbaren, numinosen Urgrund, sondern können (durch und mit Christus) darauf vertrauen, daß Gott die reine Güte ist, deren sie bedürfen: Als solcher hat er sich in Jesus gezeigt. Diese Güte ist freilich Gabe und Aufgabe; sie ist im Pneuma jeder Zeit gegenwärtig, muß aber von Menschen aktiv angenommen, durch Menschen in die Welt eingearbeitet und in jeden Lebensbereich eingebracht werden (Mt 13,33ff).

Ist Jesus Christus der Vermittler zwischen Menschen und Gott geworden, so läuft strenggenommen jedes Gebet ›über ihn‹ zu Gott. Weil er sich in seinem Leben und Sterben mit dem Leiden der Menschen betend und handelnd solidarisiert hat, ist in ihm jedes Gebet eingefaltet und vor Gott gebracht. In Jesus Christus ist es auch immer schon ›erhört‹, da Gott in Jesus Christus die Welt endgültig ›erhört‹ und angenommen hat.

Christen beten also »durch Christus«. Diese Wortwendung darf jedoch nicht dahingehend mißverstanden werden, daß Gott das Gebet aufgrund dieser Formel besonders gut (oder sogar nur dann) hören würde. Sie darf nicht den Eindruck erwecken, als stünde Jesus Christus kontrollierend oder abschirmend zwischen Gott und den Menschen. Jesus hat den Weg zu Gott dem Vater geöffnet und gerade nicht verstellt. Der auferstandene Christus ermächtigt bis heute seine Freundinnen und Freunde, Gott ebenso vertraulich anzureden. In der Gemeinschaft mit ihm rücken sie in die gleiche Nähe zu Gott. Diese Unmittelbarkeit und Nähe bleibt bestehen, auch wenn Jesus nicht ausdrücklich genannt wird. In seinem Leben galt sein Engagement zuerst Gott und seinem Reich, so wird er auch als der erhöhte Mittler seinem theozentrischen Anliegen entsprechen und sich permanent dem zueignen, von dem er sich immer schon empfängt.

Auf eine weitere mögliche Implikation der Wortwendung »durch Christus« soll abschließend hingewiesen werden. Wie später noch erläutert werden wird, liegt das Selbstverständnis eines in biblischer Tradition Betenden darin, daß er sich selbst als von Gott ermächtigtes »Werkzeug der wirksamen Parusie«[29] begreift. Er erwartet von Gott kein wunderhaftes Eingreifen, das sein eigenes Tun ersetzen würde; vielmehr zeigt sich Gottes Handeln darin, daß er die Betenden zu eigenem Tun befähigt und ermächtigt. Die Wortwendung »durch und mit Christus« impliziert daher ebenso, daß die so Betenden sich durch und mit dem im Pneuma gegenwärtigen Christus für das Erbetene einzusetzen bereit erklären. Wie Christus und Christus ähnlich werdend stellen sie sich für das in Christus auch in ihnen bereits angebrochene Reich Gottes zur Verfügung. Die inhaltliche Entfaltung dieses Gebetsschlusses müßte dann etwa so lauten: »(...) um dessen Verwirklichung bitten wir durch Christus und durch Christi Handeln in uns«.

Eine solche Interpretation entspricht zwar nicht der klassischen Deutung[30], es handelt sich jedoch um eine biblisch fundierte, existentielle Implikation des (insbesondere) am Gebetsvollzug Jesu abzulesenden untrennbaren Zusammenhanges von Kontemplation und Aktion. Angesichts der gegenwärtigen Verständnisnot und angesichts mancher ritualistischer und magischer Mißverständnisse des Gebets müßte diese Implikation explizit zur Sprache gebracht werden. Sie stellt heraus, daß es in erster Linie das (von Gott her erfolgende) Handeln des Menschen ist, das dem Handeln Gottes Gegenwärtigkeit verleiht. Gottesdienst und Weltdienst müssen sich ›wechselseitig interpretieren. Im Leben Jesu haben sich Gebet und Handeln gegenseitig entsprochen und ausgelegt, alles

Beten und Bitten ging bei ihm mit der vollen Bereitschaft des eigenen existentiellen Einsatzes einher; bei ihm fällt Beten und Wirken (Gottes, der in ihm ganz wirken konnte) zusammen. Gebet *im Namen Jesu* muß den brisanten Kern seiner Person und seiner Botschaft aufnehmen: Nicht irgendwann will und wird Gott kommen. Vielmehr *jetzt* ist die Zeit da (Mk 1,14f), hier und jetzt gilt es, das Drängen des Reiches Gottes wahrzunehmen und mitzuvollziehen. Es ist »bereits Erfüllungszeit, nicht mehr nur Verheißungszeit«[31]. Jesu Gebet nimmt den Kairos der Stunde wahr. Die Liebesbewegung des erhöhten Christus ist erst vollendet, wenn diese Liebe von den Menschen ganz angenommen, in sämtliche Bezüge der Welt entfaltet und so beantwortet wird. Daher ist die Kirche aufgerufen, sich bei ihren Bitten an Gott von diesem selbst in den Dienst, selbst ›ins Gebet nehmen‹ zu lassen. Ein ›Beten durch und mit Christus‹ korrespondiert mit einem ›Handeln durch und mit Christus‹, denn »nur der wird redlicherweise ›durch Christus‹ beten können, der bereit ist, ›mit Christus‹ denen, für die er betet, eine Solidarität zu erweisen, die an der Selbsthingabe Jesu ihr Maß nehmen muß«[32]. Die Komplementarität von Gebet und Arbeit bleibt freilich in dieser Welt stets in eschatologischer Spannung und wird erst von Gott her Vollendung erfahren.

Christen beten auch »*mit Christus*«, insofern er als der Auferstandene und Erhöhte permanent mit ihnen ›betet‹. Wie dies zu denken ist, soll abschließend erläutert werden. Nach christlichem Bekenntnis hat Gott Jesus im Tod ›aufgefangen‹ und ihn endgültig in seine Lebensgemeinschaft aufgenommen. Als der so (zu Gott) »Erhöhte«, ›betet‹ Jesus weiterhin für die Menschen, ist er weiterhin für uns engagiert (Röm 8,34; Hebr 6,20; 7,25; 1 Joh 2,1). ›Beten‹ ist hier also in einem anderen Sinn zu denken. Während menschliches Beten die irdische Kluft zum verborgenen Gott zu überwinden trachtet und einem (oft mühsamen) Tasten in die unendliche Weite und in das Schweigen Gottes gleicht, hat die betende Hinwendung des erhöhten Christus zu Gott eine andere Qualität: Es ist bereits echte, erkennende Begegnung, ein Schauen »von Angesicht zu Angesicht« (1 Kor 13,12), real-vollendete Gemeinschaft mit Gott, in die er die Menschen (in seinem Gebet, in seiner liebenden Hinwendung) einbezogen wissen möchte.

Aber nicht nur Christus, sondern alle in ihm (seinem Glauben) Entschlafenen stehen in diesem unmittelbaren Verhältnis zu Gott. Im Glauben an die Auferstehung wird eine Gemeinschaft ohne raumzeitliche Grenzen vorstellbar: Die Verstorbenen sind – durch und mit Christus – bereits im Kraftfeld der unverstellten Liebe Gottes; dort führen sie ihre bereits im Leben wirksamtätige Solidarität fort, sie engagieren sich auch jetzt noch (›betend‹) für ihre Brüder und Schwestern. Für die Lebenden ist dies Trost und Ermutigung: Die Verbindung zu den Toten ist zwar in physikalischer Hinsicht zu einem Ende gelangt. Die Hoffnung auf die unverbrüchliche Treue des Gottes Jesu Christi eröffnet jedoch den Horizont der Möglichkeit bleibender Gemeinschaft über den Tod hinaus. Wenn z. B. Mitglieder einer Basisgemeinde in El Salvador ihr Gebet mit dem Beten (und Handeln) des verstorbenen Märtyrer-Bischofs

Oscar Romero verbinden, beanspruchen und realisieren sie eine Gemeinschaft, welche der Tod nicht zu zerschneiden vermag.

Die Formel eines Betens »mit Christus« verweist daher auf die ekklesiologische Dimension; das Gebet »aller Engel und Heiligen« ist im Gebet des »Heiligen Gottes« (Joh 6,69) implizit enthalten[33]. Christen beten auch »in Christus«, insofern jedes Gebet ein Geschehen im Geiste Gottes ist, welcher der Geist Jesu ist. Dies soll im folgenden Kapitel entfaltet werden.

3.1.3 Gebet als Geschehen im Geist

»Nur derjenige vermag betend zu sprechen (oder zu schweigen), den der Raum dieses Gehörtwerdens umfängt, aber so, daß er ihn sich nicht selbst setzt, sondern das Gehörtwerden sich geben läßt«[34].

Vor allem in den Schriften des Paulus wird die unlösliche Beziehung zwischen Gebet und Heiligem Geist immer wieder herausgestellt[35]. Die entscheidende Begründung dieser Beziehung findet sich in Röm 8,12–27 sowie in Gal 4,6: Das Gebet, das Menschen zu Gott »abba – Vater« sagen läßt, macht sie zu Söhnen und Töchtern Gottes. Gott selbst ermöglicht in der ökonomischen Gestalt des Geistes diese vertraute Anrede Gottes: Er schenkt jenes Vertrauen, das solches Sprechen begründet und trägt. Aber allein der Geist Gottes kann nach Paulus den Vaternamen (und das darin ausgedrückte Vertrauen) eingeben. Das eigentliche Subjekt des Gebets ist daher der Geist, der sich zwar der menschlichen Sprache bedient, aber selbst Urheber des Gebets ist (Röm 8,15). Gott und Mensch bilden dabei – ähnlich wie in Gal 2,20 – jene »paradoxe Einheit«[36], welche die eigene Identität und Wirkmächtigkeit nicht aufhebt, sondern diese ermöglicht, begleitet, vertieft und vollendet. Gebet ist nach Paulus ein Geschehen im Geist (Röm 8,26).

Menschen vermögen nicht aus sich heraus Gott zu ›hören‹; wie könnten sie ihn – den Unbegreiflichen – auch nur ansatzweise verstehen, wenn er nicht selbst die Verstehenshilfe dazu lieferte? Gebet ist nur möglich, weil Gott zuerst ›spricht‹, weil *er* den Menschen ›ins Gebet nehmen will‹, einen Raum der Begegnung eröffnet, an dem er von sich Anteil geben möchte. Hier ist wiederum kein partikuläres Datum zu denken, an dem Gott etwas sagen will, vielmehr ist der Selbstmitteilungswille Gottes gemeint, der zu jeder Zeit neu die Gemeinschaft der Menschen sucht, im Menschen Fuß fassen will – aufbauend, heilend und befreiend.

Die menschliche Grunderfahrung bietet auch hier eine Verständnisstruktur, die Ansätze zum Verständnis der (Gebets-)Beziehung zu Gott bietet. Erst unter der Voraussetzung, daß man bereits empfangen hat, kann man sich an einen anderen wenden. Dies gilt bei Menschen ganz grundsätzlich. Nur wer ein gewisses Maß an Liebe empfangen hat und daraus ein Grundvertrauen entwikkeln konnte, kann sich anderen zuwenden, was am Verhalten von Kindern leicht abgelesen werden kann[37]. Bevor man jemandem *Dank* sagt, hat man ein ›Geschenk‹, eine (Selbst-) Gabe empfangen. Dem *Lob* geht (eine Tat der) Wahrheit voraus: Es ist etwas widerfahren, das man als gut, schön und sinnvoll erfahren hat. Dort schließlich, wo man jemanden um etwas bittet, besteht bereits das Vertrauen, daß man zumindest mit der *Bitte* ernst genommen wird, vielleicht sogar Hilfe erhält.

Ähnliches gilt in der Beziehung zu Gott. Die Hinwendung zu ihm ist immer schon *Antwort* auf den Mitteilungwillen Gottes. Gott selbst ist der Hauptwirkende im Gebet, und insofern ist es ein Geschehen im Geist: Gott selbst ist »der Atem«[38], mit dem wir zu ihm beten.

Von den Begegnungs- und Gebetsformen des Dankes, des Lobes, der Klage und der Bitte stellt die Bitte wahrscheinlich den größten Vertrauensbeweis dar, insofern der Mensch dort – unter Umständen ungeschützt – seine Bedürftigkeit offenbart[39]. Der Ernstfall des Vertrauens ist die Bitte um Vergebung: Der Schuldige muß eine grundsätzliche Hoffnung haben, daß er trotz seiner Schuld anerkennenswert bleibt, sonst könnte er seine Schuld nicht bekennen, sonst könnte er sich selbst nicht als Schuldigen bejahen[40]: Der Glaube (auch an sich selbst) kommt von der Zusage eines anderen (Röm 10,17). Somit ist das Bittgebet tatsächlich der »Testfall des Glaubens«[41], insofern sich der Mensch dort traut, mit seinem Vermögen und seinen Grenzen vor Gott zu treten, wozu er freilich nur aus dem begründeten Vertrauen imstande ist, daß er – trotz und mit seinen Schwächen – von Gott als freies Subjekt ernst genommen und gewollt ist. Der Geist, der zu Gott ›Abba‹ sagen läßt, vermittelt dieses Vertrauen.

Als Ereignis des Geistes ist jedes Gebet bereits erhört, insofern es ›immer schon‹- weil von Gott ausgehend – bei Gott (angekommen) ist und die Betenden hier (wenigstens anfanghaft) sich Gott zu überlassen beginnen. »Als von Gottes Tat selbst getragene Bitte des Menschen letztlich um Gott (und um alles andere nur, insofern es sich nach Gottes bedingungslos angenommener Verfügung in dieses Streben einfügt) ist das Gebet der Erhörung absolut gewiß (...), wenn auch die Werke der Erhörung gerade im richtigen Gebet der Verfügung Gottes anheimgegeben wird«[42].

Der Geist wandelt den Blick und das Verlangen des Beters, der Beterin. Indem er von Gott kommt, transportiert und transformiert er gewissermaßen den Willen Gottes in das Beten hinein und verändert den Menschen. So entdecken und vernehmen christlich geprägte Menschen im Gebet immer wieder den zaghaften Impuls, daß Gottes Verlangen wichtiger und weitreichender ist als das eigene. Der Geist wandelt die Perspektive und den eigenen Willen; er läßt gewissermaßen die ›Sichtweise‹ Gottes aufblinken und macht den Betenden mit dieser neuen Wahrnehmung und Deutung der Wirklichkeit vertraut; Geist macht auch die Veränderung bejahbar. Er weckt differenzierte Erkenntnis und lehrt das jeweils Notwendige (Joh 14,26). Die einen lockt er zum tatkräftigen Einsatz, die anderen zur Zurückhaltung und Ruhe.

Da der Geist der eigentliche Lehrmeister des Gebets ist, muß eine Gebets-schule mit der differenzierten Wahrnehmung des Geistes Gottes beginnen. Eine »Disziplin des Hörens und Aufmerkens«[43] muß eingeübt und die Fähigkeit zur Unterscheidung der Geister geschult werden.

3.1.4 Zum ekklesialen und sakramentalen Charakter des Gebets

Gebet ist nie ein solipsistischer Vorgang, vielmehr sind auch im privaten Gebet die anderen Menschen stets mitrepräsentiert und involviert. Daher eignet dem Gebet ein wesentlich *ekklesialer* Charakter.

Der Mensch ist als soziales Wesen stets Teil einer ganzen Gemeinschaft (der Familie, der kommunalen oder landesweiten Gesellschaft, der universalen Menschheitsfamilie, als Christ der Kirche), der er sich verdankt und die er stets mitkonstituiert. Diese wesentliche Verbundenheit kann bereits im Alltag einer Familie abgelesen werden: Wenn z. B. einem jungen Menschen nach Aus-bildung oder Studium die Abschlußprüfung bevorsteht, ›zittern‹ die anderen (Freunde, Eltern, Geschwister) mit; sie entlasten den Prüfling in konkreter Solidarität von diversen anderen (Haushalts-) Verpflichtungen, damit dieser sich mit ganzer Kraft der Prüfungsvorbereitung widmen kann. Nach bestande-ner Prüfung atmen alle auf. Die Prüfung des einen Menschen beansprucht also Aufmerksamkeit und Kräfte von vielen; sie zieht konkrete Wirkungskreise.

In solchen Belastungssituationen wie z. B. einer Prüfung, einer Krankheit, einem Umzug, wie auch in Zeiten besonderen Glücks (Hochzeit, Geburt eines Kindes, etc.) wird nur verdichtet greifbar, daß Menschen *permanent voneinander*, von wechselseitiger Anteilnahme und Hilfe leben. Kein Mensch vermag lediglich aus sich und für sich zu leben. Diese real-wirksame Vernetzung gilt also nicht nur für unübersehbare Ereignisse, sie existiert ebenso im scheinbar Unbedeutenden. Bereits eine unscheinbare Bewegung kann weltweite Konse-quenzen haben; selbst der zarte Flügelschlag eines Schmetterlings vermag unter Umständen einen Tornado auszulösen[44]. Aus dem normalen Alltag ist bekannt, daß schon jede (ihrerseits auf Gründen beruhende gute oder schlechte) Stim-mung eines Einzelnen Kreise zieht, jedes Unwohlsein und jede Freude, jede Enttäuschung und jede Sorge, jede Güte und jede Aggression; stets werden andere mitbelastet oder mitbeglückt. So trägt z. B. eine Lehrerin ihre Sorge um ihre kranke Mutter (un- oder halbbewußt) mit in ihren Unterricht. Die Kinder spüren die Sorge aus- oder unausgesprochen als Spannung, Zerstreuung oder besondere Güte; die Stimmungslage der Kinder wird dadurch verändert, und sie nehmen diese mit nach Hause, auf den Spielplatz, zu ihren Freunden, usw. Die Lehrerin wird ihrerseits von den Erlebnissen der Kinder beeinflußt. Von dieser wechselseitigen Verflechtung ist menschliches Leben wesentlich ge-prägt; sie ist unvermeidbar. Im Maße die eigenen aktuellen Ereignisse mitteil-bar und reflex eingeholt werden, sind sie für die Mitmenschen nachvollziehbar. Im Maße die gegenseitige Mitteilung glückt, wächst die Beziehung; die Mitteilung – sei sie von Trauer oder Glück geprägt – wird für den Partner oder die Partnerin zum Geschenk und beansprucht ihr Vertrauen.

Im Raum der Kirche erhält die Sozialität besondere Verbindlichkeit und Tiefe. »Durch den Geist wurden wir in der Taufe alle in einen einzigen Leib aufgenommen, Juden und Griechen, Sklaven und Freie; und alle wurden wir mit dem einen Geist getränkt ... (*Darum gilt:*) Wenn ein Glied leidet, leiden alle Glieder des Leibes mit; wenn ein Glied geehrt wird, freuen sich alle anderen mit ihm« (1 Kor 12,13.26). Diese geistgewirkte Verwiesenheit hat nun auch Konsequenzen für den Gebetsvollzug. Wenn nämlich ein Mensch betet, so beten alle anderen Glieder des Leibes mit; wenn ein Mensch sich für Gottes Intentionen öffnet, tut dies in ihm die ganze Gemeinschaft. Er vertritt die anderen, und wie sein Tun wirkt sich auch sein Gebet konkret auf die Gemeinschaft aus. Die Veränderung, die der Beter, die Beterin im Gebet erfährt, kommt den anderen zugute. Wenn sich etwa ein Mensch in betender Konfrontation mit dem Gekreuzigten dazu durchringen kann, einem anderen Menschen zu vergeben und einen neuen Anfang mit ihm zu wagen, dann werden an diesem Punkt nicht nur für beide Konfliktpartner neue Lebensmöglichkeiten erschlossen, sondern für die gesamte Mitwelt.

Wo ein Mensch dem Heilswillen Gottes die inneren Türen öffnet und sich vom Pneuma Gottes durchdringen läßt, da werden *an diesem Punkt für die ganze Gemeinschaft* neue Kräfte der Solidarität, der Liebe, Gerechtigkeit und Versöhnung freigesetzt, da wird Gottes schöpferischer Initiative Raum gegeben, die *allen* zuteil wird.

Das Gebet (wie auch das Handeln) jedes einzelnen Menschen geschieht also von vornherein in ekklesial-gemeinschaftlicher Perspektive, auch wenn dies nicht immer reflex bedacht oder ausdrücklich formuliert wird. Dort nun, wo eine Gruppe von Menschen im Gottesdienst gemeinsam betet oder singt, erhält ihr Gebet eine größere Dichte und Intensität. Es ist gewissermaßen angefüllt von der gemeinsamen Intention, sich vor Gottes Angesicht zu versammeln und sich für sein Anliegen (der Liebe) und füreinander zu öffnen. Die konkrete Solidarität und bereits gelebte Geschwisterlichkeit der versammelten Gemeinde (communio) wird von der aktuellen Zuwendung Gottes im gemeinsamen Gebet befruchtet, vertieft und je neu begründet. In der gemeinsamen Hinwendung zu Gott entsteht ein »Kraftfeld des Geistes«[45], das auch schwache Glieder zu tragen, sogar zu lieben vermag.

Das gemeinschaftliche Gebet kann auch zum wirksamen Zeichen für die Gegenwart Gottes werden und besitzt insofern *sakramentalen* Charakter. Woran ist dieser festzumachen?

Infolge der um die Mitte des 12. Jahrhunderts erfolgten Auswahl jener sieben Riten und Zeichen, die fortan in der katholischen Tradition als Sakramente gelten sollten, besteht – bei allen guten Gründen für diese Sakramententheologie und -praxis – doch die Gefahr, die *permanent-pneumatische* Gegenwart Christi aus dem Blick zu verlieren und das ständige Heilsangebot auf jene sieben Daten zu reduzieren. Das II. Vatikanische Konzil hebt demgegenüber in seiner Liturgiekonstitution hervor, daß Christus nicht nur in den Sakramenten, sondern ebenso im Wort der Schrift, im Gebet und Gesang der Gemeinde gegenwärtig sei (Mt 18,20)[46]. Dies ist »eine tätige, wirksame Gegenwart oder gegenwärtige Wirksamkeit«[47], bei der Gott sich selbst, seine Güte und Nähe ins Spiel der Welt bringen kann. Als von Gottes Geist ermöglichtes, vom Menschen in Freiheit angenommenes Geschehen, bei dem Gott selbst ankommen und seine Gnade zuteil werden lassen will, ist ein erstes entscheidendes Kriterium erfüllt, das jene Vollzüge auszeichnet, welchen die Kirche Sakramentalität zuschreibt.

Zum zweiten ist es auch im Gebet so, daß es zwar zu bestimmten Zeiten realisiert wird, »aber den Lebensvollzug insgesamt prägen und tragen«[48] will: Die lebensbegleitende und ermutigende Nähe Gottes ist im Modus des Angebots stets gegenwärtig; analog jeder zwischenmenschlichen Freundschaft bedarf jedoch auch diese Beziehung besonderer Zeiten, Räume und Zeichen, die ihr ausdrücklich gewidmet sind.

Wie auch andere sakramentale Vollzüge ist (insbesondere das gemeinschaftliche) Gebet wesentlich »Sprachhandlung«[49]: Nicht Information an Gott ist intendiert, vielmehr wird mit der Sprache des Gebets etwas getan, nämlich eine Beziehung aktualisiert und realisiert. Die Wirklichkeit Gottes, die sich nicht über die Freiheit der Menschen hinweg ›vordrängen‹ will, kann hier stets »neu und erneuernd«[50] ankommen und ihre Wirksamkeit entfalten.

Die anderen sakramentalen Vollzügen zukommende Gründung in und durch Jesus Christus versteht sich hinsichtlich des Gebets von selbst: Jesus war ein Beter und ist selbst der gute Grund für das Gebet.

Eine christlich betende Gemeinschaft wird auch zu einem markant äußeren Zeichen für den raumbietenden, einladenden und einbeziehenden Charakter Gottes. Das ist bei jeder gemeinschaftlichen Eucharistiefeier so. Sehr schön läßt es sich jedoch auch an einem anderen Beispiel zeigen, das – zwar in alter Tradition stehend – eine noch unverbrauchte Form gemeinsamen Betens darstellt: das sogenannte tägliche »Mittagsgebet« im Zentrum einer weitgehend säkularen Großstadt. Es knüpft inhaltlich an die Gebetstradition des »Engel des Herrn« an, wird jedoch – nach heutigem Sprachempfinden, den Nöten und Fragen unserer Zeit entsprechend – häufig mit neuen (Gebets-) Worten gestaltet. Wenn Menschen im Zenit des Tages, zwischen zwei Arbeitseinheiten beten, bitten sie Gott dort »herein«; sie nehmen die je eigene Arbeit, die Anforderungen und Erwartungen, unter denen sie stehen, ins Gebet bzw. lassen sie von Gott ins Gebet nehmen – nicht nur morgens und abends, an den Übergängen und Rändern der Zeit, sondern auch in deren Mitte, gewissermaßen in der Blüte des Tages und der Arbeit(skraft).

Beispielsweise versammeln sich im Herzen der Stadt Frankfurt, einem Zentrum von Wirtschaft und Kapital, von Bildung und Politik, von Kriminalität und Verbrechen, jeden Mittag in der katholischen Liebfrauenkirche Geschäftsleute und Einkaufende, Touristen wie Pendler, um zehn Minuten gemeinsam inne zu halten. Ein Schild in der Fußgängerzone weist darauf hin und lädt dazu ein: Ein kurzer Impuls, ein Gebet, ein Lied. Ein Impuls zur Sammlung mitten in der lauten, lärmenden City, eine Auszeit in der Eile und Hektik des Tages, ein Wort von Gott mitten in der säkularen Stadt, ein Lied mitten im Baulärm, ein »Obdach für die Seele«[51] mitten in Funktionalität und Rentabilität. Da sitzt der Wohnsitzlose neben der Bankkauffrau, der Gastarbeiter neben der alten Frankfurterin, die Zigeunerin neben dem Kapuzinerbruder. Ob Kirchgänger, der Kirche fernstehende oder entfremdete Menschen, ob Menschen anderer Religionen, Atheisten oder Agnostiker, ob sie zufällig oder regelmäßig diesen Ort aufsuchen – mindestens in diesen Minuten folgen sie dem leisen, diskreten Anruf der göttlichen Wirklichkeit, die sie ins Gebet nehmen möchte.

Durch das Gebet wird die oft erschreckend banale, oft harte, manchmal beglückende Gegenwart im Licht der biblischen (Heils-)Geschichte gedeutet. So werden die scheinbar profanen Botschaften des Tages verwandelt: Jedes Widerfahrnis kann als ›Botschaft‹ von Gott entgegengenommen und damit bejahbar werden. Im Gebet verbindet sich die je eigene Geschichte mit der Geschichte Gottes; darum kann der Mensch auch schwere Nachrichten annehmen, denn Gott bleibt dabei, ist mit ihm – wie damals so auch heute. Gebet als ausdrückliche, gemeinschaftliche Hinwendung zu dem Gott Jesu kann somit als *Sakrament der permanent-pneumatischen Gegenwart Gottes* bezeichnet werden.

3.2 Gebet als »Öffnung des Herzens«

Christliches Gebet meint nicht primär ein »Bitten« im Sinne eines Auftrags oder einer Forderung an Gott. Nach der Etymologie (Beten – von *Bitten*, lat. precari, griech. euchomai) wie nach alltäglichem Sprachgebrauch könnte dies vermutet werden: Wie man beim Einkauf um eine Glühbirne bittet oder im Gasthaus um ein Glas Wein, so geht man scheinbar auch zu Gott: Man benötigt etwas und bittet ihn darum, »man macht gewissermaßen seine Aufwartung beim obersten Regenten der Welt«[52] und nennt dies ›Gebet‹. Dies ist jedoch kein Gebet, auch kein Bittgebet, sondern lediglich eine Reflexion der eigenen Wünsche, bei der Gott funktionalisiert wird. Mit einer eigenen Wirklichkeit Gottes wird nicht gerechnet.

»Im (wirklichen) Gebet öffnen wir unser Herz für Gott«[53], der immer schon bergend, zuneigend und teilnehmend da ist und der »weiß, was wir brauchen« (Mt 6,8). Menschen kommen mit ihrem Wünschen und Sehnen nie an ein Ende. Im Gebet wenden sie sich dem zu, der die Welt im Innersten zusammenhält, der den Betenden besser kennt als dieser sich selbst und der besser ›weiß‹, was er ›braucht‹, als der Betende es selbst einzuschätzen vermag. So bedeutet Gebet zunächst ein Sich-offen-Halten gegenüber diesem Gott, der sich mitteilen will, der vielleicht etwas Neues ›sagen‹ möchte, der herausrufen möchte aus falschen Denk- und Handelsweisen. Vielleicht teilt Gott sich auch im Schweigen mit, und in die Leere und Stille sagt er nur, daß er da ist, daß er da bleibt.

Wie wir sahen, erwarten biblisch geprägte Menschen aufgrund ihres Gebets kein besonderes Eingreifen Gottes, vielmehr erwarten sie Gottes Ankunft bei ihnen. Die ›Öffnung des Herzens‹ meint, Gott einzulassen und sich selbst auf Gott einzulassen, auf seinen universalen Heilswillen; sie hilft, sich in das Gesamt der Wirklichkeit einzufinden.

Was ›Öffnung des Herzens‹ heißt, mag beispielhaft ein Auszug aus einem Roman von Ilse Aichinger[54] illustrieren. ›Die größere Hoffnung‹ zeichnet das Schicksal eines rassisch verfolgten Mädchens in der Nazizeit. Seine Mutter ist bereits emigriert, und die kleine Ellen müht sich um ein Visum, damit auch sie ausreisen kann. Dies erhält sie aber nur, wenn jemand für sie bürgt. Auf dem Weg zum Konsulat kommt sie an einer Kirche vorbei . . .

Zögernd betrat Ellen die menschenleere Kirche, überlegend bis zur letzten Sekunde, ob es nicht besser wäre, umzukehren. Sie fühlte sich gedemütigt und verabscheute ihre eigenen Schritte, die die Stille des Raumes zerbrachen. Sie riß die Mütze vom Kopf und setzte sie wieder auf, den Zeichenblock hielt sie fester als vorher. Verwirrt musterte sie die Heiligenbilder an den Seitenaltären. Bei welchem konnte sie es wagen, sich über den Blinden zu beschweren?

Dunklen Blickes, das Kreuz in der erhobenen, hageren Hand, stehend auf einem glühenden Gipfel, zu welchem gelbe, erlösungsheischende Gesichter empordrängten, wartete Franz Xaver. Ellen blieb stehen und hob den Kopf, aber sie bemerkte, daß der Heilige weit über sie hinweg sah. Vergebens suchte sie seine Blicke auf sich zu lenken. Der alte Maler hatte richtig gemalt.

»Ich weiß nicht, warum ich gerade zu dir komme«, sagte sie, aber es fiel ihr schwer. Sie hatte diejenigen niemals verstanden, denen es Vergnügen machte, in eine Kirche zu gehen, und die schwelgend davon sprachen wie von einem Genuß. Nein, es war kein Genuß. Eher war es ein Leiden, das Leiden nach sich zog. Es war, als streckte man jemandem einen Finger hin, der viel mehr als die ganze Hand wollte. Und beten? Ellen hätte es lieber gelassen. Vor einem Jahr hatte sie Kopfspringen gelernt, und es ging ähnlich. Man mußte auf ein hohes Sprungbrett steigen, um tief hinunter zu kommen. Und dann war es immer noch ein Entschluß, zu springen, es hinzunehmen, daß Franz Xaver nicht hersah, und sich zu vergessen.

Aber es mußte sich jetzt entscheiden. Ellen wußte noch immer nicht, weshalb sie sich mit ihrer Bitte gerade an diesen Heiligen wandte, von dem in dem alten Buch stand, daß er zwar viele Länder bereist hätte, angesichts des ersehntesten aber gestorben war.

Angestrengt versuchte sie, ihm alles zu erklären. »Meine Mutter ist drüben, aber sie kann nicht für mich bürgen, niemand bürgt für mich. Könntest nicht du —« Ellen zögerte, »ich meine, könntest nicht du jemandem eingeben, daß er für mich bürgt? Ich würde dich auch nicht enttäuschen, wenn ich erst einmal in der Freiheit bin!«

Der Heilige schien verwundert. Ellen merkte, daß sie nicht genau gesagt hatte, was sie meinte. Mit Mühe schob sie beiseite, was sie von sich selbst trennte.

»Das heißt, ich würde dich keinesfalls enttäuschen – auch wenn ich hierbleiben, auch wenn ich in Tränen ertrinken müßte!«
Wieder schien der Heilige verwundert und sie mußte noch weiter gehen.
»Das heißt, ich würde nicht in Tränen ertrinken. Ich würde immer versuchen, dir keinen Vorwurf zu machen, auch dann, wenn ich nicht frei würde.«
Noch ein einziges stummes Verwundern Franz Xavers, und die letzte Tür wich zurück.
»Das heißt, ich meinte – ich weiß nicht, was notwendig ist, damit ich frei werde.«
Ellen kamen die Tränen, aber sie spürte, daß Tränen dieser Unterhaltung nicht gerecht wurden.
»Ich bitte dich: Was auch immer geschieht, hilf mir, daran zu glauben, daß irgendwo alles blau wird. Hilf mir, über das Wasser zu gehen, auch wenn ich hier bleiben muß!«
Das Gespräch mit dem Heiligen war zu Ende. Alle Türen standen offen[55].

In diesem Gebet sind fünf Stufen einer Öffnung und Wandlung festzustellen:

Auf der ersten Stufe formuliert Ellen eine konkrete Bitte: *»Könntest nicht du – ich meine, könntest nicht du jemandem eingeben, daß er für mich bürgt?«* Auf dieser Stufe wird die Beziehung zunächst noch unter eine Bedingung gestellt: *»Ich würde dich auch nicht enttäuschen, wenn ich erst in Freiheit bin!«*

Die nächste Stufe wird eingeleitet: *Mit Mühe schob sie beiseite, was sie von sich selbst trennte. »Das heißt, ich würde dich keinesfalls enttäuschen – auch wenn ich hierbleiben müßte!«* Nun hält Ellen an der Beziehung bereits zaghaft fest, auch wenn der Wunsch nicht erfüllt werden sollte; es fällt ihr noch schwer: *»(...) auch wenn ich in Tränen ertrinken müßte!«* Sie hat sich einen weiteren Schritt vorgewagt, ist aber noch unsicher – trägt die Beziehung?

Die dritte Stufe wird erklommen: *(...) sie mußte noch weiter gehen.* Das Vertrauen wächst, die Beziehung beginnt zu tragen – der andere kann sie halten, auch wenn sie nicht freikommen sollte: *»Das heißt, ich würde nicht in Tränen ertrinken. Ich würde immer versuchen, dir keinen Vorwurf zu machen, auch dann, wenn ich nicht frei würde.«*

Nun erreicht sie die nächste Stufe: *(...) und die letzte Tür wich zurück.* Es ist jetzt die Beziehung, die gewollt ist, kein konkreter Wunsch mehr. Ellen scheint etwas davon aufzu, daß es eine andere, tiefere Freiheit gibt; sie überläßt sich dem anderen: *»Das heißt, ich meinte – ich weiß nicht, was notwendig ist, damit ich frei werde.«*

Die fünfte Stufe beginnt mit Tränen – vielleicht ist es Ergriffenheit? Ellen öffnet sich dem anderen nun ganz und kann sich damit ihrer Situation stellen und sie bedingungslos annehmen – in dem Vertrauen, daß alles von Gott umfangen und getragen ist, auch wenn ihr ursprünglicher Wunsch nicht erfüllt werden sollte: *»Ich bitte dich: Was auch immer geschieht, hilf mir, daran zu*

glauben, daß irgendwo alles blau wird. Hilf mir, über das Wasser zu gehen,
auch wenn ich hierbleiben muß!« (...) Alle Türen standen offen.

Ellen wird in diesem (Konflikt-)Gebet vor die Wahrheit ihrer Situation gebracht. Vielleicht muß sie im Nazideutschland bleiben; aber im Vertrauen auf Gott erfährt sie, daß diese Wahrheit noch einmal umgriffen ist von einer größeren Wahrheit. Ellen betet sich stufenweise hindurch zu diesem Geheimnis, bis dieses zuletzt sie ergreift und sie sich von ihrer Planung lösen kann[56].

Ilse Aichinger stellt in dieser Auseinandersetzung zwischen Ellen und Franz Xaver, der hier göttliche Wirklichkeit verkörpert, verdichtet dar, wie ein Mensch im Glauben erwachsen wird. Gotthard Fuchs weist – im Rückgriff auf die Schätze christlicher Mystik – auf Stufen der Christwerdung hin – analog und durchaus in Beziehung stehend zum biologischen Wachstumsprozeß. Auch im Glauben gehe es darum, erwachsen zu werden, was freilich auch hier nicht willentlich erzwungen, sondern durchlebt und durchlitten werden müsse sowie verweigert werden könne. Die »orale Ausgangsposition der Christwerdung«[57] beschreibt er treffend in dem Bildwort von Meister Eckhart: »Manche Leute wollen Gott mit den Augen ansehen, mit denen sie eine Kuh ansehen und wollen Gott lieben, wie sie eine Kuh lieben. Die liebst du wegen der Milch und des Käses und deines eigenen Nutzens. So halten's alle jene Leute, die Gott um äußeren Reichtums oder inneren Trostes willen lieben; die aber lieben Gott nicht recht, sondern sie lieben ihren Eigennutz«[58]. Um im Glauben mündig zu werden, muß der Mensch sich verabschieden von einem infantilen Gottesverständnis und Gottesverhältnis, das Gott nur liebt und braucht, in dem Maße er eigene Bedürfnisse befriedigt, Sinn stiftet, Kontingenz bewältigt. »Erwachsenwerden heißt eben, aus dem paradiesischen Mutter-Land, wo Milch und Honig fließt, vertrieben zu werden und erst auf einem langen Wüstenweg die Kompetenz zu erwerben, die Verheißungen der Kindheit schöpferisch neu erfüllt zu sehen«[59]. Letztlich geht es im Glauben darum, in Wahrnehmung und Realisierung der eigenen Freiheit »vor (und von) Gott auf eigene Füße gestellt (zu) werden, um selbst verantwortlich seinen Weg auf der Spur Jesu zu finden und zu gehen«[60]. Je mehr der Mensch im Glauben und in der Begegnung mit Gott wächst, desto mehr wird er zum mündigen Partner Gottes, der zu unterscheiden gelernt hat zwischen den Aufgaben und Verantwortlichkeiten Gottes und seinem eigenen Anteil. Er nimmt – in einer solchen Gottesfreundschaft stehend – Gott seinerseits als bedürftigen Partner wahr, der um die Mithilfe und liebende Solidarität des Menschen bittet. »Nicht länger ist entscheidend, was der Mensch von Gott hat oder kriegt. Nicht länger steht unmittelbare Befriedigung und ›Tröstung‹ im Blickpunkt der Erwartungen, gleichsam konsumistisch und narzißtisch. Auch die Angst vor Gott ist dahin. An ihre Stelle ist die Angst um Gott getreten, die Sorge um seinen Willen und seine Welt«[61].

Ein solcher Wachstums- und Beziehungsprozeß ist innerhalb des Konfliktgebetes von Ellen erkennbar. Ellen arbeitet sich zu eigener Mündigkeit durch – von einer Aufforderung und (wenn auch verständlichen, so doch) infantilen Bitte an Gott, was er für sie tun solle, zur Bitte um partnerschaftliche Unterstützung und Begleitung, um selbständig glauben und entsprechend handeln zu können: »*Hilf mir, daran zu glauben, daß irgendwo alles blau wird. Hilf mir, über das Wasser zu gehen, auch wenn ich hierbleiben muß*«. Sie betet sich hindurch zu einem Vertrauen auf das Göttliche, dessen Verheißung hier ein utopisches ›Land‹ ist, ein »*Irgendwo*«, wo »*alles blau wird*«. Blau symbolisiert den Himmel und darin Freiheit. In der paradoxen Bitte darum, über das Wasser gehen zu können, auch wenn sie im Land der Gefangenschaft und Verfolgung bleiben muß, kündigt sich die innere Freiheit und Mündigkeit an: Wenn sie auch nicht über das (reale) Wasser des Ozeans zu ihrer Mutter gelangen sollte, so möchte sie doch über das Wasser und die Untiefen der Angst zu gehen lernen, was ihr Kraft gibt, an jedem Ort zu leben. Im Matthäusevangelium wird von Jesus und Petrus berichtet, daß sie über das Wasser zu gehen vermögen, im Maße sie vertrauen können (Mt 14,25–31).

Im Prozeß einer Liebesbeziehung steht anfangs oft ein konkretes, auch egoistisches Interesse – ›man will (und braucht) etwas vom anderen‹. Im Maße jedoch die Beziehung sich stabilisiert und trägt, öffnen sich die Partner auf eine gemeinsame Zukunft hin – konkrete Wünsche und Bedürfnisse sind sekundär, entscheidend ist die Gemeinschaft, die die Partner einander zueignen, mit der ihr innewohnenden Verheißung auf Zukunft.

Christliches Gebet ist dadurch gekennzeichnet, daß es – im Maße man selbst im Glauben erwachsen ist – darauf ausgerichtet ist, sich mit Gott zu verbünden – unabhängig davon, welche Bedürfnisbefriedigung dem Menschen daraus erwächst; es nimmt Gott in seiner Freiheit und Unverfügbarkeit ernst, versteht sich als ›Treffpunkt‹ von Partnern, die sich aufeinander freuen und bereit sind, Hoch-Zeiten wie Krisen gemeinsam zu tragen. Christliches Beten ist – ausgehend vom biblischen Gottesverständnis – nicht dadurch bestimmt, daß es sich das Göttliche devot geneigt zu machen sucht, um es letztlich zu beherrschen, sondern als personale Öffnung für und Verbündung mit dem Gott Jesu Christi, der den Mensch als selbstbewußt-selbstlosen Partner mit hineinnehmen will in die Verantwortung für die Welt. Christlich wird »Gottesglaube zur Gotteshilfe«[62].

3.3 Intention des Gebets

Die Intention des Gebets ist maßgeblich vom Adressaten des Gebets und dessen Intentionen bestimmt[63]. Gebet empfängt sein Wesen und seinen Inhalt von dem her, an den es sich wendet; die Intentionen des Adressaten werden dem Betenden zur Gabe und Aufgabe. Der Adressat christlichen Gebets ist der Gott Israels und Vater Jesu, und er zeichnet sich dadurch aus, daß er Liebe ist und alle Menschen und die ganze Schöpfung in sein Reich des Friedens und der Gerechtigkeit hineingenommen wissen möchte. Als Liebender will Gott Gemeinschaft mit den Menschen; er sucht das freie, auf seine Liebe antwortende Mittun der Menschen, um mit ihnen gemeinsam jenes Reich zu bauen, in dem die ganze Schöpfung von seiner Liebe durchdrungen, erlöst und vollendet ist, und so Gott alles in allem (geworden) ist (1 Kor 15,28; Kol 1,20; Offb 21,3f). Insofern hat Gebet »eine Intentionalität, die bei Gott in sich und um seiner selbst willen mündet«[64]. Intention des Gebetes ist daher Gemeinschaft mit dem Gott Jesu und die Verwirklichung seines Reiches. Gebet heißt, in Gottes Gegenwart zu treten; dies ist jedoch nur möglich, weil Gott hier in unsere Gegenwart tritt. Es ist Gott, der den Menschen ›ins Gebet nimmt‹, der zur Öffnung des Herzens anstiftet, und er tut das offenbar so diskret, daß wir meistens meinen, die Urheber des Gebets zu sein[65]. Der Initiator dieser Beziehung ist Gott. Der Mensch kann dieses Angebot von Gemeinschaft annehmen oder verweigern.

Wo Menschen sich auf das Gebet einlassen und die Gemeinschaft gelingt, ereignet sich für die Menschen Heil, Gott aber schafft sich darin sein Lob. Das Heilsein des Menschen ist also eine aus der Schrift gewonnene, dem Wort Gottes entsprechende erste notwendige Entfaltung dessen, daß die Intention des Gebetes Gemeinschaft mit Gott ist, denn Gottes Intention, seine höchste Ehre – so haben wir gesehen – *ist* das Heil der Menschen. Gott heiligt seinen Namen, indem er sein Reich des Friedens und der Gerechtigkeit in der Welt baut. Auf seiten des Menschen wirkt die Gemeinschaft mit Gott daher Heil und Wohlergehen, sie führt zu einem gelungenen Leben. Ein Wort von Meister Eckhart kann dies verdeutlichen:»Ich habe es euch schon öfters gesagt: Die ein gutes Leben beginnen wollen, die sollen es machen wie einer, der einen Kreis zieht. Hat er den Mittelpunkt des Kreises richtig angesetzt und steht der fest, so wird die Kreislinie gut. Das soll heißen: Der Mensch lerne zuerst, daß sein Herz fest bleibe in Gott, so wird er auch beständig werden in allen seinen Werken«[66]. Wer also sein Leben in Gott festmacht, kann sich frei hineingeben in den Geist und den Ungeist seiner Zeit, dem er dann nicht mehr alternativlos ausgeliefert ist. Gebet ist genau der Ort, an dem Menschen ihr Leben in Gott verankern; insofern brauchen sie das Gebet. Die ›Mitte des Kreises‹ ist jedoch nicht statisch; es ist die lebendige Person Jesu Christi mit ihrer ganzen Geschichte und deren verschiedenen Momenten. Sie muß je neu aufgesucht und ›hereingebetet‹ werden, denn »sie entzieht sich der herrschaftlichen Form des Besitzes«[67].

Verbundenheit mit dem Gott der Bibel weist zugleich auf den Mitmenschen, denn Gott ist der Gott aller Menschen und Geschöpfe; ihm ist daher nicht nur an ›meinem‹ Wohlergehen, am Wohlergehen eines Menschen gelegen – sein Heilswille gilt allen. Öffnung für *diesen* Gott, den Gott Jesu, ist zugleich Öffnung füreinander und mündet neben solidarischem Handeln auch in das fürbittende Gebet. Die Möglichkeit der Fürbitte ist ein Geschenk, deren Kostbarkeit und Notwendigkeit besonders in Zeiten von Entscheidungen, Krankheit, Not, Gefahr und (Todes-) Bedrohung zutage tritt. Wo ein Mann weiß, daß seine Freundin an einer Weggabelung ihres Lebens steht, an der sie sich für eine Richtung entscheiden muß, drängt es ihn – wo echte Liebe und Anteilnahme besteht – in die Fürbitte für diese Freundin: sie möge die ›richtige‹, gute Entscheidung treffen, sie möge damit eine gute Zukunft haben. In der Fürbitte erbittet er Gottes Gegenwart für die Situation der anderen bzw. Gott sagt darin neu seine Gegenwart bei der Freundin zu.

Die zweite Entfaltung dessen, daß das Ziel des Gebetes communio, Gemeinschaft von Gott und Menschen ist, ist das Lob Gottes. Es ist jenes Ereignis im Gebet, das gewissermaßen ›für Gott‹ geschieht und ihm gilt. Trotzdem ist der Mensch nicht der Urheber des Lobes; es ist Antwort. Gott selbst ist es, der sich durch seine großen, heilbringenden Taten in Schöpfung und Geschichte das Lob schafft[68], das ihm von seiten der Geschöpfe antwortend entgegengebracht wird. Der Lobpreis ist die frohe Erwiderung auf das Heilswirken Gottes, denn das Widerfahrnis von Gnade, von Großartigkeit oder Güte drängt zum Lob. Lob ist Ausdruck von Freude, von Beglücktsein, von Beseligung und hat rein gar nichts mit Pflicht oder Zwang zu tun, etwa in dem Sinn, daß wir aus moralischen Gründen Gott loben ›müßten‹. Im Gegenteil entspringt es der Erfahrung geschenkter Freiheit. Dies ist exemplarisch an den Lobliedern des Mose und der Mirjam nach dem geglückten Durchzug durch das Schilfmeer ablesbar. Gott teilt sich und seinen Heilswillen in der Führung und Rettung des Volkes Israel aus der Knechtschaft Ägyptens mit. Mose und Mirjam antworten auf dieses ›vielsagende‹ Befreiungshandeln Gottes mit einem großen Lobpreis (Ex 15, 1–21).

Ziel des Gebetes ist die Gemeinschaft Gottes mit allen Menschen und untereinander[69], *das Gelingen universaler Gottesherrschaft und die Heiligung seines Namens.* Die Intention des Gebetes ist daher identisch mit der Intention christlichen Lebens, das heißt, immer neu durchlässig und empfindsam für Gottes Gegenwart zu werden, Öffnung für seine Absichten, die mir und allen gelten, es heißt Verbündung mit Gott bis hin zur Übereignung der eigenen Existenz.

3.4 Asymmetrische Beziehung im Gebetsvollzug[70]

Gebet kann sich nur an Gott wenden, an eine Instanz, von der man sich schlechthin abhängig weiß[71]. Die Beziehung zwischen dem Betenden und dem Adressaten des Gebets ist also asymmetrisch. Gebet ist ein Akt der Unterordnung und des Gehorsams gegenüber dem, der »alles in allem wirkt« (1 Kor 12,6), der in allem schlechthin mächtig ist, der besser weiß, was gut ist, und der dies auch herbeiführen kann.

Diese Unterordnung bringt jedoch keine Demütigung oder Entmündigung mit sich, weil Gott den Menschen in seiner Abhängigkeit nicht demütigt, sondern ihm zuspricht und zutraut, Trägerin und Träger des Gottesreiches zu werden[72]. Darum kann der Mensch beten, darum ist Gebet kein Akt der Unterwürfigkeit, sondern Bejahung seiner Würde und Ort des Einverständnisses, sich selbst für das Kommen des Reiches Gottes einzusetzen. Gebet ist damit, nach einer gelungenen Formulierung Hans Schallers, »Ausdruck der kreatürlichen Vernunft«[73]: Der Mensch kann das Reich Gottes nicht allein herbeiführen, sondern nur mit Gott; Gott aber will sein Reich nicht allein herbeiführen, sondern (möglichst) mit den Menschen und durch die Menschen.

»Wessen Geist vor Gott sich beugt, dessen Seele wird nicht krumm«[74]. Dieser Vers aus einem modernen religiösen Singspiel zeigt die Struktur christlichen Gehorsams. Menschen, die sich vor Gott, seiner Gerechtigkeit und seiner Freiheit (ver-)beugen, werden den Gehorsam gegenüber selbsternannten und selbstgemachten, endlichen Göttern und Götzen verweigern[75]. Die Verneigung und Kniebeuge vor Gott stärkt Geist und Rückgrat, was an den Lebensbeispielen von Alfred Delp oder dem salvadorianischen Märtyrerbischof Oscar Romero ablesbar ist.

Exkurs: Heiligenverehrung als Solidarität

Wenn das Gebet sich allein an Gott wenden kann, stellt sich die Frage, wie dies mit dem Gebet zu den Heiligen zu vereinbaren ist.

Es gibt eine legitime Verehrung von heiligen Menschen, etwa Mariens; sie ist im strengen Sinn kein Gebet[76]. Vielmehr wollen die Betenden dem Vorbild der Heiligen ähnlich werden, um so *Gottes Willen* zu erfüllen, nicht etwa den Willen der Heiligen; diese werden ja darum ›heilig‹ genannt, weil sie auf Gott ausgerichtet waren und nicht egozentrisch auf sich selbst.

Die Heiligenverehrung muß im Horizont dessen gesehen werden, daß alle Menschen als »Ebenbilder Gottes« (Gen 1,27; Weis 2,23) dazu berufen sind, »heilig« (Lev 19,2b; Mt 5,48) zu werden, was freilich keine Uniformität meint, sondern die Erfüllung der individuellen Bestimmung zum eigenen Heil; insofern kommt nicht nur einigen Sondergestalten, sondern jedem Menschen Würde und Verehrung zu[77]. Karl Rahner setzt daher mit Recht das Gebet zu den Heiligen mit dem Gebet zu den Verstorbenen gleich[78]. Die Verehrung der ›Heiligen‹ und die Bitte um ihre Fürbitte kann als Akt geschöpflicher Solidarität verstanden werden. Nimmt man ernst, daß sich in der Nächstenliebe die Gottesliebe real ereignet, weil Gott sich in Jesus Christus irreversibel in die Welt eingestiftet hat, nimmt man ernst, daß diese Nächstenliebe alle Menschen – die Lebenden und die Toten[79] – einbeziehen muß, insofern Gott sich gerade in ihrer Pluralität mitteilt, dann ist die Heiligenverehrung ein Grundakt »anamnetischer, universaler Solidarität«[80], dann ist Gebet immer nur *in* der ›Gemeinschaft der Heiligen‹ bzw. *mit* ›allen Menschen guten Willens‹ und *für alle* möglich.

Die Verehrung der Heiligen ist also legitim, sogar innerer Bestandteil des Glaubens, da ja die geschöpfliche Mitwelt nach biblisch-christlicher Auffassung nicht (irgendwie ›störend‹ oder konkurrierend) zwischen Gott und Mensch steht. Vielmehr ist aufgrund der geschichtlichen Selbstmitteilung Gottes die kontingente Schöpfung (und der begrenzte Mensch als Teil ihrer) gerade zum privilegierten Ort der Gottesankunft und -begegnung geworden: »Gott geht in (...) den Heiligen wirklich durch die Geschichte, ja sie sind die Geschichte Gottes in der Welt, weil er in ihrem Licht sein Licht zum Leuchten bringt (Joh 12,46), das jeden Menschen erleuchtet (Joh 1,9)«[81]. Damit besitzen die Akte der Heiligenverehrung jeweils eine »implizite Bezogenheit auf Gott

selbst«[82], auch wenn sie konkret thematisch einem bestimmten Menschen
gelten, dessen Einzigartigkeit, Würde und Heiligkeit dadurch keineswegs
relativiert, sondern erst begründet und vertieft wird: Gerade die Einheit Gottes
ist es, die Pluralität und je individuelle Bestimmung zum eigenen Heil ermöglicht und so geglückte menschliche Identität schafft.

Die Heiligenverehrung meint in ihrer »Grundintention« immer Gott, »weil
der eigentlich Erhörende allein immer Gott ist«[83] und zielt – wie jedes Gebet –
auf die Grundbitte, daß ›sein Reich komme‹ (Mt 6,10), für alle Generationen
und für alle Zeit, auch über den Tod hinaus.

3.5 Freiheit durch Bindung

Im Gebet wird Abhängigkeit manifest. Abhängigkeit aber ist ein Verhältnis,
das dem Autonomiebewußtsein und -willen des neuzeitlichen Menschen widerstrebt. Hier muß man genauer hinsehen. Wo Abhängigkeit Unfreiheit ist, wo
sie Selbstentfaltung und Eigenverantwortlichkeit unterbindet, wo sie sich als
(hilfloses oder gar tödliches) Ausgeliefertsein an Despoten oder ausbeutende
Mächte darstellt, gilt es sie zu überwinden – und das nicht nur im Namen des
modernen Selbst- und Freiheitsbewußtseins, sondern auch und gerade im
Namen des Befreiung und Eigenverantwortung fordernden und Leben fördern-
den Willens Gottes, von dem die biblisch-christliche Tradition weiß. Es gibt
jedoch auch Bindungen, die befreien, es gibt Selbstauslieferungen, die nicht
durch herrschaftliche Überlegenheit beantwortet werden. In Freundschaft und
Liebe wird die paradoxe Erfahrung von Freiheit durch Bindung gemacht:
Durch die Annahme und Zusage des geliebten Menschen wird es möglich, den
Zirkel der Selbstbezogenheit zu durchbrechen, frei auf andere Menschen
zuzugehen, Probleme und Konflikte anzupacken und sich für universale
Gerechtigkeit einzusetzen.

Die Abhängigkeit von und Bindung an Gott ist keine Demütigung, weil
Gott kein Despot, sondern ein Freund ist, der (nicht nur ›etwas von sich‹ gibt,
sondern) sich selbst als Liebe bestimmt hat, die nichts für sich will, sondern
alles – sich selbst – für die Schöpfung, für ihr Glück und ihr Heil. Weil »die
radikale Abhängigkeit von ihm (Gott) nicht in umgekehrter, sondern in gleicher
Proportion mit einem wahrhaftigen Selbstand vor ihm«[84] wächst, wächst
umgekehrt auch die Freiheit und Selbstentfaltung des Menschen in dem Maße,
in dem die Bindung an Gott realisiert wird: ›Nicht weil du mich bindest,
vertraue ich dir, sondern weil du mich frei machst durch deine bergende Hand‹.
Die Bindung an Gott befreit von dem Zwang, sich selbst legitimieren oder
produzieren zu müssen. Im Gebet wird stets neu jene unbedingte Annahme von
Gott erfahren und anfanghaft beantwortet, die sowohl von süchtiger Selbst-
Suche wie von Selbstgenügsamkeit befreit. Gebet ist somit »kein Akt schmach-
voller Unterwürfigkeit; sondern ein Akt der Liebe, die weiß, daß sie nicht in
sich selber geborgen ist«[85].

Das Verhältnis zwischen Gott und den Menschen ist Ereignis der Liebe – mit allen Facetten, die sich in einer Liebesbeziehung ereignen: Glück und Seligkeit, Erfüllung und Hingabe, Gemeinschaft und Einsamkeit, Leid und Eifersucht. Da nun »Liebe (...) nur als Freiheitsgeschehen angemessen gedacht werden kann, nämlich als Selbstmitteilung von Freiheiten füreinander, die im Entschluß der einen Freiheit für die andere gründet und in deren einstimmender Antwort zum Ziel kommt«[86], kann Gebet als Grundvollzug endlicher Freiheit gelten.

3.6 Fremdbestimmung und Selbstvollzug

Im Gebet setzen sich Beterinnen und Beter einem fundamentalen Problem aus, das weder durch die Metaphysik noch durch die Naturwissenschaft ›gelöst‹ werden kann, und es liefert diesem Problem eine eigene Deutung[87].

Zunächst sei noch einmal an die beiden Grundgegebenheiten erinnert, durch die Leben bestimmt ist: Es zeichnet das Leben aus, daß es in jedem Moment sowohl eigenständig gelebt als auch verdankt wird, es ist sowohl »Akt des Lebendigen« als auch »empfangene Gabe«[88]. Jeder Mensch, jedes Tier lebt sein, jede Pflanze, jede Kreatur lebt ihr eigenes, unverwechselbares Leben in einer Reihe von Akten und Entscheidungen, die niemand anderes für den einzelnen und für die einzelne tun kann. Zugleich aber ist das Leben immer auch empfangene Gabe. Nichts und niemand[89] kann aus sich heraus leben[90], sondern Lebewesen bedürfen ständig des ›Anderen‹, des ›Fremden‹, das ihnen Leben schenkt und ermöglicht, das sie empfangen und sich aneignen müssen.

Leben ist also immer sowohl Fremdbestimmung als auch Selbstvollzug. Diese Beobachtung birgt ein fundamentales Problem: Wie ist es möglich, daß das Äußere, Fremde, Andere fähig sein soll, das Eigene, Innerste, nämlich das jeweils eigene Leben, zu schenken? Und »von welcher Art ist die Gabe, die solche Aneignung gestattet und durch Weltelemente vermittelt werden kann?«[91], das heißt: was ist das für ein Lebensgrund, der in solcher Weise Leben von sich abgeben kann, daß die Empfänger die (fremde) Lebenskraft als »sich zu eigen«[92] empfangen und vollziehen können?

Diese fundamentale Frage wird im christlichen Gebet spezifisch gedeutet: Indem vorausgesetzt wird, daß Gott ein immerwährendes Ereignis ist, das sich der Welt immer wieder neu schenkt, ohne dabei an Wirkkraft zu verlieren, indem vorausgesetzt wird, daß der Mensch dasjenige Wesen ist, das dazu berufen ist, Gottes lebenschaffendem Geist Raum zu geben, ihn ankommen zu lassen, da Gott die Freiheit und den Willen der Geschöpfe achtet, indem vorausgesetzt wird, daß die Welt ihren Bestand dem permanenten Handeln Gottes – als Schöpfer und Versöhner – verdankt, wird im Gebet das Geheimnis umspielt, in dem die Vor-Gabe des Göttlichen dem Menschen zur Auf-Gabe wird. Ohne die Frage letztlich beantworten zu wollen, wie fremdes Wirken in eigenes Tun umbricht, setzt man sich im Gebet diesem Geheimnis aus. Gebet sagt und tut, daß (geschenktes, das heißt vom Menschen nicht machbares)

Leben (aktiv) empfangen werden muß, daß angeeignet werden muß, was als eigene Tat geleistet werden soll[93].

3.7 Zur ›Wirkung‹ des Gebets

Die zentrale Handlungsmotivation des Menschen ist das Streben nach Glück, Erfüllung und letztem Angenommensein. Im Gebet wird gerade diese Sehnsucht thematisiert, indem sie dem Göttlichen – ob direkt oder indirekt – anheimgestellt wird. Da Gott selbst Freiheit, (neues) Leben und Heil ist, zielt jede konkrete Bitte letztlich darauf, daß Gott selbst sich neu mitteilen und sich damit seine Menschenfreundlichkeit im Betenden durchsetzen möge. Es wird ein Raum eröffnet, in dem Gott selbst neu und erneuernd ankommen kann – und mit ihm sein Heil, seine neuen Perspektiven. Christliches Gebet intendiert damit keine Einwirkung auf Gott, vielmehr ist es ein Ort, an dem Gottes Heilswille neu gehört, angeeignet und insofern vollzogen wird, als sich der Betende mit den Intentionen Gottes identifiziert[94]. Im Gebet soll weder das bereits Gewirkte noch einmal ›wunderbar‹ überboten, noch soll damit der Status quo stabilisiert werden; vielmehr geht es darum, die Wirklichkeit im Lichte Gottes zu betrachten und ihr von dorther neue Freiheit zuteil werden zu lassen[95]. Christliche Beterinnen und Beter wollen also nichts bei Gott ›erreichen‹, vielmehr wollen sie sich selbst auf den Willen Gottes einstellen, sich in ihn einfügen und einüben. Anders gesagt: Gott wird – nach christlicher Auffassung – durch das Gebet nicht zu einem Handeln bewegt, das er sonst – ohne das Gebet – nicht täte, vielmehr lassen sich die Menschen, sofern ihr Gebet eine wirkliche existentielle Öffnung und kein bloß formaler (Sprech-) Akt ist, durch die Hinwendung zu Gott zu einer neuen Wahrnehmung und zu einem neuen, versöhnenden Handeln bewegen, das von Gott ermöglicht und getragen wird[96].

Das Dankgebet beispielsweise, das vor oder nach einer Mahlzeit gesprochen wird, verwandelt den Betenden, insofern es »aus gleichgültigen dankbare Menschen«[97] macht. Zum zweiten verwandelt es das Verhältnis des Betenden zu den Dingen: »Aus Naturprodukten und Produkten der Lebensmittelindustrie werden Geschenke des himmlischen Vaters (...), werden Zeichen der Nähe und Liebe Gottes«[98]. So bewirkt das Tischgebet keine (magisch-materielle) Veränderung der Speisen, vielmehr verändert es den Beter, die Beterin dahingehend, die Speisen den (Heils-) Intentionen Gottes gemäß zu genießen, die Nahrung zur Gesunderhaltung zu gebrauchen und Reichtum zu teilen.

Christliche Beterinnen und Beter wollen also durchaus mit ihrem Gebet etwas bewirken, jedoch liegt hier eine andere Vorstellung von Kausalität und Effizienz zugrunde. Nicht die eigene Macht, Leistung und Effizienz, sondern gerade der Verzicht auf jegliche Eigenmacht, die Öffnung, das Hören und die Transparenz auf Gott und seinen Willen hin geben der Erde ein neues Gesicht[99]. Darum steht christliches Beten immer unter dem Vorzeichen der vorrangigen Bitte, daß »dein Wille geschehe« (Mt 6,10; 26,42).

Gebet ist also keine Information an Gott, vielmehr ein »Mittel, durch das Gottes Handeln den Menschen erreicht und in ihm zur Wirkung kommt«[100] bzw. kommen kann. Gott ›tut‹ also im Gebet durchaus etwas, jedoch kann er – aufgrund seiner Selbstfestlegung, daß er menschlich, das heißt durch, mit und in Menschen und nicht gewalttätig ›von oben‹ wirken möchte – nicht mehr tun, als sich und seinen Willen immer wieder ›anbieten‹, seine Kraft der Liebe zusagen. Gott setzt also im Gebet immer einen differenzierten ›Impuls‹[101]. Was die Menschen dann daraus machen, ist eine andere Sache.

3.8 Gebet und soziale Praxis

Bei engagierten Christinnen und Christen begegnet häufig eine gebetskritische Position, die in die Überzeugung mündet, daß einzig die soziale Praxis wahres Gebet und wahrer Gottesdienst sei. Nicht die Existenz eines Gottes wird hier in Frage gestellt, vielmehr wird aus dem Gottesglauben eine andere Konsequenz gezogen[102]. Man argumentiert dabei folgendermaßen: Gerade weil Gott nichts für sich will, sondern alles für die Welt, gerade weil er will, daß sein Wille in der Welt weiterwirkt und von den Menschen weitergewirkt wird, *will* er vielleicht doch gar nicht, daß man sich zu ihm betend zurückwendet, denn »in die horizontalen Bezüge weltlichen Seins legt sich Gottes Mit-sein-Wollen aus«[103]. Gott brauche kein Gebet, er brauche Menschen, die seinem Heilswillen durch ihr Engagement für andere im eigenen Leben entsprechen. Darum sei Gebet sinnlos, dem Willen Gottes strenggenommen sogar widersprechend, weil Gott eben keine Hinwendung zu sich, sondern zu den Menschen wolle.

Zu einer solchen Position ist zunächst festzuhalten, daß aus biblischer Sicht ein Engagement für andere, für Freiheit und Gerechtigkeit tatsächlich im Vollsinn Gottesdienst ist: Gott ist der Welt zuinnerst verbunden, ist selbst Mensch geworden, so daß man im Mitmenschen – insbesondere in den Armen und Entrechteten – Gott selbst begegnet; indem man sich für ihr Leben und ihre Würde einsetzt, dient man Gott[104].

Jedoch ist zu fragen, ob darum das Gebet seinen Ort verliert. In einer solchen Position wird der Heilswille Gottes den Menschen direkt als Handlungsauftrag übertragen. Hier wird der »wohltuende Unterschied«[105] zwischen Gott und Mensch übergangen, der Mensch in seiner geschöpflichen Grundbefindlichkeit überfordert. Als begrenzte Wesen sind Menschen auch in ihrer Fähigkeit zum Bezogensein und in ihrer Einsatzkraft beschränkt; sie bedürfen immer wieder des Rückzugs auf sich selbst[106]. Darin unterscheiden sie sich vom Wesen Gottes. Im Rückzug auf sich selbst wachsen ihnen neue Kräfte zu; in der Unterbrechung (der Arbeit und des Alltags) kann Gott erneuernd ankommen, in der Hinwendung zu Gott finden sie neue Orientierung[107]. Natürlich braucht Gott das Gebet des Menschen nicht als eitlen Beweis seiner Größe und Stärkung seiner göttlichen Identität, aber insofern ihm etwas an der Beziehung

zu den Menschen liegt und weil er darin handeln kann, ›braucht‹ er das Gebet
– nicht für sich, sondern für das Wohl der Menschen – als Ort seiner verwandelnden Nähe. Menschen brauchen das Gebet, da es die Möglichkeit eröffnet,
sich neu auf Gott, seinen Lebens- und Heilswillen einzustellen. Insofern es den
Menschen gut tut und das Reich Gottes zu verwirklichen hilft, kann angenommen werden, daß es dem Willen Gottes entspricht.

Die gebetskritische Position ist trotzdem insofern hilfreich, als sie die soziale
Dimension christlichen Lebens engagiert anmahnt. Aufgrund des sozialen Maßstabs kann etwa auch Walter Simonis der Fürbitte einen wichtigen Ort im Leben
der Christinnen und Christen zuschreiben. Fürbittende Menschen zeichnen sich
nach Simonis dadurch aus, daß sie die Vorgänge der Welt nicht nur distanziert
betrachten, vielmehr ist ihre Existenz »die des Tunwollens, des Sich-zur-
Verfügung-Stellens, damit der (...) Wille Gottes Wirklichkeit werden kann«[108].
Die fürbittende Existenz ist also nach Simonis selbstloses Dasein[109]. Tatsächlich
muß der Akt der Fürbitte mit der Bereitschaft einhergehen, sich selbst – nach
den spezifischen Möglichkeiten – für die Verwirklichung der Bitte bereitzustellen. Daß dies den biblischen Sachverhalt trifft, dürfte klar geworden sein.

Für eine ähnliche Gebetshaltung wirbt etwa auch Dorothee Sölle. Menschen
müßten aufhören, »die eigene Ohnmacht zu verklären und auf den alles vermögenden, allmächtigen Papa zu starren, der die Sache schon in Ordnung
bringen wird«[110]; statt dessen müßten sie im Glauben erwachsen werden und
merken: »Gott handelt nicht unmittelbar, wunderhaft, von oben. Er will unsere
Hände brauchen, unsere Augen, unsere Ohren, so schwach, so arm, so ›nur
menschlich‹ ist er«[111]. Sölle fordert daher zumindest für die öffentlichen
Gebete, daß sie weder politisch noch theologisch harmlos sein dürften und die
Betenden für ihre Verantwortung aufschließen müßten[112].

Gebet und soziale Praxis sind wechselseitig aufeinander bezogen, sie erhalten ihre Identität vom jeweils anderen her und müssen voneinander durchdrungen sein. Gebet ohne soziale Praxis wäre Frevel; gefordert ist »Komplementarität«[113], das heißt, Gebet und Alltagsverhalten müssen sich ergänzen und gegenseitig auslegen. Dem entspricht z. B. die Forderung des Paulus, daß der Einheit
des Brotes die Einheit der Gemeinde entsprechen müsse (1 Kor 11,29).

Das Verhältnis von Gebet und sozialer Praxis hat Eberhard Bethge im
Geiste seines Freundes Dietrich Bonhoeffer (und zur Charakterisierung von
dessen Spiritualität) folgendermaßen beschrieben: »Das ›Tun des Gerechten
unter den Menschen‹ bewahrt das ›Beten‹ vor einer Flucht in selbstgenügsame
Frömmigkeit. Das ›Beten‹ bewahrt das ›Tun des Gerechten unter den Menschen‹ vor Selbstgerechtigkeit. Das Tun des Gerechten bewahrt das Beten vor
der Heuchelei, die zu allen Zeiten die Kinder der Welt an den Frommen
entdeckten. Das Beten bewahrt das Tun des Gerechten vor der fanatischen
Ideologisierung, an der die Veränderer zu schlechten Vertretern ihrer eigenen
Sache werden. Das Tun des Gerechten bewahrt das Beten vor dem Pessimismus. Das Beten bewahrt das Tun des Gerechten vor der Resignation. Tun hält
Beten in der Wirklichkeit, Beten hält Tun in der Wahrheit«[114].

Soziale Praxis ohne Gebet wird leicht geistlos, Menschen verlieren ihren Halt, brennen innerlich aus oder verfallen dem folgenschweren Wahn des Gotteskomplexes[115]. Freilich muß hier zwischen dem formalen Gebetsakt und einer wirklichen existentiellen Hinwendung zu Gott unterschieden werden. Es gibt tatsächlich ›sinnloses Gebet‹, etwa eines, das eben nicht aufschließt, sondern einzig dazu dient, sich selbst bestätigen zu wollen (Lk 18,10ff): Man läßt Gott nicht erneuernd ankommen, läßt ihn vielleicht gar nicht ›zu Wort‹ kommen. Nutzlos wäre auch ein Gebet, mit dem man tatsächlich die Initiative auf Gott abwälzen und die eigene Trägheit fromm bemänteln will. Ohne Zweifel gibt es diese Verkehrungen. Es gibt aber auch den Fall, daß Menschen verantwortlich handeln, *weil* sie beten[116], daß Menschen sich gerade im Gebet korrigieren lassen, von dort neu aufbrechen – zu sich und den anderen, neue Orientierung finden und sich »mit Gottes gewaltlosem Einsatz verbünden«[117].

Beispielhaft ist hier das Leben Jesu. Wie wir sahen, hat die Pro-Existenz Jesu ihren Grund in seinem einmaligen Gottesverhältnis. Jesu Wirken wird vom Gebet getragen[118]. Alles »bespricht« er mit Gott, »alle wichtigen Stunden und Etappen seines Lebens sind umrahmt, getragen und innerlich bewältigt durch das Gebet«[119]. An ihm wird deutlich, daß Hinwendung zu Gott der sozialen Praxis nicht abträglich ist, sondern sie begründet, stärkt und auf universale Verbundenheit hin öffnet.

Gebet und soziale Praxis, Kontemplation und Arbeit sind nicht zwei Bereiche des menschlichen Lebens, so daß man etwa sagen könnte: hier – bei der Arbeit – bin ich für die Welt da, dort – im Gottesdienst – bin ich für Gott da. Dies würde wieder Gott von der Welt trennen, der sich doch in die Welt inkarniert hat; es würde auch die Menschen von Gott trennen, die doch seiner in jedem Moment bedürfen. Weil Gott in seiner reichgestaltigen (trinitarischen) Gestalt jeder Zeit und Situation gegenwärtig ist, versteht sich christliches Leben *zunächst* als »Einheit«[120], als Leben in der (ständigen!) Gegenwart Gottes. Erst von *dorther*, von der existentiellen Ausrichtung auf den, der alles in seinen guten Händen hält, können Gebet und Arbeit als zwei Realisationen gläubigen Lebens differenziert werden. Die Einheit (in bzw. vor Gott) also ist der »umfassende Aspekt«[121] christlichen Lebens; daher müssen sowohl Gebet als auch Arbeit offengehalten werden für das dahinterliegende Geheimnis Gottes.

Wo Menschen in der Gegenwart Gottes leben, werden sie – wie Jesus Christus – zu Partnerinnen und Partnern Gottes, zu Botschafterinnen und »Botschaftern an Christi Statt« (2 Kor 5,20). In unserem Jahrhundert beschreibt Madeleine Delbrêl (1904–1964)[122], wie sie mitten in der »Wüste der Stadt«, bei einer Fahrt in der U-Bahn, sich betend Gott zur Verfügung stellt:

»Wüste der Masse, Wüste der Liebe (...) Meine Augen, meine Hände, mein Mund sind dein. Diese so traurige Frau mir gegenüber: hier ist mein Mund, damit du ihr lächelst. Dieses vor lauter Bleichsein fast graue Kind: hier meine Augen, damit du es anschaust. Dieser so müde müde Mann: hier ist mein ganzer Leib, damit du ihm meinen Platz gibst, und meine Stimme, damit du ihm leise sagst: ›Setz dich.‹ Dieser so dumme, eingebildete, harte Bursch, hier ist mein Herz, damit du ihn damit liebst, stärker, als er je geliebt wurde«[123].

Indem Madeleine Delbrêl sich mit ihrem Leib und ihrem konkreten Leben Gott zur Verfügung stellt, kann Gott in ihr gegenwärtig werden und durch sie die Welt in Ansätzen wandeln.

Dag Hammarskjöld (1905–1961), der große schwedische Politiker, UNO-Generalsekretär und Mystiker, hat in seinen Tagebuchaufzeichnungen folgendes Gebet notiert:

»Du, der über uns ist,
Du, der einer von uns ist,
Du, der ist –
auch in uns;
daß alle *dich sehen – auch in mir*,
daß *ich* den Weg bereite *für dich*,
daß ich danke für alles, was mir widerfuhr (...)«[124].

Und der lateinamerikanische Befreiungstheologe und Bischof Pedro Casaldáliga, der seine Theologie weitgehend in Gedichten und Gebeten vermittelt, schreibt:

Fragen beim Aufstieg und Abstieg am Karmel[125]

(...) Für wen geht ihr zum Berg Karmel[126]
wenn ihr aufsteigt, aber nicht herabsteigt? (...)

Ist es die Kurie oder die Straße,
wo die Botschaft keimt?
Wenn ihr es zulaßt, daß der Geist schweigt
– was hört ihr dann im Gebet?

Wenn ihr nicht die Stimme des Windes (Geistes) hört,
welches Wort tragt ihr dann mit euch?
Was gebt ihr als Sakrament,
wenn ihr nicht euch gebt in dem, was ihr gebt?

Wenn ihr vor dem Imperium
die Hoffnung und die Wahrheit fallenlaßt,
wer wird das Mysterium
der ganzen Freiheit verkünden?

(...)

Madeleine Delbrêl, Dag Hammarskjöld und Pedro Casaldáliga – drei Beispiele für die auch heute noch mögliche und notwendige Realpräsenz Christi mitten in der Welt *durch* Menschen. Gebet und soziale Praxis fallen hier wie bei Jesus von Nazareth zusammen.

[1] Zur Problematik der »Vater-Anrede« Gottes vgl. das unmittelbar folgende Kapitel.

[2] Ein Bild des Irenäus von Lyon, Adv. Haer. IV 20,1 (= Bibliothek der Kirchenväter Bd. II), Kempten/München 1912.

[3] Julie Kirchberg, Stellt das trinitarische Gebet den christlichen Monotheismus in Frage?, in: Kirche und Israel 7 (1992), S. 62.

[4] Kirchberg, ebd. S. 62.

[5] Vgl. Kirchberg, ebd. S. 63.

[6] Vgl. Josef Andreas Jungmann, Die Stellung Christi im liturgischen Gebet, 2. Aufl. Münster 1962, S. 112ff.

[7] Weiterführend dazu Heinz Schürmann, Das Gebet Jesu als Schlüssel zum Verstehen Jesu, Freiburg u. a. 4. Aufl. 1980; Oscar Cullmann, Gebet im Neuen Testament, S. 49–91; dort auch weitere Literatur.

[8] Z.B. Mt 6,6; 7,11; 9,8; Mk 15,34; Apg 4,23–30; 12,5; Eph 1,17ff; 3,14; Phil 4,6.

[9] Cullmann, Gebet im Neuen Testament, bes. S. 155. Ebenso bereits Jungmann, Stellung Christi, S. 112–125.

[10] Vgl. Cullmann, ebd. S. 131f.

[11] Vgl. dazu ausführlicher das spätere Kapitel 4.2.3 (Gedächtnis als Vergegenwärtigung); außerdem Jungmann, Stellung Christi, S. 128ff.

[12] Jungmann, ebd. S. 113f.

[13] Cullmann, Gebet im Neuen Testament, S. 132.

[14] Vgl. Cullmann, ebd. S. 93;113. Franz Josef Ortkemper, 1. Korintherbrief, Stuttgart 1993, S. 172.

[15] Vgl. Hans-Josef Klauck, 2.Korintherbrief, Würzburg 1986, S. 94.

[16] Cullmann, Gebet im Neuen Testament, S. 113.

[17] Vgl. dazu Cullmann, ebd. S. 42ff.

[18] Vgl. oben Anm. 7.

[19] Dieser Frage geht auch Karl Rahner nach: Theos im Neuen Testament, in: Ders., Schriften zur Theologie Bd. I, Einsiedeln 3. Aufl. 1958, S. 146.

[20] Vgl. Rahner, ebd. S. 145ff.

[21] Vgl. Rahner, ebd. S. 152.

[22] Dies ist auch besonders für den interreligiösen Dialog von Bedeutung. Zum Wahrheitsanspruch Jesu im interreligiösen Dialog vgl. Hans Kessler, Pluralistische Religionstheologie und Christologie, in: Raymund Schwager (Hg.), Christus allein? Der Streit um die pluralistische Religionstheologie, Freiburg u. a. 1996, S. 158–173.

[23] Rahner, Theos im Neuen Testament, S. 166, kursive Hervorhebungen durch die Verfasserin.

[24] Ein Beispiel bietet das Gleichnis vom Barmherzigen Vater (Lk 15,11–32); es ist auffällig, daß in der dort geschilderten Familie die Mutter gar nicht vorkommt. Helen Schüngel-Straumann deutet diesen Sachverhalt so, daß »der gütige Vater (hier) ganz die barmherzige Rolle der Mutter übernommen« habe (Dies., Die Dominanz des Männlichen muß verschwinden, in: Streitfall Feministische Theologie, Britta Hübener / Hartmut Meesmann, Hg., Düsseldorf 1993, S. 73). Das Bild des guten Vaters, das in dem Gleichnis gezeichnet wird, erinnert an Jes 49,15.

[25] Vgl. etwa die Vorstellung von Christus als »wahrer Mutter« bei Juliana von Norwich; dazu näher Claudia Kolletzki, »Christus ist unsere wahre Mutter«, in: Geist und Leben 70 (1997), S. 48–62.

[26] Zum Verhältnis von Wirklichkeit und Sprache vgl. Peter L. Berger / Thomas Luckmann, Die gesellschaftliche Konstruktion der Wirklichkeit, Frankfurt 1969. Einen guten Überblick über die Anliegen feministischer Theologie bietet Lucia Scherzberg, Grundkurs Feministische Theologie, Mainz 1995.

[27] Vgl. dazu Virginia Mollenkott, Gott eine Frau? Vergessene Gottesbilder der Bibel, München 1985; Helen Schüngel-Straumann, Denn Gott bin ich und kein Mann. Gottesbilder im Ersten Testament, Mainz 1996.

[28] Vgl. die wesentliche Unterscheidung bei der Rede von Schöpfer und geschöpflicher Wirklichkeit, wie sie auf der IV. Lateranversammlung (1215) formuliert wurde: Neuner / Roos, Der Glaube der Kirche in den Urkunden der Lehrverkündigung, Regensburg 13. Aufl. 1971, Nr. 280, S. 175f.

[29] Schaeffler, Gebet und Argument, S. 134. Vgl. auch die späteren Kapitel 3.7 (Zur ›Wirkung‹ des Gebets) sowie 4.2.4 (Grammatische Aspekte der Namensanrufung im Gebet).

[30] Zur Geschichte des christologischen Gedankens im liturgischen Gebet vgl. Josef Andreas Jungmann, Die Stellung Christi im liturgischen Gebet, a.a.O., S. 112-233.

[31] Heinz Schürmann, Das Gebet des Herrn, S. 59.

[32] Richard Schaeffler, Fürbitten als Sprachhandlung, in: Gottesdienst 25 (1991) 21, S. 161.

[33] Vgl. den späteren Exkurs zur ›Heiligenverehrung als Solidarität‹ sowie das Kapitel 5.2.3 (Gebet und Solidarität).

[34] Ferdinand Ulrich, Gebet als geschöpflicher Grundakt, Einsiedeln 1973, S. 85.

[35] Vgl. zum folgenden Oscar Cullmann, Gebet im Neuen Testament, S. 95ff.

[36] Cullmann, ebd. S. 96.

[37] Anders bei Gott: Weil er in sich reiche Beziehung ist, hat er den nötigen ›Vertrauensvorschuß‹ im Übermaß, kann er immer neu auf die Menschen zugehen, das ›Gespräch‹ immer neu eröffnen.

[38] Vgl. den großartigen Liedvers von Huub Oosterhuis »Du bist mein Atem, wenn ich zu dir bete« (eine theologisch wie poetisch gelungene Übertragung von Lothar Zenetti, in: Gotteslob, Nr. 621), der als Titel für dieses Buch gewählt wurde.

[39] In der Bitte wird auch die Beziehung selbst stärker aktualisiert als etwa im Dank, insofern jede Bitte den Wunsch nach weiterer Gemeinschaft impliziert; Dank dagegen ›beschließt‹ auch etwas.

[40] Insofern ist jedes ›Schuldbekenntnis‹ – sowohl im zwischenmenschlichen Bereich als auch in der Mensch-Gott-Beziehung – immer schon Antwort auf ein Gegenüber, das nicht nur schuldig spricht, sondern zugleich Vergebung anbietet.

[41] Vgl. den gleichnamigen Titel des bereits erwähnten Buches von G. Greshake und G. Lohfink: ›Bittgebet – Testfall des Glaubens‹, in dem von biblischer, dogmatischer und fundamentaltheologischer Seite Aspekte einer Theologie des Gebets erörtert werden.

[42] K. Rahner, Art. Gebet, S. 544.

[43] Patrick Jacquemont, Der Heilige Geist, Lehrmeister des Gebets, in: Conc 18 (1982), S. 630.

[44] Vgl. den sogenannten »Schmetterlingseffekt«, dem für die Chaosforschung bahnbrechende Bedeutung zukommt; erstmals entdeckt von Edward Lorenz: »Predictability: Does the Flap of a Butterfly's Wings in Brazil Set Off a Tornado in Texas?«, zit. nach James Gleick, Chaos – die Ordnung des Universums, München 1990, S. 52.

[45] Michael Welker, Gottes Geist, Neukirchen 1992, S. 224ff.

[46] Sacrosanctum Concilium 7, zit. nach Karl Rahner / Herbert Vorgrimler, Kleines Konzilskompendium, 21. Aufl. Freiburg 1989, S. 54f.

[47] Franziskus Eisenbach, Die Gegenwart Jesu Christi im Gottesdienst, Mainz 1982, S. 320. Dazu ausführlicher auch das spätere Kapitel 4.2.3 »Gedächtnis als Vergegenwärtigung«.

[48] Theodor Schneider, Zeichen der Nähe Gottes, Mainz 5. Aufl. 1987, S. 56.

[49] Ausführlicher das spätere Kapitel 4.

[50] Schaeffler, Kultisches Handeln, S. 17.

[51] So der Titel eines Buches von Paul M. Zulehner, Düsseldorf 6. Aufl. 1995.

[52] K.Rahner, Not und Segen des Gebets, S. 12.

[53] Rahner, ebd. S. 13.

[54] Ilse Aichinger, Die größere Hoffnung, Frankfurt/Main 1974.

[55] Aichinger, Die größere Hoffnung, S. 20–22.

[56] Auf dieses ›Hindurchbeten‹ zu neuem Vertrauen wird später in Kapitel 4.3 noch ausführlicher eingegangen; vgl. ebenso Kapitel 5.2.2.

[57] Gotthard Fuchs, »Du bist ihm tausendmal nötiger als er dir«, in: Bibel und Liturgie 68 (1995), S. 16–23, hier S. 20.

[58] Meister Eckhart, zit. nach Fuchs, ebd. S. 19f.

[59] Gotthard Fuchs, Rhythmen der Christwerdung, in: KatBl 116 (1991), S. 245–254, hier S. 248f.

[60] Gotthard Fuchs, »Du bist ihm tausendmal nötiger (...)«, S. 20.

[61] Gotthard Fuchs, Rhythmen der Christwerdung, S. 252.

[62] Gotthard Fuchs, »Du bist ihm tausendmal nötiger (...)«, S. 20; vgl. auch Ders., Der bittende Gott und der erhörende Mensch, in: Lebendige Katechese 11 (1989), S. 85–91.

[63] Dies ist besonders für den Dialog der Religionen von Bedeutung. Die Notwendigkeit interreligionischer Begegnungen und das gemeinsame, in der je eigenen Tradition vollzogene Gebet im Blick auf das gemeinsame Schicksal und die gemeinsame Verantwortung der Menschheit für die eine Erde (wie 1986 in Assisi) entbindet nicht von der Suche nach Wahrheit, von der diakritischen Unterscheidung jener Mächte, die von Menschen im Gebet angerufen werden; vgl. dazu im Hinblick auf das interreligionische ›Ereignis von Assisi‹ Max Seckler, Synodos der Religionen.

[64] K. Rahner, Art. ›Gebet‹, S. 543.

[65] Vgl. oben das Kapitel 3.1.3 (Geschehen im Geist)

[66] Meister Eckhart, Predigten, S. 371.

[67] Hilda-Maria Lander / Maria-Regina Zohner, Bewegung und Tanz – Rhythmus des Lebens, 3. Aufl. Mainz 1991, S. 219. Das Bild von Meister Eckhart kommt hier an seine Grenze.

[68] Zum Lobgebet vgl. das spätere Kapitel 5.3.3 (Schweigen und Loben) und die Interpretation des ›Te Deum‹ in Kapitel 5.4.

[69] Vgl. Lumen Gentium 9, zit. nach Karl Rahner / Herbert Vorgrimler, Kleines Konzilskompendium, 21. Aufl. Freiburg 1989, S. 132.

[70] Vgl. dazu ausführlicher Wilfried Härle, Den Mantel weit ausbreiten, in: NZSTh 33 (1991), S. 234f.

[71] Dort, wo Menschen oder Dinge angebetet werden, werden sie tatsächlich zu Götzen erhoben, vgl. dazu Luthers Auslegung des 1.Gebots, in: Martin Luther, Der große Katechismus, Calwer Luther-Ausgabe, Bd. 1, München / Hamburg 1964, S. 22ff. Sie sind jedoch nicht in der Lage, die Hoffnung zu erfüllen, die man sich von ihnen erwartet.

[72] Vgl. dazu das nachfolgende Kapitel 3.5 (Freiheit durch Bindung).

[73] Schaller, Bittgebet, S. 29.

[74] Helmut Schlegel, Pace e bene. Neue Geistliche Lieder für Clara und Franz von Assisi, CD 56504 – Annweiler 1997.

[75] Vgl. ausführlicher das spätere Kapitel 5.2.4 (Gebet als Ort der Entscheidung).

[76] Die klassische Unterscheidung lautet: Den Engeln und Heiligen kommt Verehrung (cultus duliae) zu, Maria kommt besondere Verehrung zu (cultus hyperduliae), allein Gott steht die Anbetung (cultus latriae) zu; vgl. Ludwig Ott, Grundriss der katholischen Dogmatik, 5. Aufl. Freiburg 1961, S. 259f und 383f, außerdem Franz Courth, Mariologie, in: Wolfgang Beinert (Hg.), Glaubenszugänge. Lehrbuch der katholischen Dogmatik, Bd. 2, Paderborn u. a. 1995, S. 389–391.

[77] »Jeder Christ verehrt die Heiligen, mindestens insofern er den Nächsten liebt, der ihm konkret begegnet, in einer Liebe, die für sein unmittelbares Verhältnis zu Gott eine notwendige Vermittlung ist« (K. Rahner, Gebet zu den Heiligen, in: J.B. Metz / Ders., Ermutigung zum Gebet, Freiburg 1977, S. 82). Rahner schafft in diesem Aufsatz einen zeitgemäßen Zugang zur Heiligenverehrung.

[78] Rahner, ebd. S. 43.

[79] Der Synodentext »Unsere Hoffnung«, der die Handschrift von J.B. Metz trägt, wendet sich gegen eine zunehmende Gleichgültigkeit und Fühllosigkeit gegenüber den Toten und macht deutlich, daß die Hoffnung für die Toten (Jesus Christus) unsere Hoffnung ist: Die »(...) Frage nach dem Leben der Toten zu vergessen und zu verdrängen, ist zutiefst inhuman. Denn es bedeutet, die vergangenen Leiden zu vergessen und zu verdrängen und uns der Sinnlosigkeit

dieser Leiden widerspruchslos zu ergeben (...) Wenn wir uns zu lange der Sinnlosigkeit des Todes und der Gleichgültigkeit gegenüber den Toten unterwerfen, werden wir am Ende auch für die Lebenden nur noch banale Versprechen parat haben« (Synodenbeschluß »Unsere Hoffnung«, in: Gemeinsame Synode der Bistümer in der Bundesrepublik Deutschland, 7. Aufl. Freiburg 1976, S. 91).

[80] Helmut Peukert, Wissenschaftstheorie – Handlungstheorie – Fundamentale Theologie, 2. Aufl. Frankfurt 1988, S. 332.

[81] Gerhard Ludwig Müller, Gemeinschaft und Verehrung der Heiligen, Freiburg u. a. 1986, S. 324.

[82] K. Rahner, Gebet zu den Heiligen, in: Ders. / J.B. Metz, Ermutigung zum Gebet, Freiburg 1977, S. 90.

[83] K. Rahner, Art. Gebet, S. 545.

[84] K. Rahner, Probleme der Christologie, in: Ders., Schriften zur Theologie, Bd. I, Einsiedeln 1961, S. 183.

[85] Fulbert Steffensky, Das Leben in die Sprache retten, in: Publik-Forum Nr. 9/1997, S. 43f.

[86] Thomas Pröpper, Freiheit als philosophisches Prinzip, S. 184.

[87] Der folgende Gedanke ist entwickelt in Anlehnung an Richard Schaeffler, Der Kultus als Weltauslegung, in: Balthasar Fischer / Ders. (Hg.), Kult in der säkularisierten Welt, Regensburg 1974, S. 9–62.

[88] Schaeffler, Der Kultus als Weltauslegung, S. 23.

[89] Ausgenommen das Göttliche, von dem im biblisch-christlichen Glauben ausgesagt wird, daß es schon immer war, das heißt ewig ist (Ps 93,2; Sir 18,1), keinen Anfang besitzt (1 Joh 2,13). Damit wird die Souveränität Gottes ausgesagt, das heißt, er bedarf – im Unterschied zum Geschaffenen – keiner anderen Macht, um selbst sein und wirksam sein zu können.

[90] Besonders deutlich wird dies bei den Phänomenen von Zeugung und Geburt, von Atmung und Nahrungsaufnahme.

[91] Schaeffler, Der Kultus als Weltauslegung, S. 45.

[92] Schaeffler, ebd.

[93] Darum etwa wendet sich Jesus vor jeder seiner Taten Gott betend zu, um quasi die Tat zu ›empfangen‹ und sich die Intention Gottes neu anzueignen; auch etwa vor dem großen diakonischen Dienst der Fußwaschung wird von Johannes erzählt, daß Jesus dies aus der glaubenden Gewißheit tat (und nur von dorther konnte), daß »ihm der Vater alles in die Hand gegeben hatte« (Joh 13,3); danach folgt die Fußwaschung.

[94] Der Heilswille wird zumindest in diesem Moment anerkannt; jedoch ist aufgrund der menschlichen Gebrochenheit die praktische Ausführung nicht sicher gewährleistet. Mit der Identifikation geht aber (immer neu!) die Möglichkeit einher, es diesmal auch zu vollziehen.

[95] So kann sich etwa für einen unheilbar Kranken jenseits von medizinischer Perspektive ein Sinn auftun, auch wenn vordergründig alles sinnlos erscheint.

[96] »Gottes guter und gnädiger Wille geschieht wohl ohne unser Gebet, aber wir bitten in diesem Gebet, daß er auch bei uns (bzw. durch uns, Anm.d.Verf.) geschehe«, so Martin Luther, Kleiner Katechismus, Berlin 1935, S. 45.

[97] Michael Ulrich, Im Geiste Jesu beten, in: Tag des Herrn, Kirchenzeitung für Berlin, Hamburg u. a., Nr. 39 vom 29.09.1996, S. 20.

[98] Michael Ulrich, ebd.

[99] Vgl. dazu ausführlicher Schaeffler, Kultisches Handeln, S. 40ff.

[100] Härle, Den Mantel weit ausbreiten, S. 240.

[101] Die Inhalte dieses Impulses entsprechen den Wirkungen des Geistes Gottes, wie sie Michael Welker in seiner Pneumatologie aus den Erfahrungen der Geschichte Israels herauszufiltern versucht.

[102] Auch etwa Walter Simonis wäre bezüglich seiner Gotteslehre zu fragen, ob Gebet für ihn nicht sinnlos sei. In den hier genannten Arbeiten äußert er sich zur Frage des Gebets nicht in dieser Grundsätzlichkeit. Wohl geht er auf die Themen Fürbitte und Gotteslob ein.

[103] Simonis, Gott in Welt, S. 190.

[104] Vgl. K. Rahner, Über die Einheit von Nächstenliebe und Gottesliebe; D. Bonhoeffer, Widerstand und Ergebung, 13. Aufl. München 1985, besonders Brief vom 18.7.1944, S. 180 oder auch im Entwurf einer Arbeit, 2.Kapitel, S. 191f.

[105] So Gotthard Fuchs, etwa in:»Du bist mein Atem, wenn ich zu dir bete«, S. 117.

[106] Darauf wird später in den Kapiteln 5.1.3 (Rhythmus der Schöpfung) und 5.1.4 (Gebet als Grenzort) noch näher eingegangen.

[107] Auf die Frage, wie sich das Ankommen Gottes zu den neuen Kräften und der neuen Orientierung verhalten, ist zu sagen, daß dies nicht verschiedene Dinge sind, die alle nebeneinander passieren würden. Vielmehr kommt Gott hier im Modus neuer Kraft und neuer Orientierung beim Menschen an; in der neuen Lebenskraft des Menschen erweist er sich als Schöpfer, in der neuen Orientierung erfahren Menschen die wirksame Nähe des Geistes.

[108] Simonis, Gott in Welt, S. 248.

[109] Simonis schreibt an anderem Ort auch dem Gotteslob einen legitimen Platz zu (Gottesliebe – Nächstenliebe, S. 77ff); seine Gotteslehre könnte jedoch leicht als Leistungsmoral (miß-?) verstanden werden. Sein Beharren darauf, daß der Mensch in dem Maß seine Gottebenbildlichkeit realisiert, wie er für andere da ist, läßt aus den Augen verlieren, daß Menschen auch dort, wo sie tatsächlich nichts mehr geben können – weder Arbeit noch Liebe – trotzdem von Gott (und hoffentlich auch von den Menschen) her ihrer unbedingten Würde sicher sein können. Radikal stellt sich diese Frage angesichts von Krankheit und spätestens im Tod.

[110] Sölle, Das entprivatisierte Gebet, S. 149.

[111] Sölle, ebd.

[112] »Wenn wir so ›für die Hungernden‹ beten, dann wird unser Interesse, unser Dazwischensein nicht ausgedrückt. Wir kommen in eine Position, wo wir ›Gott‹ Vorschläge machen, wie er unsere guten Ideen an anderen Leuten möglichst reibungslos durchführt. Uns selber formulieren dieses Gebet nicht, und in diesem Sinn verfehlt das schlechte, das abstrakte, das harmlose politische Gebet eine Grundbestimmung allen Betens, nämlich die, daß wir selber vorkommen im Gebet« (Sölle, ebd. S. 151).

[113] Ein Begriff, den Schaeffler als Kriterium für die Legitimation kultischen Handelns ins Spiel bringt (Kultisches Handeln, S. 29); sachlich trifft dies nicht nur für den Kult, sondern auch für das Gebet zu.

[114] Eberhard Bethge, Beten und Tun des Gerechten. Dietrich Bonhoeffers umstrittenes Erbe, in: Ders., Am gegebenen Ort, München 1979, S. 47.

[115] Es gibt aber auch Menschen, die nicht ausdrücklich beten, die aber Gott zugewendet leben und handeln, deren Leben Gebet ist in dem Sinn, daß sie für die Wirklichkeit Gottes aufgeschlossen sind.

[116] Schaller, Bittgebet, S. 97.

[117] Franz Kamphaus, Gebet ist Widerstand, in: Der Sonntag, Nr. 4 vom 23.1.1994, S. 12.

[118] Vgl. Lk 3,22; Mk 1,35; Lk 6,12; 9,18; 9,28; vor allem dann Mk 14,32.

[119] Hans Schaller, Art. ›Gebet‹, in: NHThG, Bd. 2, S. 29.

[120] Sudbrack, Beten ist menschlich, S. 76.

[121] Sudbrack, ebd.

[122] Sie gilt heute als Mystikerin: eine Frau mit unermüdlich sozialpolitischem Engagement und eine große Frau des Gebets.

[123] Madeleine Delbrêl, Wir Nachbarn der Kommunisten, Einsiedeln 1975, S. 55f.

[124] Dag Hammarskjöld, Zeichen am Weg, München / Zürich 1965, S. 57 (kursive Hervorhebungen von der Verfasserin).

[125] Pedro Casaldáliga / José Vigil, ›Espiritualidad de la liberación‹, San Salvador 1992, S. 9; die Übersetzung besorgte Barbara Schoppelreich. Casaldáliga widmete das Gedicht Gustavo Gutiérrez, dem er damit für sein Buch ›Aus der eigenen Quelle trinken. Spiritualität der Befreiung‹, München 1986, dankt und antwortet.

[126] Johannes vom Kreuz hatte seinen mystischen Glaubensweg als ›Aufstieg zum Berg Karmel‹ beschrieben. Die lateinamerikanischen Christen erkennen in dem radikalen Christen offenbar einen Verbündeten – auch Gutiérrez bezieht sich immer wieder auf ihn.

4 GEBET ALS SPRACHHANDLUNG

»Kann es noch einmal eine Sprache geben,
die von vielen gesprochen wird,
die das zerstückelte Leben zusammenbringt
und in der Geschichten vom guten Ausgang des Lebens
verheißungsvoll aufbewahrt sind?«[1]

Wir haben Grundbestimmungen des Gebets gesammelt und darin dargestellt, was im Gebet getan wird, was damit intendiert ist, was das Selbstverständnis der Betenden ist und – vor allem – welches Gottesverständnis sie voraussetzen. Diese Bestimmungen sind keine theoretischen Abstraktionen, die mit konkretem Gebet nichts zu tun hätten. Vielmehr sind sie in jedem Gebet implizit enthalten. Das läßt sich an der Sprache des Gebets zeigen.

Die folgenden Überlegungen gelten der Gebetssprache, die häufig einem entscheidenden Mißverständnis unterliegt, sofern sie an ihrem Informationswert gemessen wird. Dieses Mißverständnis begegnet immer wieder als grundsätzliche Anfrage und unterläuft auch manchen Vertretern der Sprachphilosophie.

Gemessen an dem heute gefragten (konsumistischen) Unterhaltungs- und Spannungswert erscheint Gebetssprache als nicht zeitgemäß, unattraktiv und langweilig. Besonders alte, vorgefertigte Gebete enthalten häufig eine Sammlung geprägter Formeln, die nicht verstanden werden. Was ist etwa mit den Psalmen? Warum werden sie tradiert? Worin besteht ihr Wert? Schließlich – was geschieht in ihnen?

Ähnlich verhält es sich mit dem regelmäßigen Wiedererzählen der biblischen Geschichten. Sei es im Gottesdienst, sei es in Gruppen, Familien oder in persönlicher Schriftlesung – warum werden Geschichten (vor-) gelesen, die allen Beteiligten doch schon längst bekannt sind[2]?

Für die Vertreter der analytischen Sprachphilosophie[3] galt die Gebetssprache lange Zeit als sinnlos, da sie die (von *ihnen* aufgestellten) Kriterien für sinnvolles Sprechen nicht zu erfüllen imstande sei. Als Kriterien galten Gegenstandsbezug und Bedeutungsgehalt, die überwiegend im positivistischen Sinn definiert wurden[4]. Der Gegenstandsbezug meint, daß die Person oder Sache, von der die Rede ist, eindeutig identifizierbar und von anderen Personen oder Sachen eindeutig unterscheidbar sein müßte; der Bedeutungsgehalt läßt sich aus der Eindeutigkeit der Bedingungen ableiten, unter denen ein bestimmter Begriff angewandt wird. Die Sprache des Gebets besitze demgegenüber eine »strukturbedingte Unfähigkeit zu Sachbezug und Bedeutungsgehalt«[5], insofern sie von Wirklichkeiten (etwa ›Gott‹) handle, die nicht eindeutig verifizierbar und empirisch überprüfbar seien. Die Gebetssprache galt daher als sinnlos[6].

Erst in jüngerer Zeit wurde in der Sprachphilosophie an die drei Bausteine der Sprache – Grammatik, Semantik und Pragmatik – erinnert und in diesem Zusammenhang wiederentdeckt, daß mit Sprache nicht nur Information oder Motivation vermittelt werden soll, sondern in bestimmten Zusammenhängen auch ein neuer Sachverhalt gestiftet wird.

4.1 Informatives und performatives Sprechen

Herausgefordert von der positivistischen Einseitigkeit seiner Kollegen, entdeckte der englische Sprachphilosoph John Langshaw Austin (1911–1960) die Vielfalt sprachlicher Formen und Funktionen wieder. Austin zeigt auf, daß Sprache nicht nur *informierende Aussagen* enthält, sondern auch eine Fülle von anderen Funktionen besitzt. Diese müssen als sinnlos erscheinen, wenn sie am Maßstab der Verifizierbarkeit[7] gemessen werden; jedoch sei dieser Maßstab fragwürdig, da bei vielen Äußerungen gar keine Informationsweitergabe intendiert sei. Austin wendet sich insbesondere dem *performativen Gebrauch* von Sprache zu, der dadurch gekennzeichnet ist, daß mit ihm kein Sachverhalt ausgesagt oder festgestellt, sondern eine bestimmte Handlung vollzogen werden soll[8]. »Wenn ich sage: ›Ich nenne dieses Schiff Queen Elizabeth‹, beschreibe ich nicht die Taufzeremonie, sondern vollziehe die Schiffstaufe, und wenn ich mein Jawort gebe, berichte ich nicht über eine Eheschließung, sondern fröne ihr. Solche Äußerungen sind es, die wir als performative bezeichnen«[9]. Performative Äußerungen können damit als Sprachhandlungen bezeichnet werden. Sie sind weder wahr noch falsch, können jedoch mißglücken oder mißbraucht werden, wenn bestimmte Regeln – der akzeptierten Konvention[10], der geeigneten Umstände[11] oder der Aufrichtigkeit[12] – verletzt werden. In der Sprachhandlung wird mit der Äußerung auch der Sprechende verändert; er bindet sich an die Äußerung und ist fortan dafür haftbar[13]. Demgegenüber liegt bei Aussagesätzen und ihrer Kombination (etwa einer Argumentationsreihe) das Verhältnis des Sprechenden zu seinen Äußerungen auf funktionaler Ebene; der Sprechende ist unter Umständen vertretbar[14].

Es ist das Verdienst von Richard Schaeffler[15], daß er in Rückgriff auf die Arbeiten von John L. Austin sowie auf (den noch älteren) Hermann Cohen[16] gerade die Sprache des Gebets daraufhin untersucht, welche Intentionen Beterinnen und Beter in ihrem Gebet verfolgen. Schaeffler fragt danach, was Sprachhandlungen im Gebet bewirken (Pragmatik); er fragt nach der Struktur der Gebetssprache (Grammatik); schließlich untersucht er, worauf Aussagesätze der religiösen Sprache sich beziehen, sofern sie nicht von vornherein als Sprachhandlungen interpretiert werden (Semantik). Schaeffler will damit neu den Kontext erhellen, innerhalb dessen religiöses Sprechen durchaus sinnvoll ist, gerade weil es anderen Regeln als denen der Verifizierbarkeit und Falsifizierbarkeit folgt. Er wählt für seine Untersuchung insbesondere das Beispiel der Akklamation, der Namensanrufung, da hier eine aufschlußreiche Verknüpfung zweier unterschiedlicher Sprachformen vorliegt: die Verknüpfung von Aussage und Sprachhandlung.

4.2 Die Anrufung des Namens

4.2.1 Akklamation im Alltag

Bereits im zwischenmenschlichen Bereich wird in der Namensanrufung eine Sprachhandlung vollzogen. Das können einfache Beispiele zeigen.

Wo ein Mann seiner Frau anerkennend zuruft:»Du bist ein großartiger Mensch«, will er ihr damit nichts mitteilen, das sie nicht schon vorher ›wußte‹. Vielmehr wird dadurch ein bestimmtes Verhältnis zwischen den Partnern gestiftet oder aktualisiert. Obwohl beide Partner um die Großartigkeit des anderen wissen, lebt ihre Beziehung von solchen Äußerungen, sie wird stets erneuert und stabilisiert. *Anerkennung* ist damit eine Sprachhandlung, keine Information. Trotzdem beansprucht diese Äußerung, daß sie etwas Wahres aussagt: Sie bezeichnet eine Tatsache, die unabhängig von der Äußerung bereits besteht.

Eine zweite Sprachhandlung ist der *Willkommensgruß*. Ein Gastgeber, der seine Gäste mit den Worten begrüßt:»Ich heiße Sie herzlich willkommen«, will damit nicht über seine Empfindungen informieren, sondern eine Situation schaffen, innerhalb deren alle Versammelten ihre Rolle finden. Er bietet damit selbst die Rolle des (verantwortlichen und wohlwollenden) Gastgebers an; den anderen trägt er die Rolle der Gäste an, die vom Gastrecht Gebrauch machen sollen. Eine angemessene Antwort der Gäste nimmt diesen Beziehungsfaden auf; indem sie etwa sagen:»Vielen Dank für die Einladung«, eignen sie dem Gastgeber seine spezifische Rolle zu, nehmen selbst die Rolle als Gäste an. Die Formulierungen *»herzlich willkommen«* oder *»liebe Gäste«* besitzen keinen primären Informationscharakter, das heißt, der Gastgeber teilt damit nicht seine innersten Gefühle mit; es handelt sich vielmehr um eine »konventionell geregelte Kommunikationssituation«[17]. Diese jedoch ist nicht ganz ohne Aussagegehalt. Hätte der Gastgeber keine Lust auf die Begegnung mit seinen Besuchern, würde er solche Zusätze entweder nicht über die Lippen bringen, oder die Äußerung würde sich im nachhinein im Sinne Austins als mißglückte Sprachhandlung aufgrund von »Unredlichkeit«[18] erweisen.

Ein Gruß von besonderer Art ist die *Nennung des Eigennamens*. Sie bildet zugleich eine der interessantesten Sprachhandlungen. Obwohl der Name täglich so oft gebraucht wird, daß er trivial zu sein scheint, ist er nicht irgendein Wort. In der Nennung des Namens liegt Macht[19]; indem jemand einen Namen besitzt, wird er/sie für andere anrufbar und ›greifbar‹; indem jemand seinen Namen über andere Menschen setzt, etwa die Eltern, die ihren Familiennamen über ihre Kinder ›setzen‹, eine Firma, die nach ihrem Chef benannt wird, eine Autorin, die ihren Namen über ihr gerade verfaßtes Buch setzt, wird Zugehörigkeit und Verantwortung ausgedrückt oder auch ein Herrschafts- bzw. Eigentumsverhältnis hergestellt. Darüber hinaus ist ein Name auch geschichtsbeladen. Die Erfahrungen und Begegnungen, die Fähigkeiten und Besonderheiten, Leid und Freude eines Menschen sind im Namen ›verdichtet‹, sie klingen mit. Wenn man den Namen eines geliebten Menschen ausspricht, schwingt darin die Beziehung zu ihm oder zu ihr mit. Indem man den Namen eines Menschen ausspricht, gibt man ihm Raum, er/sie darf dasein, darf ankommen und dazugehören, darf er/sie selbst werden. In der Nennung des Namens werden Menschen im Kern und Geheimnis ihrer Person angesprochen.

Im Namen fallen also Gedächtnis (an das, was jemand für den anderen war) und Vergegenwärtigung (dessen, wer er/sie jetzt im Moment ist) zusammen. Richard Schaeffler zeigt dies an einem einfachen Beispiel. Zwei alte Schulfreunde treffen sich, nachdem sie sich ein paar Jahre aus den Augen verloren hatten, zufällig auf der Straße. Sie grüßen sich gegenseitig: »Hallo, Thomas« – »Hallo, Susanne«. Was geschieht in diesem einfachen Zuruf? Indem jeder den Namen des anderen ausspricht, erkennt er ihn heute als den, der er früher war. Der Name besitzt die Funktion, »gegenwärtige Erfahrung mit erinnerter Vergangenheit zusammenzuschließen«[20]. Erinnerung und Vergegenwärtigung geschieht auf beiden Seiten. Bei der Begegnung steigen in ›Susanne‹ (zumindest halbbewußt) Erinnerungen hoch, wer Thomas damals war und wer er für sie war. Dies alles schwingt in der Begrüßung bereits mit. ›Thomas‹ wird durch die Anrufung seines Namens von einer Frau, mit der er – trotz Unterbrechungen – aufgrund gemeinsamer Erlebnisse verbunden ist, seine Vergangenheit neu zugeeignet: Er ist (auch) der, der er damals war. Die Namensnennung stiftet so *Identität* (durch Identifikation der/des Begegnenden) und *Kontinuität* innerhalb der verschiedenen Erfahrungsbereiche und gewinnt so *transzendentale Bedeutung*: Die Begegnung mit dem Du, das mich – trotz aller Brüche – heute als den erkennt, der ich gestern war, ist Bedingung der Möglichkeit dafür, daß ich ›Ich‹ bin[21].

Dasselbe tut Thomas in der Begegnung auch an Susanne: Er eignet ihr im Zuruf des Namens ihre Geschichte zu, sagt ihr damit, daß sie heute (auch) dieselbe ist, die sie früher war. Auch wenn die Erinnerung an die eigene Geschichte irgendwie fremd geworden sein sollte, muß sie (verbürgt durch den anderen) anerkennen, daß dies ihre Geschichte ist.

Die so gefundene Identität kann jedoch nicht abstrakt benannt werden; damit die Erinnerung derart lebendig wird, daß sie die Gegenwart bestimmt, entfaltet sich die Bedeutung des Namens häufig in »Erzählsequenzen«, mit denen die Sprechenden die Erinnerung einander mitteilen, sei es direkt (»Weißt du noch ...?«) oder in das aktuelle Thema immer wieder eingeflochten. »Die Bedeutung eines Namens explizieren heißt also Geschichten erzählen, die dem Benannten als Bestandsstücke seiner Geschichte zugesprochen werden«[22].

4.2.2 Pragmatische Aspekte der Namensanrufung im Gebet

»Name, uns überliefert,
Uraltes uns erzählt,
Geschichte fortgeschrieben
in Sprachen aller Welt.
Mit unsres Lebens Los
hast Du Dein Glück verwoben,
so bist Du unser Gott«[23]

Was für die Sprachhandlung der Namensnennung und ihre Bedeutung für die Identitätsfindung der Begegnenden gilt, gilt in besonderer Weise für die Namensnennung im Gebet. Der Name Gottes wird innerhalb einer Gottesdienstfeier so oft gebraucht, daß sich fast Langeweile und Überdruß einstellen. Jedoch birgt er – in dem Maße, in dem man sich darauf einläßt – die ganze Geschichte Gottes mit den Menschen, und diese wird darin zugleich aktuell weitergeschrieben. In der Namensnennung wird auch hier Identität gestiftet: Gott, der als Schöpfer und Begleiter *immer schon* in der (individuellen und kollektiven) Geschichte dabei war, kann in jeder Gegenwart (neu) angerufen werden; ihm kann man sich selbst und die eigene Vergangenheit anvertrauen, weil er sich (am Einzelnen wie an den Vormüttern und Vorvätern) bereits als treu mitseiender Begleiter erwiesen hat. Indem der Mensch gewahr wird, daß die eigene (biographische wie gesellschaftliche) Geschichte auch ein Teil der Geschichte Gottes ist, kann er sie bejahen, findet er Identität und Kontinuität für sein Leben: »Der Name, mit dem Gott sich anrufen läßt, macht es möglich, (...) in immer neuen, vielleicht überraschenden, vielleicht beglückenden, vielleicht auch erschreckenden oder sogar tief enttäuschenden Gestalten seiner aktuellen Begegnung den einen, alten Gott wiederzuerkennen«[24]. So wird es möglich, in der eigenen unübersichtlichen Geschichte das immer gleiche Du zu finden.

Die Namensanrufung hat transzendentalen Charakter, insofern sich hier das religiöse Subjekt und auch religiöse Intersubjektivität (etwa eine Gottesdienstgemeinde) überhaupt erst konstituieren. Dabei besteht die Pointe darin, daß solche Sprachfähigkeit nicht angeeignet wird, sondern vielmehr im Widerfahrnis der Zueignung entsteht. Damit geschieht im Gebet – schon durch die Anrufung des Namens – eine Umkehrung des geläufigen menschlichen Selbstverständnisses, das seine Subjektivität vom eigenen (Selbst-) Machen und Denken her bestimmt. Das Subjekt bestimmt sich nicht mehr allein aus dem eigenen Denken, Wollen, Empfinden und Urteilen, sondern definiert sich von der Präsenz und dem Wollen des anderen her, zu dem es spricht.

In der Einheit des Namens wird auch die Solidarität – sowohl mit den lebenden Mitmenschen wie auch mit den Verstorbenen und den zukünftigen Generationen – konstituiert. In der Gebetsanrufung »Du unser Gott und Gott unserer Väter«, mit der die meisten jüdischen Gebete eröffnet werden, kommt die Identifikation des aktuell begegnenden Gottes mit dem Gott der Väter und Mütter zum Ausdruck.

4.2.3 Gedächtnis als Vergegenwärtigung

»Zikkaron« (Gedenken, Erinnerung, Gedächtnis) ist ein Grundwort erst-testamentlicher Kulttheologie. Es umfaßt im biblischen und kultischen Sprachgebrauch immer mehr als ein bloßes Andenken an vergangene Taten. Vielmehr schließt die Erinnerung (Innewerden) die Vergegenwärtigung, das Hineingezogenwerden in die gegenwärtig werdende Wirklichkeit mit ein[25].

Den Hintergrund für ein solches Wirklichkeitsverständnis bildet das sogenannte »korporative Bewußtsein«[26] im alten Israel und seiner Umwelt. Es herrschte die Vorstellung von einer »dialektischen Einheit zwischen Individuum und Kollektiv«[27]. Die Erwählung durch Jahwe erging an das Volk, nicht an Einzelne; daher empfangen die Hebräer ihre Identität nur in Zugehörigkeit zu dieser Gruppe, jede und jeder Einzelne trägt das Schicksal des ganzen Volkes. Das korporative Bewußtsein ist zutiefst geschichtlich geprägt, »es reicht über die Gegenwart hinaus, um sich sowohl auf die Vergangenheit als auch auf die Zukunft zu erstrecken«[28]. Die Hebräer wissen sich daher sowohl den vergangenen als auch den nachkommenden Generationen zutiefst verbunden und verpflichtet.

Das korporative Geschichtsbewußtsein stellt kein Relikt der Vergangenheit dar, sondern bildet die Grundlage auch heutiger Wirklichkeitsdeutung. Im vergangenen Jahr überraschte der israelische Staatspräsident Ezer Weizman in seiner Rede vom 16. Januar 1996 in Bonn vor dem Deutschen Bundestag mit seinem Zeugnis korporativer Verbundenheit: »(...) Ich war ein Sklave in Ägypten und empfing die Thora am Berge Sinai, und zusammen mit Josua und Elijah überschritt ich den Jordan. Mit König David zog ich in Jerusalem ein, und mit Zedekiah wurde ich von dort ins Exil geführt (...) Ich habe gegen die Römer gekämpft und bin aus Spanien vertrieben worden, ich wurde auf den Scheiterhaufen in Mainz geschleppt (...) Ich habe im Warschauer Aufstand gekämpft und bin nach Eretz Israel gegangen, in mein Land, aus dem ich ins Exil geführt worden war (...) Und wie ich meine Väter dort und in jenen Tagen begleite, so begleiten mich meine Väter und stehen hier und heute neben mir (...)«[29]. Als gläubiger Jude deutet Weizman die Geschichte Israels nicht als vergangene, ihn nicht mehr betreffende, sondern als seine eigene, gegenwärtige Geschichte. Er ist den ›Vätern und Müttern‹ in seinen Entscheidungen verpflichtet.

Von hier aus wird auch verständlich, wenn – wie 1993 in Hamburg – orthodoxe Juden sich vehement dagegen wehren, daß auf einem Friedhof ihrer Vormütter und Vorväter ein profan-kommerzieller Einkaufsmarkt gebaut werden soll. Das Problem liegt hier nicht im Bereich der Pietät, vielmehr wird die notwendige Erinnerung überlagert. Ohne sie müßten die Toten ein zweites Mal sterben, denn Vergessen verlängert nach jüdischer Überzeugung das Exil des Todes; ›das Geheimnis der Erlösung heißt Erinnerung‹.

In Gebet und Kult wird die korporative Verbundenheit untereinander und der Bund mit Jahwe aktualisiert. Die *Pessahfeier* ist der Ort, an dem die

Gläubigen in das Befreiungsgeschehen des Exodus eintreten – heute so wie damals. Sie erinnern sich der Großtaten Jahwes und erleben sich selbst als Teilnehmerinnen und Teilnehmer an dem vergangenen Geschehen. So wird das Pessahmahl gefeiert »für das, was Jahwe an *mir* getan hat, als *ich* aus Ägypten zog« (Ex 13,8), das heißt jede und jeder ist persönlich an dem Auszug beteiligt. Im Weitererzählen der Heilstat schenkt Jahwe erneut seine Nähe, ruft zum Aufbruch aus Unterdrückungsstrukturen, zeigt sich als der, der helfend und teilnehmend mitgeht – ob in der Wüste oder im Ghetto. So wird jeder Generation die Überlieferung existentiell gegenwärtig. Diese »existentielle Gleichzeitigkeit«[30] hebt die objektive Distanz zum historischen Faktum der Errettung nicht auf; vielmehr wurde durch dieses Ereignis der Offenbarung Jahwes ein Raum und Israel der Beginn eines Weges eröffnet, den es mit Jahwe gehen soll. »Das aber ist nur möglich, wenn Israel die Verbindung mit dem alles entscheidenden Beginn dieses Weges immer neu sucht, wenn es das überkommene Wissen um jene grundlegenden Ereignisse lebendig erhält und seine weitere Geschichte immer wieder im Licht jener überlieferten Ereignisse erlebt und deutet«[31]. Was Pessah bedeutet, zeigt sich erst in der Gegenwart, nämlich darin, daß der Alltag je neu als Ereignis und aktuelle Vergegenwärtigung der einen göttlichen Befreiungstat ›damals‹ erkannt wird. »Man muß die ganze Geschichte Israels erzählen, um zu begreifen, was es heißt, ›aus Ägypten, dem Sklavenhaus, herausgeführt‹ worden zu sein«[32]. In Gebet und Kult kann Jahwe je neu ›ankommen‹. Im Pessahmahl führt er immer wieder heraus aus der Knechtschaft, gibt in der Wüste oder in der ungewissen Zukunft freundliches Geleit.

Im Neuen Testament tritt ein Mensch auf, der ganz von (eben dem lebendigen Wege-) Gott her lebt und daher so wie Gott handeln, heilen, versöhnen und befreien kann. Die Offenheit für Gott ist so groß, daß Gott sich ganz mit diesem Menschen Jesus von Nazareth identifizieren, daß er dort unverstellt ankommen kann. Die (möglich gewordene) Selbsthingabe Gottes in Jesus Christus wird in der *Eucharistiefeier* repräsentiert. Beim letzten Mahl[33], das Jesus mit seinen Freunden feierte, deutete er die Zeichen von Brot und Wein – die guten Gaben Gottes zum Leben der Menschen – auf seine Person hin um: »Jesus, der Herr, nahm in der Nacht, in der er ausgeliefert wurde, Brot, sprach das Dankgebet (öffnete sich für Gott und empfing das Brot von ihm, sich selbst von ihm), brach das Brot und sagte: Das ist mein Leib (das bin ich selbst) – für euch. Tut dies zu meinem Gedächtnis! Ebenso nahm er nach dem Mahl den Kelch und sprach: Dieser Kelch ist der Neue Bund (die neue Verbündung Gottes mit den Menschen) in meinem Blut (in mir). Tut dies, so oft ihr daraus trinkt, zu meinem Gedächtnis (und ich werde gegenwärtig sein)« (1 Kor 11,23–25; die Klammern sind erläuternde Zusätze der Verfasserin[34]). In seinem Leben hat Jesus die Hingabe des Heilswillens Gottes an die Menschen abgebildet. Auch in der tödlichen Bedrohung hat er sie nicht preisgegeben, so daß sich die Hingabe in seinem Sterben nochmal verdichtete. Jesus gibt ihnen nicht nur Lebenswichtiges (Brot), sondern indem er sich in seinem Leben ganz (für Gott und damit) für die Menschen gegeben hat, ist er selbst das »Brot des Lebens« (Joh 24,35) geworden. Um das Leben, den Tod und die Auferstehung Jesu zu verkünden und für jede Zeit gegenwärtig zu setzen, rückte die nachösterliche Gemeinde das letzte Mahl in eine kultische Perspektive. Wenn in Jesus Gott selbst ganz da war und selbst da ist und wenn Jesus seinen Freundinnen und Freunden vor seinem Tod das Mahl als Vermächtnis seiner bleibenden Gegenwart hinterlassen hat, dann hat die nachösterliche Gemeinde (bis heute) – in dem Maße, wie sie sich real für Gottes Willen öffnet und sich von ihm zu realer Communio wandeln läßt[35] – in der eucharistischen Feier tatsächlich Anteil (griech.: koinonia, lat.: communio) am Leib Christi, Anteil am Leben Gottes.

Unserem naturwissenschaftlich geprägten Wirklichkeitsverständnis widerstrebt es, diese kultische Anwesenheit als ›wahr‹ zu verstehen und zuzulassen. Dies ist jedoch der Kern der Eucharistie, der anderen Sakramente und des Gebets, daß in ihnen dieser Christus von ›damals‹ uns heute gegenwärtig, lebendig wirksam und nahe sein will. So formuliert das II. Vatikanische Konzil: »Gegenwärtig ist er (Christus) mit seiner Kraft in den *Sakramenten*, so daß, wenn immer einer tauft, Christus selber tauft. Gegenwärtig ist er in seinem *Wort*, da er selbst spricht, wenn die heiligen Schriften in der Kirche gelesen werden. Gegenwärtig ist er schließlich, wenn die Kirche *betet und singt*, er, der versprochen hat: Wo zwei oder drei versammelt sind in meinem Namen, da bin ich mitten unter ihnen (Mt 18,20)«[36].

So wie im Pessahmahl die Teilnehmenden durch Erinnerung und Vergegenwärtigung in das Auszugsgeschehen hineingezogen werden und damit tatsächlich Anteil erhalten am Befreiungshandeln Jahwes, so ist auch die Abendmahlsfeier nicht nur Erinnerung an Leben, Sterben und Auferstehung Jesu, vielmehr schenkt sich (Gott in) Jesus Christus in Brot und Wein immer wieder neu den Menschen, er ist real präsent.

In der Gebetsliteratur der Gegenwart wird die neue und (sowohl die Wirklichkeit als auch die Gebetssprache) erneuernde Anrufung des Namens Gottes besonders im Werk des niederländischen poetischen Theologen Huub Oosterhuis thematisiert. In der »Litanei von der Gegenwart Gottes«, die in das ›Gotteslob‹, das gemeinsame Katholische Gebet- und Gesangbuch der deutschsprachigen Bistümer, aufgenommen wurde, wird Gott angerufen als »Flamme und Leben, Gott bei den Menschen (...); Licht in der Frühe, Licht unsern Augen (...); sei unser Atem, sei Blut in den Adern. Sei unsre Zukunft, sei unser Vater (...)«[37]. Damit wird Gott gebeten, er möge sich heute wie damals am Schöpfungstag als ›Licht in der Frühe‹, als ›Licht unsren Augen‹ und als unser ›Atem‹ erweisen, möge sich heute wie damals beim Exodus Israels und bei der Auferstehung Jesu als ›unsere Zukunft‹ zeigen. Auch die anderen reichen Gebetstexte von Oosterhuis sind von solchen Gottesnamen durchdrungen, in denen biblische Gotteserfahrung »personalisiert«[38] wird. Da wird der Heilige Geist als »Armeleutevater, Herzensjäger, Atempause der Verkrampften«[39] angerufen, Jesus Christus wird »Baum an der Quelle, Bahnbrecher, Traummensch, Perle«[40] genannt, der Vater Jesu schließlich als »brennende Stimme, Ofen der Stille, mühsamer Freund«[41] oder »Schatten der Sicherheit«[42] bekannt gemacht.

Wo der Name Gottes angerufen und in Erzählsequenzen entfaltet wird, sei es in der Eucharistie oder anderen Gottesdienstformen, wird er nicht nur als das identische Subjekt von damals erkannt, sondern – als lebendiger Gott – auch als Vollbringer derselben Taten: Seine Taten verschwinden nicht in der Vergangenheit, er ist heute (so) wie damals real präsent wirksam. Hier treffen wir auf die grammatischen Eigenheiten der Gebetssprache.

4.2.4 Grammatische Aspekte der Namensanrufung im Gebet

Eine grammatische Form, die in der religiösen Sprache häufig begegnet, ist das Tätigkeitsnomen, das heißt die Nominalform, die von einem Verbalstamm gebildet wurde. Schaeffler nennt diese Form den »Kausativ«[43]. Mit ihm kann ausgesagt werden, daß eine empirische Tatsache oder Tätigkeit sich einem darin sich manifestierenden Ermächtigungsgrund verdankt: »Der Gott wird gegrüßt als der, der macht, daß ein anderer etwas machen kann«[44]. Schaeffler weist als Beispiel auf eine Fülle von ›Funktionsgöttern‹ in der altrömischen Religion hin, die als Ermöglichungsgrund für alle menschlichen Tätigkeitsbereiche angerufen wurden[45]. Benennungen Gottes mit dieser grammatischen Struktur finden sich auch auffallend häufig in der Bibel. So wird Gott etwa als »der Machende, daß du (Israel) aus Ägypten gingst« (Dtn 8,14) oder als »der Machende, daß (Menschen) sterben, und Machende, daß (Menschen) leben« (1 Sam 2,6) benannt[46]. Entscheidend ist hier das Gebets- und Selbstverständnis der so Betenden: Sie erwarten von dem Angerufenen kein Wunder, das ihre menschliche Tätigkeit unterbrechen würde; vielmehr zeigt sich der göttliche Machterweis darin, daß er die Betenden zu wirksamem Tun ermächtigt[47].

Was tut nun der Mensch, der seine Tätigkeit mit der Anrufung eines Gottes verbindet, durch das er sich zu solchem Tun ermächtigt weiß? Schaeffler zeigt, daß unter ausschließlich grammatischen Gesichtspunkten die Benennungen Gottes auch als informative Selbstbezeichnungen des Menschen verstanden werden könnten. So könnte sich etwa der Mensch selber als Feld-Wiederhersteller bezeichnen, insofern er es ja tut. Bei pragmatischer Betrachtung jedoch zeigt sich, daß es sich bei dem Ruf um eine Sprachhandlung des Grußes handelt. Hier ist keine Information intendiert, vielmehr wird eine Beziehung gestiftet; zugleich definiert der Mensch in dieser Sprachhandlung seine spezifische Rolle bei der Tätigkeit: »Er macht sich selbst und seine Tätigkeit zum Werkzeug, durch das eine fremde Kraft sich an der Welt, am Acker und seiner Frucht (...) als mächtig erweist«[48].

Der Kausativ bietet somit die grammatische Form, in der die Frage nach der Kausalursache so gelöst und ausgesagt werden kann, daß Gott und Mensch nicht als Konkurrenten gedacht werden müssen: »Die Wirkfähigkeit des empirischen Agens (z. B. des pflügenden Landmanns) und die Wirkung, die er am Objekt seiner Tätigkeit hervorbringt (z. B. die Befähigung des Ackers, Frucht zu bringen) sind zwei Manifestationen der gleichen ermächtigenden Macht«[49].

Eine – zumindest im Hebräischen – ebenso häufig benutzte Form ist das Partizip, die Nominalform des Verbums. Es besitzt die Eigenschaft, den Handelnden einer Handlung als solchen zu benennen, der sich auch gegenwärtig noch am Werk befindet. So ist etwa der Schreiber auch jetzt noch der Schreibende. Es ist die Sprachform, bei der erinnerte Vergangenheit und gegenwärtige Erfahrung miteinander verknüpft werden. Wenn etwa Gott als »der aus Ägypten Befreiende« oder als »der Jesus von den Toten Auferweckende« benannt wird, wird er darin als eine Macht angerufen, die heute (so) wie damals aus der Knechtschaft befreit, die heute (so) wie damals aus dem Tode aufrichtet. In lateinischen Orationen wird das Partizip, das im Hebräischen steht, häufig mit einem Relativsatz wiedergegeben: »Deus, qui (...)« Dabei muß immer mitbedacht werden, daß er eine Partizipialstruktur wiedergeben soll, das heißt, daß er nicht nur etwas von Gott erzählen soll, sondern zum Eigennamen Gottes gehört: »Die Tat ist ihm (Gott) zur Eigenschaft geworden, an der er bei seiner gegenwärtigen Begegnung wiedererkannt werden kann«[50]. In den von Huub Oosterhuis verfaßten Hochgebeten finden sich beispielsweise folgende Entfaltungen des göttlichen Namens: »Der du das Licht gerufen hast und die Erde gegründet (...), der du uns suchst in der Fremde(...); Du, der uns durch Nacht und Wüste führt in das Land des Ruhens (...); Der du weißt, was in uns ist, und auch verstehst, was man nie sagen kann (...)«[51].

Mit solchen Tätigkeitsnamen Gottes verknüpft sich die begründete Hoffnung, daß Gott sich in der Gegenwart als derselbe erweisen wird, der er in der Vergangenheit war. Ein solcher Gruß ist auch hier eine situationsbegründende Sprachhandlung. Wer so betet, erkennt im Wechsel der Situationen und Zeiten die stets neue Gegenwart des gleichbleibend treuen Gottes und bringt so Kontinuität in die Abfolge seiner Erfahrungen. Es handelt sich dabei nicht um eine (möglichst historisch exakte) Rekonstruktion der Ereignisse, vielmehr geht es um die Annahme der stets neuen Kundgabe des Ursprungs, der heute wie damals als rettendes Ereignis erfahrbar wird. Die Rettung wird in der immer neu ermöglichten Beziehung zu Gott erfahren: Seine bleibende Gegenwart verbürgt dem Betenden, daß er nicht verloren ist.

Zwei grammatische Formen sind es also, die im religiösen Sprechen besonders häufig auftreten. Die Kausativ-Akklamation, bei der der Betende in seinem Sprechen die Rolle übernimmt, selbst Manifestation des ermächtigenden Gottes zu sein: Indem er selbst ›aus Ägypten‹ auszieht, verleiht er dem aus Ägypten herausführenden Gott seine aktuelle Erscheinung, er wird »Persona«[52] des Göttlichen.

Bei der Partizipial-Benennung wird Kontinuität in die eigenen Erfahrungssequenzen gebracht: Alle Erfahrungen werden als erneutes Wirken Gottes gedeutet, der sich heute als der zeigt, der er damals war.

Schaeffler zeigt nun, daß die Kombination dieser Sprachhandlungen ein Neues entstehen läßt: »(...) die Namensanrufung selbst, als vom Menschen vollzogene Handlung, (ist) jetzt als ermächtigtes Wirken verstanden, und die

Wiederkehr der göttlichen Urtaten in immer neuer Gestalt erscheint als vermittelt durch das wirksame Wort, zu dem der Gott den Menschen ermächtigt«[53]. Somit wird der Mensch in seinem Gebet zum Werkzeug göttlicher Parusie. Das Verhältnis zwischen Gott und Mensch, zwischen göttlicher und menschlicher Tätigkeit ist treffend in der liturgischen Akklamation ausgedrückt: »Unsere Hilfe ist im Namen des Herrn, der Himmel und Erde geschaffen hat« (Ps 124,8). Gott, dessen Eigennamen und Eigenschaft es ist, daß er überall (›Himmel und Erde‹) und jederzeit einen neuen Anfang[54] zu setzen vermag, kann auch im Menschen etwas Neues beginnen. In dem Maße, in dem Menschen – etwa im Gebet – sich für dieses Neuschaffen Gottes öffnen und es (aktiv) zu empfangen bereit sind, ereignet sich Heil.

4.2.5 Semantische Aspekte der Namensanrufung im Gebet

Die Semantik beschäftigt sich mit der Beziehung zwischen Zeichen und Bezeichnetem, das heißt damit, inwieweit ein Sachverhalt geeignet ausgedrückt werden kann. Aufgabe der Semantik wäre es für diesen Zusammenhang, alle sprachlichen Äußerungen in der religiösen Sprache zu sammeln und daraufhin zu untersuchen, was sie im religiösen Kontext bedeuten. Diese Aufgabe müßte in einer empirischen Forschung schrittweise erfüllt werden. Schaeffler beschränkt sich als Philosoph aber auf eine Untersuchung dessen, ob die Art, wie religiöse Ausdrücke sich auf das Bezeichnete beziehen, charakteristische Merkmale aufweisen: »Auf welche Weise schreibt die Form religiösen Sprechens den Inhalten Gesetze vor?«[55].

Die Beziehung der sprachlichen Zeichen zu dem, was durch sie bezeichnet wird, ist konstitutiv durch die »zirkuläre Struktur«[56] bestimmt: Durch die Namensanrufung wird eine spezifische Situation geschaffen, die das Erzählen (der Großtaten Gottes oder der eigenen Situation) möglich macht. Die Erzählungen sind von der ›Grundaussage‹ getragen, daß der Betende zum Vollzug der Namensanrufung von Gottes Gnaden ermächtigt wurde[57]. Dieser Zirkel verleiht der religiösen Äußerung ihre spezifische Bedeutung. Einige Begriffe in der religiösen Sprache bringen diese Bedingung für religiöses Sprechen besonders zum Ausdruck. Dies tut wieder der ›Name Gottes‹. Dieser ist nicht nur ein sprachliches Zeichen, das zur Bezeichnung Gottes und seiner Taten benutzt wird, sondern zugleich die Weise, wie die Gläubigen die Gegenwart Gottes erfahren können. Der unbegreifliche Gott macht sich im Namen anrufbar: »Der Name Gottes (...) das ist Gott selbst, sofern er macht, daß Menschen ihn nennen können«[58]. Gott ist es also selbst, der dazu ermächtigt, daß sein Name geheiligt und groß gemacht wird. Der Name Gottes – das heißt seine mächtige Gegenwart – macht sich selbst groß, indem er nicht bei sich bleibt, sondern von sich Anteil gibt und Menschen zu seiner Anrufung befähigt. Von hier aus erschließt sich die Bedeutung der Verben, durch die Beterinnen und Beter ihre Tätigkeit bei der Akklamation beschreiben. Nur weil Gott sich selbst groß macht, kann etwa Maria singen: »Meine Seele preist die Größe des Herrn«. Hier ist also – innerhalb der Semantik religiöser Sprache – nicht der Mensch das Subjekt, das Gott (als Objekt) durch sein Lob groß machen würde, wie dies etwa im zwischenmenschlichen Bereich geschieht. Der Beterin wird hier von Gott her die Rolle zugesprochen, in der sie durch ihr Wort »Manifestation des göttlichen Wirkens«[59] wird. Das Große, das Gott am Menschen getan hat, ist gerade dies: daß der Mensch Gott so anrufen kann und *darin* zum Werkzeug göttlicher Parusie wird. Erst von daher, daß sie sich in ihrem Lob ganz Gott verdankt, das Lob quasi von Gott selbst in den Mund gelegt bekam, und sie diese Realität aufnimmt, kann die Betende von sich sagen: ›Meine Seele preist den Herrn‹ oder auch ›Ehre sei Gott in der Höhe‹. Die Betende versteht sich nicht als »kompetente Urteilsinstanz«[60], die sich eine Erkenntnis Gott anmaßen könnte. Vielmehr leuchtet in dem Lobpreis, den die Betende Gott zuspricht, gerade die Herrlichkeit auf, mit der Gott sich selbst als herrlich erweist.

4.2.6 Die Grundbestimmungen des Gebets in der Sprachhandlung

Die Analyse der Gebetssprache zeigt das von ihr beanspruchte Wirklichkeitsverständnis und, wie wir gesehen haben, gleicht es dem der Bibel. Dabei erweist sich die Gebetssprache, die unter dem Kriterium ihres Informationsgehaltes sinnlos zu sein schien, mit ihren spezifischen Voraussetzungen und Absichten als durchaus legitim und plausibel. Es ist keine Sprache, in der Geschichte kritisch zu rekonstruieren versucht wird; vielmehr ist es eine Sprache, in und mit der je neu Geschichte gemacht wird – die Geschichte Gottes mit den Menschen. Dabei, das heißt in diesem Sprach- und Wirklichkeitsverständnis, wird Gott als lebenschaffende Macht erfahren, als ein Ereignis, das sich nicht nur damals (am Anfang der Schöpfung), sondern bis heute – in jeder Gegenwart – mitteilen will[61]. Er handelt jedoch nicht über die Freiheit der Menschen hinweg, sondern nimmt sie als Partnerinnen und Partner in den Prozeß des Weltgeschehens mit hinein. Die Welt bedarf im Verständnis der Betenden einer ständigen Wiederkehr Gottes – als Schöpfer, Versöhner und Retter[62] – sei es im Handeln der Menschen, im Leben der Natur oder in der Geschichte; auch nach ihrer Erschaffung ist sie nicht in der Lage, sich aus eigener Kraft zu erhalten, sondern muß beständig von Gott her Erneuerung erfahren. Sich selbst schließlich verstehen die Betenden als Werkzeuge, damit Gott in der Welt auf Menschen trifft, die sich in ihrer Freiheit nach Gottes Willen ausrichten. In ihnen erhält Gott(es Heilswillen) in der Welt Gegenwart, in ihnen gewinnt die Welt Gottes Gegenwart.

Das Gebet ist nun der Ort dieser Kommunikations- und Übereignungssituation. Menschen lassen sich darin (wenn auch von vielen Gefahren der Selbsttäuschung begleitet) auf Gottes Intentionen ein, nehmen (gerne) ihre Rolle als Menschen an, weil sie um die (ihnen wohltuende) Asymmetrie der

Beziehung wissen: Von der Zuwendung und Zueignung Gottes können sie leben, von ihr erhalten und erwarten sie Identität und Freiheit. Beterinnen und Beter möchten mit ihrem Gebet weder bloß den Status quo stabilisieren noch das Gewirkte überbieten, vielmehr wollen sie selbst zum Werkzeug für Gottes freie Zuwendung werden: Sie wissen darum, daß sie aus ›Ägypten ausziehen‹ oder ›das Feld wiederherstellen‹ müssen, damit Gott in der Welt sichtbar wird, sie wissen darum, daß Gebet und soziale Praxis sich gegenseitig auslegen; sie schreiben ihre Tätigkeit aber nicht eigener, sondern Gottes (teilgebender und ermächtigender) Macht zu und stellen sich bereit, diese immer wieder von Gott zu empfangen. Der Mensch, der betend mit der Sprache handelt, verhält sich zu Gott »nicht wie die Ursache sich zum Objekt einer Wirkung verhält, sondern wie ein von Gott dazu tauglich gemachtes Organ einer göttlichen Selbsttätigkeit«[63]. Gebet ist – auch im Selbstverständnis der Betenden – immer schon verdanktes Tun-Können, ein Geschehen im Geist, worin sich der zeigt, der immer schon lebenschaffend und heilend an der Welt handelt.

4.3 Sprachhandlung am Beispiel zweier Klagelieder

Was die Sprachanalyse erbracht hat, läßt sich beispielhaft in der Interpretation zweier Gebetstexte anwenden. Auf diese Weise wird nochmals deutlich, daß das Gebet Sprachhandlung ist. Der eine Text ist sehr alt – Psalm 130; die Exegeten vermuten seine Abfassung in der frühnachexilischen Zeit Israels. Der andere Text stammt aus der Gegenwart: ein Lied des bereits erwähnten niederländischen poetischen Theologen Huub Oosterhuis. Beide eignen sich insofern für einen Vergleich, als sie einerseits verblüffende Ähnlichkeiten in ihrer Struktur aufweisen und andererseits je verschiedene Zeugnisse ihrer Zeit darstellen. Die Texte sind für unseren Zusammenhang auf folgende Fragen hin zu lesen: Wie stellt sich die Situation des Betenden dar? Was tut er in seinem Gebet? Was ereignet sich innerhalb des Gebets; gibt es einen Spannungsbogen?

Psalm 130

Aus der Tiefe rufe ich, Herr, zu dir:

[2]Herr, höre meine Stimme!
Wende dein Ohr mir zu,
achte auf mein lautes Flehen!

[3]Würdest du, Herr, unsere Sünden beachten,
Herr, wer könnte bestehen?

[4]Doch bei dir ist Vergebung,
damit man in Ehrfurcht dir dient.

⁵Ich hoffe auf den Herrn, es hofft meine Seele,
ich warte voll Vertrauen auf sein Wort.

⁶Meine Seele wartet auf den Herrn
mehr als die Wächter auf den Morgen.
Mehr als die Wächter auf den Morgen

⁷soll Israel harren auf den Herrn.
Denn beim Herrn ist die Huld,
bei ihm ist Erlösung in Fülle.

⁸Ja, er wird Israel erlösen
von all seinen Sünden.

Nach Georg Fohrer[64] handelt es sich bei diesem Psalm um ein Klagelied des Einzelnen. Er entspricht dem typischen dreigliedrigen Aufbau eines Klagelieds, nämlich

Einleitung mit
    Anrufung Gottes,   (V 1–2)
    Hilfeschrei oder Bitte oder vorwurfsvoller Frage   (V 1–2)
Mittel- oder Hauptteil mit
    Erzählung der Not als Klage   (V 1.3)
    Fragen an Gott (Warum? ›Wie lange‹?)
    Bitten um Gottes Zuwendung und Hilfe   (V 4–7)
Schluß mit
    Ausdruck der Erhörungsgewißheit   (V 8)
    (eventuell) Dank

Was geschieht nun innerhalb des Gebets? Gleich im ersten Satz spricht der Betende performativ, wenn er sagt, daß er ›zu Gott ruft‹. Er beschreibt dann seine Situation mit abgründiger ›Tiefe‹ und ›Sünde‹, aus der er Gott um Gehör bittet; die Kommunikationssituation wird hergestellt: Aus der Tiefe wird ein Hilfeschrei ›nach oben‹ gesandt, ein Rettungsanker ausgeworfen. Daß der Betende sich sogleich gehört weiß, geht daraus hervor, daß er weiter betet und Gott unmittelbar mit ›Du‹ anspricht. Von der speziellen Not des Betenden erfahren wir hier nicht viel, der Betende bekennt sich implizit zu Versagen und falschem Verhalten (Sünde). Schon im nächsten Vers (4) bricht zaghaftes Vertrauen auf, indem Gott als der provoziert wird, als welcher er dem Betenden bekannt geworden ist – als Gott, bei dem Vergebung ist, zu dessen ›Name‹ Vergebung und Barmherzigkeit gehören. Es folgt ein engagiertes Hoffen, eine Hoffnung, die laut – fast zum Schrei oder zur Forderung – wird:»Meine Seele wartet (...) *mehr* als (...) (und nochmals!) *Mehr* als (...)«. Schließlich bricht das Vertrauen durch (7c–8):»Ja« – ganz gewiß wird Gott von den Sünden erlösen. Indem der Betende sagt, daß er hofft und wartet, verändert sich seine Situation: Er wird ein Wartender und Hoffender; er schwingt ein in das Vertrauen auf Gott, sein Blick wird geweitet für die Möglichkeiten Gottes. Wo ihm dies möglich wird, wird es als Geschenk erfahren: Vertrauen (wie auch Liebesfähigkeit, Freude oder Mut) lassen sich nicht selbst herstellen, dafür bräuchte der Mensch einen archimedischen Standpunkt außerhalb seiner selbst.

Innerhalb des Psalms sind zwei Spannungsbögen zu verzeichnen, nämlich der gerade gezeigte Bogen von der Aussichtslosigkeit zur Hoffnung, darüber hinaus (entsprechend dem korporativen Bewußtsein) ein Bogen von individueller Verzweiflung zu kollektiver Erlösungsgewißheit. Indem der Betende eine solche Gebetsvorlage innerlich durcharbeitet, kann er sich seinen ›Tiefen‹ stellen, seine Deprimiertheit aussprechen (und damit auch aus sich heraussprechen) und – im Maße er sich für den Gott öffnen kann, dem keine Tiefe zu tief ist, der selbst ›hinabgestiegen ist in das Reich des Todes‹ – kann die neue Hoffnung auch bei ihm durchbrechen. Er (bzw. Gott) kann sich (in ihm) ›hindurchbeten‹ zu neuem Vertrauen.

Die gleiche dreigliedrige Struktur eines Klagepsalms[65] zeigt das ursprünglich für eine Totenliturgie verfaßte Lied von Huub Oosterhuis, »Ich steh vor dir mit leeren Händen, Herr«[66].

Ich steh vor dir mit leeren Händen, Herr;
fremd wie dein Name sind mir deine Wege.
Seit Menschen leben, rufen sie nach Gott;
mein Los ist Tod, hast du nicht andern Segen?
Bist du der Gott, der Zukunft mir verheißt?
Ich möchte glauben, komm mir doch entgegen.

Von Zweifeln ist mein Leben übermannt,
mein Unvermögen hält mich ganz gefangen.
Hast du mit Namen mich in deine Hand,
in dein Erbarmen fest mich eingeschrieben?
Nimmst du mich auf in dein gelobtes Land?
Werd ich dich noch mit neuen Augen sehen?

Sprich du das Wort, das tröstet und befreit
und das mich führt in deinen großen Frieden.
Schließ auf das Land, das keine Grenzen kennt,
und laß mich unter deinen Söhnen leben.
Sei du mein täglich Brot, so wahr du lebst.
Du bist mein Atem, wenn ich zu dir bete.

In der ersten Zeile wird nicht nur der Kommunikationskontext hergestellt, sondern bereits die eigene Situation als Leere, Not und Mangel beschrieben. Das Verhältnis zwischen Sprecher und Angesprochenem wird dadurch implizit als asymmetrisch dargestellt (V 1,1). Auffällig ist, daß Gott weder gelobt noch verherrlicht wird, daß vielmehr eine Distanz zu Gott bleibt (fremd: 1,2), die sich im ganzen Gebet durchhält. Gott wird als fremd, schweigend, vielleicht sogar fern erfahren. Der Betende ist sich nicht nur seiner selbst, sondern auch

Gottes ungewiß: »Bist du der Gott? Hast du? Wirst du?«[67]. Der Feind ist hier nicht – wie in Psalm 130 – die ›Sünde‹ oder ein menschlicher Widersacher wie in anderen Klagepsalmen, sondern – der Grundbefindlichkeit heutigen Menschseins entsprechend – existentielle Verlassenheit.

Das Lied könnte den Eindruck erwecken, daß in ihm – im Unterschied zu Psalm 130 – lediglich individuelle Erlösungshoffnung zur Sprache gebracht würde. In den Versen 1,3 und 1,4 reiht sich der Betende jedoch gleich zu Beginn in die universal-geschichtliche Menschheitsfamilie ein und fragt und ruft mit allen Vätern und Müttern des Glaubens, mit allen gegenwärtig Lebenden sowie mit allen Nachkommenden »*seit* (und solange, Anm. d. V.) *Menschen leben, rufen sie nach Gott*«. *Mit ihnen allen*, die mit ihm das Todeslos teilen, und *für sie* glaubt, hofft und fordert er Antwort und Segen. Wenn der Betende im weiteren Verlauf des Liedes in der ersten Person Singular spricht, tut er dies als Teil jener großen Gemeinschaft.

Dieser universalen Ausweitung der Gottsuche und Todesverfallenheit folgt eine schwache Erinnerung – ›war da nicht einst eine Segens- und Zukunftsverheißung?‹ (V 1,4b.5). Regina Pfanger-Schäfer deutet diese Zeichen als zunächst »rhetorische Fragen«, »die die Aussichtslosigkeit der gescheiterten Situation unterstreichen«[68]. Was die Tradition dem Betenden an Verheißungen zuschreibe, werde als trügerische Hoffnung entlarvt. In der zweiten Strophe wird ebenfalls die Situation geschildert: Zweifel, Unvermögen, Gefangenschaft und Ohnmacht. Der Betende fragt Gott an, was es denn mit der alten Verheißung auf sich habe, ob er sie einlösen werde (V 2,3–6). Hier wird die Hoffnung konkretisiert: Geborgenheit des Einzelnen im Erbarmen Gottes, das ›gelobte Land‹, das Schauen Gottes – die großen eschatologischen Verheißungen der biblisch-christlichen Tradition. Aber die Skepsis bleibt bestehen. In der dritten Strophe schließlich verändert sich etwas: Der bisher zweifelnde Grundzug schlägt in engagierte Bitten und Forderungen um[69]. Der Betende fordert Gott zum Sprechen und zum Handeln auf, zum erlösenden Freispruch, zum Aufschließen des Landes, das ›keine Grenzen kennt‹, zur Liebe für sein Geschöpf. In dem so Betenden hat sich ein Wandel vollzogen. Er hat seine resignative Haltung aufgegeben und fordert Gott leidenschaftlich-drängend dazu auf, doch (endlich) das zu tun, was er einst (den Müttern und Vätern[70]) versprochen hat.

Im letzten Vers klingt schließlich Vertrauen an (3,6): Weil Gott auch in der Klage da ist, ist er verläßlich; weil man sich selbst in Todesverfallenheit und Gottverlassenheit an ihn wenden kann, wird man – vielleicht – nicht verlorengehen. Die Spannung in dem Lied bleibt bestehen, es gibt kein »euphorisches Gottvertrauen«[71], aber auch hier findet ein ›Hindurchbeten‹ statt – von leeren Händen zum Brot der Gegenwart Gottes.

Das Lied von Huub Oosterhuis, das voll von Klage und Bitte ist, könnte mißverstanden werden, wenn es als Information an Gott gelesen wird: Natürlich kennt Gott die Situation des Betenden auch ohne das Gebet, aber in dem Gebet wird eine Kommunikationssituation gestiftet, in der sich der Betende in seiner Aussichtslosigkeit vor Gott stellt, und indem er sich ihm (Gott) zueignet, verbindet sich hier die Geschichte von Gott und Mensch. Darin wird es dem Menschen möglich, seine Situation zu bejahen.

Die Bitten könnten auch als Frevel gedeutet werden, wenn nicht die grammatischen Aspekte einer Bitte beachtet werden. Eine Bitte ist – im Unterschied zu einer Forderung, einer höflichen Form des Befehls oder einer Dienstanweisung – dadurch gekennzeichnet, daß sie an die Freiheit des Adressaten appelliert und ein bestehendes Verhältnis aktualisiert. Das Wesen der Bitte an einen Freund liegt in der Aufforderung, »er soll sich angesichts der ihm vorgetragenen Bitte als der Freund bewähren, als der der Bittende ihn kennt und als der er ihm vertraut«[72]. Damit nimmt der Bittende ein Risiko in Kauf. Indem er sich an einen Freund wendet, der ihn auch kennt, vielleicht nochmal anders (bei Gott: daß er den Bittenden *besser*) kennt, als man sich selber kennnt, nimmt er das Risiko der Freiheit und Liebe in Kauf. Es könnte nämlich sein, daß der andere – gerade weil er den Bittenden kennt und ihm Gutes will – zu einem anderen Urteil über die Notlage seines Freundes kommt und daher anders auf seine Bitte eingehen wird, als dieser es sich gewünscht hat. Diese Freiheit, die schon in der zwischenmenschlichen Bitte vorausgesetzt wird, setzt auch der Gläubige im Gebet voraus: Er trägt seine Notsituation (engagiert und drastisch) vor, überläßt sich aber darin der Freiheit Gottes. Jede Bitte steht daher unter dem Vorzeichen, daß der Wille Gottes geschehen möge.

Unter semantischem Gesichtspunkt wird dieser Sachverhalt darin deutlich, daß in dem Lied Bilder benutzt werden, die nicht nur dem Betenden einen Raum eröffnen, in dem er seine eigene Situation finden und bestimmen kann, sondern zugleich Gott Raum lassen, in der Gegenwart so zu handeln, wie er (Gott) es will und für gut erachtet.

Dieter Zeller sieht den Klagepsalm gegenüber zwischenmenschlichem Klagen dadurch qualifiziert, daß der Leidende sich hier ganz aussprechen könne[73]. Im Klagepsalm werde der Mensch zur Sprache befreit, statt zu verstummen und in die (depressiv-tote) ›Unterwelt‹ hinabzufahren. Beide hier gebotenen Gebetstexte eröffnen den Betenden einen Raum, ihre Hilflosigkeit in Worte zu fassen und sich ihr zu stellen, den (insbesondere in der Trauer) hervorbrechenden Ruf nach Sinn laut werden zu lassen und zu bejahen. Sie laden dazu ein, sich sprechend, singend und handelnd auf einen Weg einzulassen, auf dem Gott sich – schon heute – immer wieder als der erweisen will, der in das Land führt, ›das keine Grenzen kennt‹.

---

[1] Fulbert Steffensky, Feier des Lebens. Spiritualität im Alltag, Stuttgart 1984, S. 62.

[2] Einer meiner Brüder fragte früher einmal am Hl. Abend, als alle um den Weihnachtsbaum versammelt saßen, warum wir denn schon wieder das Weihnachtsevangelium hören müßten: Da wir es doch mittlerweile kennten, könnten wir uns das Vorlesen doch sparen.

[3] Wichtige Vertreter für diese Entwicklung sind (der frühe) Wittgenstein, sowie die Philosophen des Wiener Kreises wie Rudolf Carnap und Karl Popper, die in ihren Positionen noch einmal zu differenzieren wären.

[4] Der Empirismus und Szientismus der (frühen) analytischen Philosophie mündete in den Versuch, eine künstliche, formalistische Idealsprache zu entwickeln, die als Einheitssprache die Ungenauigkeiten und Vieldeutigkeiten der Alltagssprache würde ablösen können. Bereits

der späte Wittgenstein entdeckte jedoch die Unmöglichkeit, die Bedeutung der Begriffe von ihrem Gebrauch zu trennen.

[5] Richard Schaeffler, Gebet und Argument, S. 19.

[6] Hiermit wurde eine neue Stufe der Religionskritik erreicht, auf der nicht mehr die Wahrheit religiöser Aussagen bestritten wird, sondern vielmehr der religiösen Sprache die Bedingungen für sinnvolles Sprechen abgesprochen werden (vgl. Schaeffler, ebd. S. 18f). Allein die Sprache der >exakten Wissenschaften< erscheint am Maßstab empiristischer Überprüfbarkeit gegen den Verdacht der Sinnlosigkeit geschützt. Vgl. dazu die berühmt gewordene >Parabel vom unsichtbaren Gärtner< von Antony Flew, nachzulesen bei Ingolf U. Dalferth, Sprachlogik des Glaubens, München 1974, S. 84.

[7] Unter dem Maßstab der Verifizierbarkeit und Falsifizierbarkeit können nur Äußerungen behandelt werden, die Sachverhalte feststellen oder beschreiben wollen, das heißt Aussagen, die entweder falsch oder wahr sind.

[8] Austin, Performative Äußerungen, in: Ders., Gesammelte philosophische Aufsätze, Stuttgart 1986, S. 305–327. Die ausführlicheren Untersuchungen darüber folgten in der Vorlesungsreihe >How to do things with Words<, die deutsche Bearbeitung ist unter dem Titel >Zur Theorie der Sprechakte< (2. Aufl. Stuttgart 1979) erschienen. Hier führt er die Unterscheidung der *lokutionären* (Informationsebene), *illokutionären* (Handlungsebene eines Satzes, das heißt was man mit einem Satz tut) und *perlokutionären* Ebene (Wirkungsebene, das heißt, was beim anderen aufgrund des Satzes bewirkt wird) eines Satzes an.

[9] Austin, Performative Äußerungen, S. 308.

[10] »Angenommen, wir leben in einem Land wie dem unseren und möchten uns (...) scheiden lassen. Nun kann man versuchen, (...) mit lauter Stimme zu sagen: >Hiermit bist du von mir geschieden.< Dieses Verfahren ist aber nicht anerkannt (...) Dies ist ein Fall, in dem die Konvention (...) nicht existiert oder nicht akzeptiert ist« (Austin, Performative Äußerungen, S. 311).

[11] »Betrachten wir den Fall, in dem ich sage: >Ich ernenne Sie hiermit zum Konsul<, und es stellt sich heraus, daß Sie bereits ernannt sind – oder womöglich ergibt sich sogar, daß Sie ein Pferd sind; wieder ist es ein Unglücksfall durch unangemessene Umstände« (Austin, Performative Äußerungen, S. 311).

[12] »So kann es etwa sein, daß ich >Willkommen!< sage und den anderen in meinem Haus (...) willkommen heiße, ihn aber danach wie einen äußerst lästigen Gast behandele« (Austin, Performative Äußerungen, S. 312).

[13] Zum Beispiel ist jemand, der ein Versprechen gegeben hat, persönlich in seine Äußerung einbezogen.

[14] So tritt etwa ein Professor bei einem Vortrag hinter die Ergebnisse seiner Forschung zurück; er trägt sie vor, jedoch könnten sie – in dem Maße, in dem sie verifizierbar sind – auch von einem anderen vorgetragen werden.

[15] Schaeffler, Gebet und Argument, sowie seine sehr schöne Kurzfassung, die er »Kleine Sprachlehre des Gebets« genannt hat.

[16] Hermann Cohen, Das Gebet, in: Ders., Religion der Vernunft aus den Quellen des Judentums, 2. Aufl. Köln 1959, S. 431–463. Cohen nannte Gebet bereits damals eine »Sprachhandlung« (ebd. S. 463).

[17] Schaeffler, Gebet und Argument, S. 108.

[18] Redlichkeit ist bei Austin eine der Voraussetzungen für das Gelingen von Sprachhandlungen, vgl. dazu insbesondere seine vierte Vorlesung (in: Theorie der Sprechakte, S. 58–73).

[19] Auf die besondere Bedeutung des Namens Gottes wurde bereits in Kapitel 2.1.1 eingegangen. Vgl. auch Hans Bietenhard, Art. >onoma<, in: ThWNT, Bd. V, S. 242–283.

[20] Schaeffler, Gebet und Argument, S. 109.

[21] Auch auf dieser Ebene gilt, daß >der Glaube vom Hören kommt<. Daß dies so ist, wird besonders in Situationen deutlich, in denen Menschen sich *nicht* freuen, einen alten Bekannten wiederzutreffen. Sie gehen dem Bekannten aus dem Weg, weil sie – aus welchen Gründen auch immer – nicht mit ihrer Geschichte konfrontiert werden wollen; sie verleugnen ihre

Identität und flüchten damit vor sich selbst. Vgl. etwa die Figur des ›Stiller‹ in dem gleichnamigen Roman von Max Frisch (Frankfurt 1973).

[22] Schaeffler, Gebet und Argument, S. 113.

[23] Huub Oosterhuis, Übertragung von Kees Kok, Melodie nach: »Es ist ein Ros entsprungen«, in: Huub Oosterhuis, Mitten unter uns. Gesänge zu Advent und Weihnachten, hg. von der Schola der Kleinen Kirche Osnabrück, Stichting Leerhuis Liturgie, Hilversum (Niederlande) 1993, Mirasound-CD Nr. 399149.

[24] Schaeffler, Sprachlehre, S. 23. Vgl. dazu auch Schaeffler, Erfahrung als Dialog, S. 735-738.

[25] Man darf annehmen, »daß Gedenken nicht nur Namensnennung und Anerkennung bedeutet, sondern irgendwie mit dem Sein vor Gott und durch Gott identisch gesehen wird« (Hermann Eising, Art. ›zakar‹, in: ThWAT, Bd. II, hier S. 586).

[26] Der Begriff »corporate personality« ist von H.W. Robinson geprägt worden. Hier zitiert nach Joh. Michael Schmidt, Vergegenwärtigung und Überlieferung, in: EvTh 30 (1970), S. 180.

[27] J.M.Schmidt, ebd.

[28] J. de Fraine, zit. nach Schmidt, ebd. S. 180.

[29] »Mit dem Rucksack der Erinnerungen und dem Stab meiner Hoffnung« – Die Rede des israelischen Staatspräsidenten Ezer Weizman im Deutschen Bundestag in Bonn, in: Frankfurter Rundschau, Nr. 14 vom 17. Januar 1996, S. 18.

[30] Schmidt, Vergegenwärtigung, S. 174.

[31] Schmidt, ebd. S. 176.

[32] Schaeffler, Erfahrung als Dialog, S. 455.

[33] Ob es sich dabei um ein Pessahmahl handelte, ist in der Exegese umstritten, aber hinsichtlich der eucharistischen Deutung auch weniger relevant; eine Fixierung auf eben dieses letzte Mahl ist insgesamt wenig hilfreich: Sowohl die anderen Mahlfeiern, die Jesus mit seinen Freunden und seinem Volk feierte, als auch sein erlösendes Dasein für die Menschen insgesamt sind für das eucharistische Verständnis genauso bedeutsam, weil sie ebenso unter dem Vorzeichen der Hingabe und tätigen Communio stehen.

[34] Ausführlicher zur Frage nach der Historizität sowie zu dem umfassenden Deutungsgehalt der Eucharistie bei den neutestamentlichen Schriftstellern der Überblick von Theodor Schneider, Zeichen der Nähe Gottes, 5. Aufl. Mainz 1979, Kap. 4 (Eucharistie), S. 128–186.

[35] Gegen eine spiritualisierende Auffassung der Eucharistie wendet sich insbesondere Paulus: Wo man sich zum gemeinsamen Mahl trifft, aber jeder seine eigene Speise ißt, der eine hungert, während der andere betrunken ist – sich also keine reale Communio ereignet, dort wird das Herrenmahl verfälscht (vgl. 1 Kor 11,17–34). Alle Glieder der Gemeinde müssen sich real zu einem Leib wandeln lassen, womit Paulus konkrete Solidarität meint; vgl. dazu Schneider, Zeichen, S. 170.

[36] Sacrosanctum Concilium 7 (s. o. Kap. 3.1.4, Anm.46) S. 54f; Hervorhebungen durch die Verfasserin.

[37] Gotteslob Nr. 764; vgl. dazu den Aufsatz von Joop Bergsma, Inspiration aus den Psalmen bei Huub Oosterhuis. Randbemerkungen zu einer Litanei von der Gegenwart Gottes, in: Hansjakob Becker u. a. (Hg.), Liturgie und Dichtung, Bd. I, St. Ottilien 1983, S. 887–900.

[38] Zenger, siehe oben Kapitel 2.1.1, Anm. 6.

[39] »Eine Hymne, ein feierliches Lied«, Übertragung von Peter Pawlowsky, in: Huub Oosterhuis, Du bist der Atem und die Glut, Freiburg 3. Auflage 1994, S. 312f.

[40] »Neunundzwanzig Namen für Jesus von Nazareth«, Übertragung von Peter Pawlowsky, in: Huub Oosterhuis, Atem und Glut, S. 292.

[41] Litanei, in: Huub Oosterhuis, Atem und Glut, S. 100ff.

[42] Hochgebet Nr. 6, in: Huub Oosterhuis, Atem und Glut, S. 201.

[43] Schaeffler, Gebet und Argument, S. 123. In der deutschen Sprache steht eine Verbform für diese Art von Aussagen nicht zur Verfügung; im Hebräischen ist es das »Hiph'il«.

[44] Ebd.

[45] Schaeffler führt etwa den »Reparator« (Wiederhersteller) an, der bei der Einebnung des umgepflügten Ackers angerufen wurde oder den »Subruncinator« (Wurzeluntergreifer), der beim Unkraut-Jäten angerufen wurde (Gebet und Argument, S. 127ff).

[46] Schaeffler, ebd. S. 133. In der deutschen Bibelübersetzung sind diese Differenzierungen leider nicht mehr zu erkennen.

[47] Vgl. zu der Frage, ob Gott *oder* der Mensch Einfluß auf ein Geschehen haben, die Kapitel 2.3.4 sowie 3.6.

[48] Schaeffler, Gebet und Argument, S. 125. Hier wird das Grundmuster von Teilgabe und Teilnahme sprachlich entfaltet, das in Kapitel 2.1.3 biblisch entfaltet wurde.

[49] Schaeffler, ebd. S. 126.

[50] Schaeffler, Sprachlehre, S. 29.

[51] Huub Oosterhuis, Atem und Glut, aus den Hochgebeten Nr. 4 (S. 193), Nr. 5 (S. 196), Nr. 7 (S. 204).

[52] Vgl. dazu Kapitel 2.3.3 und 3.7.

[53] Schaeffler, Gebet und Argument, S. 133.

[54] Vgl. das Kapitel 2.2.1.

[55] Schaeffler, Gebet und Argument, S. 146.

[56] Schaeffler, ebd. S. 149.

[57] Vgl. das Kapitel 3.1.3, in dem aufgezeigt wurde, daß Gebet immer schon ein »Geschehen im Geist« darstellt.

[58] Schaeffler, Gebet und Argument, S. 149.

[59] Schaeffler, ebd. S. 150.

[60] Schaeffler, ebd., S. 150. Vgl. dazu Kapitel 3.3 sowie die spätere Analyse des Te Deum in Kap.5.4.

[61] Vgl. das Kap. 2.1 zum Gottesbild, das Kapitel zu seiner Erscheinungsweise in der Welt als Schöpfer und Begleiter, Erlöser und Vollender (2.2) sowie das zusammenfassende Kapitel 2.4.

[62] Vgl. Kap. 2.2.

[63] Schaeffler, Gebet und Argument, S. 152.

[64] Georg Fohrer, Einleitung in das Alte Testament, 10. Aufl. Heidelberg 1965, S. 287–289.

[65] Vgl. die ausführliche Untersuchung des Liedes von Regina Pfanger-Schäfer, »Mein Los ist Tod, hast du nicht andern Segen?«, in: Hansjakob Becker u. a. (Hg.), Im Angesicht des Todes. Ein interdisziplinäres Kompendium I, St. Ottilien 1987, S. 341–364.

[66] Hier in der Übertragung von Lothar Zenetti, nachzulesen (und nachzusingen) im Gotteslob Nr. 621. Eine andere Übersetzung bietet Alex Stock, Gottesfürchtige Andacht, S. 47.

[67] Alex Stock, Gottesfürchtige Andacht, S. 47.

[68] Pfanger-Schäfer, »Mein Los ist Tod«, S. 351.

[69] Es wurde oben in Kap. 3.1.3 gezeigt, inwiefern Bitten immer schon Ausdruck des Vertrauens ist.

[70] Diese werden hier nicht ausdrücklich genannt. Oosterhuis stellt sich mit seinen Texten aber ausdrücklich in die biblische Tradition. Im Vorwort eines seiner Gebets- und Liedersammlungen sagt er selbst, daß die Texte »aus dem Material biblischer Wörter und Bilder und mit den Psalmen vor Augen« gemacht sind (Alex Stock, Gottesfürchtige Andacht, S. 46). Pfanger-Schäfer zeigt in ihrer Untersuchung, in welchem Maß Oosterhuis aus dem Fundus der Bibel schöpft (»Mein Los ist Tod«, S. 355f).

[71] Pfanger-Schäfer, »Mein Los ist Tod«, S. 354.

[72] Schaeffler, Sprachlehre, S. 99.

[73] Vgl. Dieter Zeller, Gott nennen an einem Beispiel aus dem Psalter, in: Bernhard Casper (Hg.), Gott nennen. Phänomenologische Zugänge, München / Freiburg 1981, S. 33. Zeller untersucht hier den Psalm 86 daraufhin, was in ihm ›mit Worten getan‹ wird. Zur Analyse der Klage vgl. auch das spätere Kapitel 5.3.1 (Das Hoffnungsmoment in der Klage).

5 DAS HEILSWIRKEN DES DREIEINEN GOTTES IM GEBET

Es ist für betende Menschen eine existentielle Notwendigkeit, daß Gott gegenwärtig ist, damit ihr Gebet Gott erreicht bzw. damit Gott den Menschen ›ins Gebet nehmen‹ kann. Ebenso ist notwendig, daß Gott als Transzendenter und Interessierter gegenwärtig ist[1]. Gegründet auf die biblisch-christliche Gotteserfahrung dürfen wir annehmen, daß dem auch so ist.

Wenn Menschen dem dreieinen Gott im Gebet ›real‹ begegnen können[2], muß das auch konkrete Wirkungen[3] haben, denn Gott will ja nicht jenseits der vorfindlichen Welt sein Reich bauen, sondern in und mit ihr. Wenn Gebet heißt, in die Gegenwart Gottes zu treten, dann sind die Wirkungen des Gebets die Wirkungen der realen Gegenwart Gottes. Sie sind also nichts Geringeres als Handlungen Gottes selbst und entsprechen den drei Dimensionen der Gegenwart Gottes als Schöpfer (und Begleiter), Erlöser und Vollender. Es gilt also zu bedenken, wie Gott sich im Gebet als Schöpfer, Erlöser und Vollender erweist, und verschiedene Wirkungen des Gebets den trinitarischen Dimensionen zuzuordnen. Die Wirkungen sind konkrete ›Früchte‹ des Gebets jenseits von Spekulation, jenseits von frommer Schwärmerei, jenseits auch von reinen Kopfgeburten. Es wird deutlich, daß der Mensch hierbei in seiner ganzheitlichen leibseelisch-geistigen Verfassung, mit Herz und Verstand beteiligt ist. Was also sind diese Wirkungen? Was kann im Gebet konkret ›passieren‹, und welche Dimensionen der Nähe Gottes werden damit real präsent?

Wenn, wie gesagt, Gebet nach biblisch-christlicher Auffassung ein Geschehen im Geist ist, ist es nur folgerichtig, daß die ›Früchte‹ des Gebets den Wirkungen des Geistes Gottes entsprechen; denn als schöpferisch-heilbringende Gegenwart Gottes ist der Geist keineswegs nur ein Numinosum, sondern besitzt manifeste Wirkungen[4]. Hier fließt eine Theologie des Gebets mit der Pneumatologie zusammen, sie werden notwendig eines.

Wenn im folgenden vom Handeln Gottes im Gebet die Rede ist, so muß dabei die Freiheit und Souveränität Gottes immer mitbedacht werden. Gott ist Gott – und damit durch kein Wünschen und Handeln des Menschen verfügbar zu machen. Sein Heilshandeln im Gebet ist daher nie ›automatisch‹ zu erwarten, vor allem nicht in der Weise, wie es der Mensch sich gerade wünscht. Gott hat eigene Wege, sein Heil zu wirken. Und es kann auch manchmal sein, daß Gott zu ›schweigen‹ scheint. Weiterhin ist zu beachten, daß Menschen im Gebet einer Selbsttäuschung unterliegen können: Sie meinen zu beten, sind aber in den eigenen Wünschen und Zielen gefangen. Es kann daher sein, daß ein Mensch, der häufig betet, sich kaum von einem nichtbetenden Menschen unterscheidet, insofern er nicht in der Lage ist, sich der Wirklichkeit Gottes zu öffnen. Auf der anderen Seite kann es Menschen geben, die vielleicht nicht ausdrücklich beten, aber mit ihrer ganzen Existenz auf die Wirklichkeit Gottes ausgerichtet sind. Daß dies keine jenseitige Wirklichkeit ist, weil Gott in der Welt und bei den Menschen sein will, ist bereits deutlich geworden. Gebet bedarf also einer wachsamen Wahrnehmung der konkreten Wirklichkeit *als* Gottes Wirklichkeit. Es ist – wie jeder kommunikative Akt – vielen Gefahren ausgesetzt; sei es, daß der Betende nur einen formalen Akt erfüllt, sei es, daß er oder sie sich nicht die Zeit dazu nimmt, sich ernsthaft auf sein ›Gegenüber‹ einzulassen und zu ›hören‹, sei es, daß sie oder er sich in Hybris nur selbst bestätigen will oder sich durch falsche Demut seiner eigenen Verantwortung zu entledigen sucht. Wie jeder kommunikative Akt lebt das Gebet von der eigenen existentiellen Offenheit; es bedarf einer umfassenden Bereitschaft, Gottes reichgestaltige Gegenwart wahrzunehmen, auf ihn zu ›hören‹ und sich mit dem Gott Jesu mit ganzem Herzen, ganzer Seele und allen Kräften (Dtn 6,4f) zu verbünden.

Wir wollen nun verschiedene Dimensionen göttlichen Wirkens samt ihren konkreten Wirkungen in der Welt unterscheiden. Die Unterscheidung ist *methodisch* notwendig, um differenzierter sagen zu können, wer dieser Gott ist, was er will und tut, wenn er den Menschen ins Gebet nimmt. *Inhaltlich* ist sie jedoch unpräzise. Darum muß immer wieder darauf hingewiesen werden, daß die verschiedenen Gestalten von Gottes Handeln nur schwer voneinander zu lösen sind. Das ist insofern folgerichtig, als die *Schöpfungsordnung* für die Geschöpfe immer zugleich heilsam ist. *Heil und Versöhnung* bedeuten im Kern eine Rückkehr in die ursprünglich gute Schöpfungsordnung Gottes. Beide Gaben – Heil und Leben (der Schöpfungsordnung) – sind von Menschen nicht herstellbar, können daher immer nur er*beten* werden und bilden insofern immer schon *eschatologische* Größen. Ein Widerspruch zwischen den Dimensionen oder auch nur ihr Auseinanderfallen wäre absurd, stellen die Dimensionen doch nur verschiedene Modi des göttlichen Selbstmitteilungswillens, der göttlichen Liebe dar. Immer geht es um den einen ungeteilten Gott, der sich auf verschiedene Weise kundgetan hat und bleibend mitteilen möchte. Es geht um den Gott, der in seinen verschiedenen Offenbarungen das eine Ziel verfolgt: Heil und gelungenes Leben für die ganze Schöpfung, jetzt und für immer. So können im Gebetsvollzug die Dimensionen nicht voneinander getrennt werden, sie durchdringen sich wechselseitig. Die Selbstfindung etwa, die sich im Gebet ereignet, ist Teil der schöpfungstheologischen Dimension, insofern der Mensch hier seine geschöpfliche Verwiesenheit neu wahrnimmt, doch zugleich ereignet sich hier Versöhnung mit sich selbst und dieser Geschöpflichkeit.

5.1 Gebet als geschöpflicher Grundvollzug
(Schöpfungstheologische Dimension)

Im Gebet finden sich Menschen neu in die ›gute‹ (Gen 1,31) Schöpfungsordnung ein. Die folgenden Entfaltungen dieser ›Rückkehr‹ treffen sich alle in der paradoxen Erfahrung, daß in der Annahme geschöpflicher Endlichkeit Freiheit erwächst und Fülle zuteil wird. Gott lockt im Gebet zur Einübung ins Endlich-Sein, denn »wer den gegebenen Grund annimmt, die Wurzeln nicht ausreißt, um sie bei Tag zu betrachten (dann verdorren sie), sondern sie in der Erde beläßt – im Fundament der Demut *radikalisiert*, der tritt spielend, aus der Tiefe wachsend an die Oberfläche, auch ins Versagende, ins ›Uneigentliche‹, ›Unwesentliche‹ (...). Denn in der Knechtsgestalt des Angenageltseins, des Nicht-anders-könnens bricht der Überfluß des Lebens auf«[5].

5.1.1 Gebet und Achtsamkeit

Im Gebet wird die Beziehung zu Gott in ausdrücklicher Weise aufgenommen. Damit tritt – zumindest am Anfang – keineswegs innere Ruhe und Entspannung ein; vielmehr wird die Beterin und der Beter mit sich selbst konfrontiert. Bereits aus der zwischenmenschlichen Erfahrung ist bekannt, daß in der Begegnung mit dem anderen Selbstfindung geschieht[6]. Die Gegenwart eines anderen ermöglicht einen Perspektivenwechsel: Der Mensch vermag sich selbst objektiver zu sehen und die eigene Lebensgestaltung kritisch zu überprüfen. Die Gegenwart des anderen verbürgt ihm, daß er auch noch als Schuldiger existieren kann und angenommen ist. Der andere, der vor und nach der Selbsterkenntnis da ist, stiftet die nötige Kontinuität, die Voraussetzung für erneute Identitätsfindung und Selbstannahme ist. Dies gilt in der liebenden Zuwendung zwischen Menschen, dies gilt in der betenden Hinwendung zu Gott[7].

Jedes Gebet beginnt praktisch mit innerer Sammlung[8]. Diese Phase ist insofern wertvoll, als hier die eigenen Neigungen bewußt werden: Womit bin ich gerade beschäftigt? Was will ich damit (erreichen)? Was will Gott (von mir)? Mit welchen Menschen bin ich beschäftigt? Was will ich von ihnen? Was will Gott mir durch sie mitteilen? Wovon halte ich mich ab – vielleicht durch meine Beschäftigungen? In dem Maß, in dem der Mensch Gott an sich heranläßt, er keine Masken aufzusetzen versucht, kann sich hier kritische Selbstprüfung im Licht Gottes ereignen.

Der Mensch, der sich im Alltag oft selbst zu verlieren scheint und dies unbewußt vielleicht auch will, wird hier von Gott sich selbst neu zugeeignet und aufgegeben. Er lernt, die gelungenen Anfänge als solche wahrzunehmen und sich davon ermutigen zu lassen, er erinnert sich seiner ursprünglichen Motive, er sieht seine Stärken, er darf sich an seinem Lebensglück erfreuen. Er lernt aber auch, sein faktisch gelebtes Alltagsverhalten von seinem Selbstbild zu unterscheiden, sei es idealistisch oder überkritisch verzerrt, er erkennt seine unlauteren Motive, sein Unvermögen und seinen Geltungs- und Selbstdurchsetzungswillen, seinen (Gottes- oder Selbstverleugnungs-) Komplex, seine Ängste und Unwahrhaftigkeiten gegenüber anderen und der Natur. Indem Menschen so offen und zur Selbsterforschung bereit sind, wächst ihnen ein neues, wahrhaftigeres Selbstbild zu. Es wird ihnen bewußt, daß sie von Gott her ernst genommen, das heißt, ›beim Wort‹ bzw. ›bei der Tat‹ genommen werden: Das bist du, nach diesen Entscheidungen lebst du, das ist dein Leben, das sind deine Stärken, das sind deine Versäumnisse und Konflikte. Indem sie ihr Leben vor Gott bedenken und ausbreiten, wird ihnen bewußt, wo sie nicht dem Bild Gottes entsprechen, zu dem sie berufen sind. Nur wer zu sich selbst, seinen eigenen Ängsten und Verdrängungsmechanismen einen Zugang gefunden hat, kann zu anderen finden, nur wer in seinem Leben einen sinnvollen Zusammenhang erkennen kann, kann sinnvoll für andere handeln. Gebet hilft dazu, sich selbst als von Gott angenommenes und erlöstes Geschöpf zu entdecken.

Im Gebet wird der Mensch von Gott her zunächst und immer auch auf sich selbst verwiesen. Theologisch ist dies insofern folgerichtig, als Gott ja gerade in der Welt, in der konkreten Geschichte des Menschen ankommen und durch ihn bzw. durch sie wirken will. Gerade *in* die innere Unruhe des Menschen, *in* seine Zerstreuung, *in* seine Trauer und Ohnmacht will Gott ankommen – ordnend, stärkend, ermutigend und korrigierend. Die Selbsterkenntnis ist der erste Schritt zur Veränderung und Heilung. Hier durchdringen sich schöpfungstheologische und soteriologische Dimension des Gebets bereits gegenseitig. Indem Menschen sich für die heilende Gegenwart Gottes öffnen, ihre Versäumnisse, Wünsche und Wunden Gott anheimstellen, kann Gott wandeln[9]. Hier wird die Wirklichkeit real verändert. Dies geschieht aber nicht magisch-mirakulös. Denn da Gott nicht gegen seine Schöpfungsordnung handeln möchte, sondern sich in ihr und durch sie durchsetzen will, will und kann er nur in dem Maß zur Wirkung kommen, in dem Menschen sich für Gottes Intentionen zur Verfügung stellen. Für den Augenblick des Gebets ›beinhaltet‹ die Wandlung (nicht mehr als) einen Impuls[10] wie auch die Kraft, *jetzt* im Sinne Gottes weiterzumachen. Was der Mensch dann daraus macht, ist eine andere Sache. Wandlung (wie auch Selbsterkenntnis) ist daher kein punktuelles Ereignis, sondern ein Prozeß, sie ist der Weg der Nachfolge. Wegzehrung für diesen Weg ist Gott selbst – in Jesus Christus, der in der Eucharistie dem Menschen immer wieder begegnen und sie dadurch wandeln will – hin zu realer Communio. Die Intention der Wandlung in der Eucharistiefeier liegt nicht primär darin, daß die Gaben gewandelt würden, sondern daß durch die Gaben die Gemeinde Wandlung erfährt. In diesem Sinn müßten die Einleitungsworte der Wandlung lauten:»Heilige *uns* durch diese Gaben mit Deinem Geist«, das heißt, damit wir durch sie (durch die Gaben, durch Jesus Christus im heiligen Geist) Anteil erhalten am Leben Gottes, damit wir mit Christi Kraft und Hilfe zu Werkzeugen seiner Liebe und seines Friedens werden.

Durch die Selbsterkenntnis im Gebet und die Wandlung, die sich dort vollziehen kann, realisiert der Mensch, was er von seinem tiefsten Grund her ist[11] – Geschöpf Gottes, das heißt einerseits auf Gott verwiesen, insofern er seiner ständigen Begleitung und Wandlung bedarf und andererseits mit Freiheit zur Liebe begabt; das heißt, er muß diesen Impuls Gottes auch annehmen und verwirklichen. Damit findet er sich neu ein in die Schöpfungsordnung: Er findet nicht nur sich selbst, sondern auch seinen Platz und seine spezifischen Aufgaben im großen Zusammenhang der Geschichte Gottes mit der Welt.

Das Ziel der Selbsterkenntnis im Gebet ist nicht *Selbstzweck*[12], sondern das unverfügbare Du Gottes, die erneute Erkenntnis und Anerkenntnis seines Willens für den Einzelnen und die Einzelne in der jeweiligen konkreten Situation.

Doch im Gebet vollzieht sich nicht nur Selbsterkenntnis, sondern Kopf und Herz werden frei für die Mitmenschen und Mitgeschöpfe.

Der biblische Gott will nichts für sich, sondern alles – seine Liebe und sein Leben – für die Welt; in diese Bewegung werden Menschen hineingenommen, wenn sie sich (wie im Gebet) dem Willen Gottes aussetzen: Sie vermögen, von sich selbst, den eigenen Plänen, Sorgen und Nöten immer wieder abzusehen und sich anderen zuzuwenden. Bereits in Israel wurde tätige Solidarität als Herzstück der Gottesverehrung gedeutet: In den Geboten der zweiten Tafel, in den Erbarmensgesetzen wie im Leben Jesu hat sich manifestiert, daß *in* der Nächstenliebe sich die Gottesliebe ereignet[13]. Indem Beterinnen und Beter sich für den Gott öffnen, der die Liebe ist und das Wohlergehen *für alle* will, insbesondere für die Schwachen und Benachteiligten, wächst ihnen die Empathie und Sensibilität zu, die sie zu echter und rechtschaffender Gemeinschaft befähigt; denn es leuchten ihnen die Spuren Gottes in der Situation des anderen auf – in seinem Glück, in seiner Mühe und Sehnsucht, in seinem Leiden.

Michael Welker zeigt in seiner Pneumatologie, daß der Geistempfang nach der Erfahrung Israels auch mit Schöpfungserkenntnis einhergeht, das heißt, mit Klugheit, Einsicht und Kenntnis der Dinge[14]. Gemeint ist damit keine rein intellektuell-analytische Naturerkenntnis, vielmehr »ein komplexes weisheitliches Denken, das Schöpfungserkenntnis und Geisterfahrung vermittelt«[15], das Prophetie und Wissenschaft vereint. Es liegt auf der Hand, daß dies eine Anschauung ist, die unserer Kultur weitgehend verlorengegangen und (mühsam) wieder zu erlernen ist.

Das Erkenntnisinteresse der Neuzeit ist von dem Willen der Beherrschung und Aneignung geprägt: Menschen wollen ›begreifen‹, sie suchen Erkenntnis mit der (besitz-)ergreifenden Hand, letztlich mit der Absicht, das Objekt kontrollierend ›in den Griff zu bekommen‹. – Wenn man etwas begriffen hat, hat man es: ›Ich habe es mir angeeignet‹; das Erkenntnisinteresse zielt auf Herrschaft. Das Erkenntnisinteresse im Gebet steht dem diametral gegenüber: »Nicht wir eignen uns Christus für unsere Zwecke an, sondern wir übereignen uns Christus für sein Reich. Nicht wir verändern ihn, sondern er verändert uns. Nicht wir ›begreifen‹ ihn, sondern er ergreift uns«[16].

Im Gebet geht es um einen Zugang zur Wirklichkeit, der sich sein Gegenüber nicht herrschaftlich aneignen, besitzen oder (analytisch) zerlegen will, sondern ihm ehrfürchtig und achtsam begegnet und offen ist für das, was es von sich her – etwa über die komplexen Zusammenhänge der Schöpfung – mitzuteilen hat. Grundbedingungen für eine solche Haltung und eine solche (wahrhaft neue und erneuernde) Erkenntnis sind die Wahrnehmung der verborgenen Präsenz Gottes in allem Lebendigen sowie die umfassende Aufmerksamkeit eines »hörenden Herzens« (1 Kön 3,9; Ps 51,12f), die sich Neues sagen und neue Wege führen läßt[17].

5.1.2 Gebet und Sterben

Je tiefer du mich
in den Gebetsurwäldern
am großen Schweigestrom
verschwinden
siehst
umso fragloser
gehe ich mit dir zusammen
essen
kämpfen tanzen und
sterben[18]

Im Gebet gibt es viele Möglichkeiten der Selbsttäuschung; sie hängen letztlich alle damit zusammen, daß das Ziel des Gebets nicht mehr Gott ist, *sein* guter lebenspendender Wille *für alle*, sondern daß man die größtmögliche Verwirklichung seiner selbst zum Ziel hat. Hier wird Gebet funktionalisiert. Ferdinand Ulrich weist darauf hin, daß die eigentlich notwendige Selbsterkenntnis im Gebet zu einem süchtigen »Graben nach dem Grunde (...) in der Jagd nach sich selbst«[19] verkommen kann. In der Hoffnung, über alle Dimensionen des Lebens Macht zu bekommen, wenn man den Anfang ›besitzt‹, möchten sich die Betenden den Grund ›einverleiben‹, um dadurch ›alles in den Griff‹ zu bekommen. In ähnlicher Weise warnt Gotthard Fuchs davor, daß Mystik (und damit auch Gebet) von einer konsumistischen, hedonistischen und vom Machbarkeitswahn geprägten Gesellschaft »als letzte Bastion und Strategie eines selbst hergestellten Über-Lebens(willens), als Analgetikum und Therapeutikum inmitten beängstigender und neurotisierender Verhältnisse, als Innenwelt-Medizin für Stillegung oder/und Ekstase«[20] mißverstanden und mißbraucht werde. Im christlichen Gebet hingegen geht es nicht um »Erlebberei«[21], vielmehr darum, sich von dem unverfügbaren Gott immer neu finden zu lassen. Ferdinand Ulrich macht daher auf den inneren Zusammenhang von Beten und Sterben aufmerksam: Der Beter und die Beterin muß »viel verlassen. Davor haben wir Angst (...) Kann ich meine Identität wahren, wenn mitten im

Zentrum meines Lebens jemand sitzt, der Nicht-Ich ist?«[22] Wie kann es sein, daß ein Anderer sich mir ›zu eigen‹ gibt und mir auf diese Weise meine Identität zuwächst? Gebet ist daher keine *Leistung* in dem Sinn, daß der Mensch Gebet ›machen‹ könnte; er kann sich nur darauf besinnen, indem er sich etwas eröffnen läßt und das (wie unbeholfen auch immer) aktiv ausfaltet, was sich ihm zu eigen (und zu eigenem Können) gibt. Es gehört zur Grundbefindlichkeit des Menschen, daß er sich damit schwertut, daß er – letztlich aufgrund seiner Daseinsangst[23] – lieber an sich selbst, etwa an der eigenen Leistung, festhält. Der Mensch muß sich von allen Stützen der Selbstrechtfertigung – sei es die eigene Gutheit, Frömmigkeit oder der eigene Arbeitsfleiß – lösen, muß sich selbst vertrauend übereignen, denn »im Umsonst fängt es an (...) Haben wir also keine Angst vor dem Zugrundegehen in jenem Tod, worin wir dem selbstischen Frucht-Machen absterben und aus dem *Frucht-Sein* des immer gegenwärtigen Betens zu leben beginnen, als die ›in allem Reichgewordenen‹ (...) Gehen wir so, in dieser Gegenwart zugrunde, um ins Leben aufzuerstehen! Haben wir auch keine Angst vor dem Zugrundegehen in jenem Tod, worin wir dem egoistischen Besitzenwollen der Fülle absterben (...) Handeln wir aus dem Fruchtsein im Gebet, das die mörderische Selbstproduktion des Menschen und der Welt in den Tod führt«[24].

Den unverfügbaren Gott kann man nicht durch theologisches oder philosophisches Begreifen finden; man kann ihn nur finden, wo er sich offenbart und der Mensch sich von dem anwesenden und sich immer entziehenden Geheimnis ergreifen läßt[25]; erfahrbar wird dies dort, wo der Mensch sich radikal an den anderen »wegwagt«[26], wo er sich auf Gott und die Menschen (hin) ver-läßt. Ebensowenig kann Wandlung eigene Leistung sein, es ist vielmehr ein Empfangen, das Sich-Entfalten-Lassen und Entgegennehmen dessen, was sich – von Gott her – entfalten will.

Das betende ›Zu-grunde-Gehen‹[27] ist ein riskantes Unternehmen. Wie in anderen Beziehungen kommt man an einen Punkt, an dem man auf den Anderen trifft, der nicht Ich ist. Das Sterben im Gebet meint letztlich die existentielle Übereignung und das Sich-Einfinden in den Willen Gottes und seine Schöpfungsordnung, die freilich den Menschen nicht demütigt, sondern ihn gerade zum konkreten Selbstsein befreien will. Dazu muß er die Jagd nach sich selbst und eigener Selbstverwirklichung lassen, sich darauf einlassen, daß er sich selbst bereits gegeben ist. Dieses Dasein kann als Angeld und Verheißung unendlicher Zukunft ergriffen werden und muß nicht noch durch einen selbstgemachten Überbau übertroffen und dadurch verstellt werden. Indem Menschen im Gebet von sich loslassen, üben sie sich in den Prozeß des Sterbens und insofern auf den Weg des Kreuzes ein, als man in diesem Moment nicht der eigenen, sondern der Spur Gottes folgt: »Das sterbenlassende Lassen in Glaube und Hoffnung heißt christlich Annahme des Kreuzes. Gerade als freie Annahme geht diese dem unausweichlichen Sterben einen Schritt entgegen und übt sich so ein auf jene Annahme des Sterbens, das unweigerlich über uns verhängt wird«[28].

Das Sterben-Können zieht sich durch alle Dimensionen des Gebets[29]. Es zeigt sich in der wahrhaftigen Anerkenntnis der eigenen Person, einschließlich der eigenen Schuld, insofern man sich hier vom idealen Selbstbild verabschieden muß. Es zeigt sich in der freien Selbstzurücknahme zugunsten anderer und im gelassenen Sich-Lösen-Können von Götzen, vermeintlichen Heilbringern und im Verzicht auf Gewalt und Lüge in allen ihren subtilen Formen.

Das Sterben-Können zeigt sich nicht zuletzt im beharrlich-ausdauernden Festhalten am Gebet auch dort, wo Gott fern zu sein und zu schweigen scheint[30]. Es zeigt sich in der Treue zu Gott auch dort, »wo man scheinbar ins Leere und gänzlich Unerhörte zu rufen scheint, dort, wo es wie ein entsetzlicher Sprung ins Bodenlose aussieht, wo alles ungreifbar und scheinbar sinnlos zu werden scheint«[31], wo man sich darin scheinbar selbst auslöscht, wenn man in das schweigende Dunkel hinein zu vertrauen versucht. Solches radikale ›Sich-weg-Wagen‹ ist zugleich eine Erfahrung (und Tat) des Geistes Gottes, auch wenn man in solchen Situationen nicht von dem Gefühl belohnt wird, in einer besonderen Gnade zu stehen.

5.1.3 Rhythmus der Schöpfung

Der Herr hat mich gesehn, und über Nacht
gab er mir neues Leben und Gedeihen.
Aus Finsternis hat er mich licht gemacht,
gab mir ein lebend Herz und neue Augen.
So kommt er stets mit stiller Übermacht
und läßt zufrieden meine Schwachheit taugen[32]

Mit dem Einüben in das Lassen-Können und Sterben im Gebet steht die Wahrnehmung und Anerkennung der spezifischen Rhythmen, die der Schöpfung eingestiftet sind, in enger Wechselbeziehung.

Es ist auffällig, daß biographisch oder gesellschaftlich bedeutsame Übergänge in allen Kulturen – soweit sie religiös interpretiert werden – vom Gebet begleitet werden[33]. Dies hat seinen Grund darin, daß der Kult, in dem das Gebet eine entscheidende Rolle spielt, der Ort ist, an dem das Leben stets neu erbeten und empfangen wird[34].

Veranschaulichen läßt sich das am *Morgen- und Abendgebet*, die so elementar das Geheimnis des Lebens umspielen, daß sie einerseits als ›altbekannt‹ oder ›langweilig‹ in Vergessenheit zu geraten drohen und andererseits genau darin höchst anspruchsvoll sind, weil sie die Schöpfung in ihrer inneren Ordnung thematisieren und die ihr eigene, d. h. der Schöpfungsordnung innewohnende Treue auch vom Menschen fordern. Im Morgen- und Abendgebet wird der Rhythmus von werdendem und vergehendem Leben immer neu (nach-)vollzogen und eingeübt. Morgen- und Abendgebet bilden zudem – wohl aus diesem Grund – den gemeinsamen Nenner der sonst verschiedenen Gebetstraditionen in wohl allen Religionen: Im christlichen Bereich stellen sie sowohl in dem aus jüdischer Tradition überkommenen Stundengebet wie in einer nicht kommunitär gebundenen ›Laienspiritualität‹ die Eckpfeiler dar.

Der Tagesbeginn und der Tagesabschluß sind besondere Zeiten, hier ist der Ort, wo das (empfangene) Leben in eigenes Tun umbricht bzw. wo es zurückgegeben wird[35].

In der Nacht bzw. im Schlaf empfangen Mensch und Natur neues Leben und neue Kräfte; am *Morgen* nehmen sie dies aktiv an. Hier ›geschieht‹ etwa folgendes:

Ein neuer Tag – niemand kann ihn herstellen – Gott ist der Schöpfer, er ist der Geber des Lebens, des Lichtes; es ist *nicht* selbstverständlich, daß die Sonne morgens aufgeht (er selbst ist das Leben, das Licht ...); neue Möglichkeiten: der Tag liegt unangetastet vor uns. An jedem Morgen haben Menschen eine tiefe Erwartung, die letztlich darin gründet, daß doch heute (»endlich«) das eigene Leben entscheidend gelingen möge, daß man ein gutes Stück weiterkommen möge. Jedem Morgen wohnt eine Verheißung inne – wird heute der Messias (für mich, für uns, für die Welt) (wieder-) kommen? Gerade diese Hoffnung bildet die Grundmotivation dafür, überhaupt aufzustehen. Konkret entfaltet sich dies in der Spannung darauf, was heute geschehen wird, wem ich begegnen werde, was ich heute tun muß. Für religiöse Menschen lautet die Frage: Was will Gott heute von mir? Wen wird er mir (mit) auf den Weg schicken, wen wird er mir zu-muten? Gott traut mir/uns heute neu zu, daß ich/wir für ihn gehe(n), er bietet jeden Morgen neu an, daß wir uns (»endlich«) *mit ihm* auf den Weg machen, uns auf ihn einlassen, seine Liebe (neu) empfangen und weitergeben. Wir haben von ihm Kraft bekommen in der Nacht. Am Morgen nehmen wir sie ›aktiv‹ an, machen sie uns ›zu eigen‹, zu unserer Kraft.

Am Morgen erinnern sich Beterinnen und Beter an den Schöpfer, der das Leben und diesen konkreten Tag geschenkt hat, und nehmen ›aus seiner Hand‹ den Tag entgegen. Gleichzeitig stellen sie sich (ihm) (neu) zur Verfügung und erklären ihre Bereitschaft, diesen Tag, alle Aufgaben und Begegnungen, die sich ihnen stellen werden, anzunehmen und so den Bereich ihrer Welt heute zu ›Gottes Welt‹ werden zu lassen, mit ihrer (vielleicht kleinen) Kraft und Offenheit und mit Gottes Hilfe und Segen. Sie erklären sich neu einverstanden, bei ihm ›mitzumachen‹, sich mit ihm zu verbünden, seine Liebe und sein Leben weiterzugeben.

Am *Abend* geben Menschen den Tag zurück in die Hände Gottes:

Für alles Schöne und Gelungene, alle Triumphe und Freuden wird Gott gedankt, Menschen erinnern sich daran, werden inne, daß Gott dies ermöglicht und geschenkt hat, und geben es durch den Dank ›zurück‹. Auch alle mißglückten Anfänge, das Schwere, die offenen Fragen und Sorgen geben sie zurück: *Heute* können sie selbst nichts mehr tun. Sie geben es ab, werden dadurch leichter und erleichtert, ›legen es auf den Altar, um es sich am nächsten Morgen zur weiteren Bearbeitung wiederzuholen‹. In der Nacht kann Gott wandeln – wie er auf den Feldern ›nachts‹ (das heißt, ohne menschliches

Zutun) die Saat wachsen läßt, so kann er auch alle anderen ›Saaten‹, allen Einsatz, alle Anfänge und Versuche wandeln. Der Mensch darf nicht immer ›umgraben‹, er muß auch einmal zum Wachsen Zeit lassen, Zeit, in der Gott wandeln kann (Mk 4,26–29). Am Abend endet die Tat. Schlaf hat mit Loslassen[36] zu tun und ist daher mit dem Sterben verwandt. Der Mensch zieht sich auf sich selbst zurück, ist niemandem mehr zugewandt. Menschen können nicht immer auf andere bezogen sein, sie brauchen die notwendige und wohltuende Unterbrechung, einen Rhythmus, denn »der Rhythmus ist die Architektur des Seins«[37]. Weil Menschen begrenzt sind, brauchen sie Grenzen und müssen diese akzeptieren und annehmen[38].

Bezogenheit und Rückzug, Zurücknehmen und Ausströmen, Extension und Kontraktion, Empfangen und Geben, Binden und Lösen, Zusammenbruch und Aufbruch, Aktion und Passion, Sterben und Werden, daraus ist das Lebensnetz gesponnen. Abend und Schlaf entsprechen einer (heilenden) Zäsur, Morgen und Arbeit bedeuten Neuanfang. Beide brauchen einander, damit Leben und Wachstum möglich werden. An diesen Grenz-Übergängen, an denen das Geheimnis des Lebens besonders greifbar wird, wenden sich Beterinnen und Beter vertrauend bzw. dankbar zurück an den, der *immer* – Tag und Nacht, im Leben und im Tod – dabei ist (Lk 24,29) und *alles* im Innersten zusammenhält; hier ereignet sich Hilfestellung und Wegbegleitung des Göttlichen.

Natürlich geht die Perspektive christlichen Lebens dahin, daß das ganze Leben Gebet wird, daß der Alltag von der Ausrichtung auf Gott durchdrungen und dadurch ›geheiligt‹ wird. Morgen- und Abendgebet können jedoch die Eckpfeiler einer Gebets- und Gottesbeziehung bilden, die den ganzen Tag bestimmt.

Exkurs: Abendgebet als »Schlafhygiene«[39]

Karl Rahner weist darauf hin, daß jeder Schlaf für den Menschen auch eine Gefahr darstelle, insofern »der Ausgangspunkt des personalen, wachen Denkens und Handelns (...) durch den Schlaf anders wird, und das in einer ganz unkontrollierbaren Art (...) Wir lassen uns im Schlaf von einem uns herzlich unbekannten ›Es‹ in uns gewissermaßen hypnotisieren«[40]. Dieses ›Es‹ verändere den Menschen, es lasse manche Sachen vergessen, lasse andere Dinge in den Vordergrund rücken, es archiviere Lebensgeschichte. Fraglich bleibe täglich, ob »dieses ›Es‹, dem wir uns im Schlaf ausliefern (...), in jeder Hinsicht zuverlässig«[41] sei. Daher sei der Schlaf in gewisser Weise gefährlich. Rahner verarbeitet Erkenntnisse aus der Tiefenpsychologie, geht über diese dann aber hinaus, wenn er folgendermaßen argumentiert: Wenn der Mensch am Abend noch mit Ärger, Groll oder Trauer beschäftigt sei, bilde daraus die wehrlose Seele nachts Bilder, die dann auch im Tagesbewußtsein die Leitbilder abgäben. An dieser Stelle schreibt Rahner dem Abendgebet als »Schlafhygiene«[42] besondere Bedeutung zu. Er betont, daß er dabei keine psychologischen Tricks meine, sondern echten Vollzug des Glaubens, eine »Übergabe des Menschen an Gott, als Tat des Vertrauens in die begegnende Güte Gottes, als richtende Einfügung aller Tageserlebnisse in die Ordnung des Ewigen«[43]. Indem der Mensch durch das Abendgebet die guten, echten Bilder in sich aufrufe, wappne er sich gegen die Gefahren des Schlafes, dann »kommen ihm vermutlich aus dem Reich des Schlafes in geheimer Sympathie jene Bilder segnend entgegen, die er eigentlich schon mitbringt«[44].

An dieser Stelle ist an die Bedeutung der Imaginationskraft zu erinnern[45]. Einbildungskraft meint etwas anderes als Phantasie im Sinne von ›fantasy‹, womit meist unstrukturierte und zufällige Einfallsprozesse gemeint sind. Sie meint auch kein Denken in Bildern. Es kann sogar sein, daß ein Bild den Tod der Imagination bedeutet. Die Imagination ist vielmehr die existentielle Kraft im Menschen, durch die er sämtliche Objekte oder Widerfahrnisse, denen er begegnet, in seinem Inneren lebendig werden läßt, sie in sich aktiv nachschafft. Es handelt sich um eine Fähigkeit, sowohl reale als auch vergangene oder fiktive Objekte, Phänomene, Erfahrungen, Gefühle oder Widerfahrnisse festzuhalten, zu reproduzieren, im Bewußtsein gegenwärtig zu setzen und sie immer neu aktiv zu kombinieren[46]. Beteiligt ist bei diesem Prozeß immer der ganze Mensch; sowohl seine leiblich-soziale wie seine geistige und seelische Dimension spielen dabei in engster Beziehung zusammen. Die Imaginationskraft ist bei allen Erkenntnisvorgängen, auch bei der Traumtätigkeit aktiv. Sie ist diejenige Kraft, mit der wir die Tagesereignisse zu Bildern verarbeiten und sie mit inneren Bildern schöpferisch verbinden. Dadurch werden die Ereignisse geordnet, und indem die guten, vertrauten inneren Bilder reproduziert werden, wächst Versöhnung zu.

Indem der Mensch sich am Übergang vom Wachsein zum Schlaf noch einmal betend mit Gott verbündet, steigen in ihm »alte gute Bilder«[47] hoch, die ihm neues Zutrauen zur Wirklichkeit schenken. Indem er abends seine Trauer, seinen Groll, Ärger und sich selbst vertrauensvoll Gott übereignet, sich ihm hinhält, damit er wandeln kann, wird er (wenigstens) im Schlaf weniger von den dunklen, zerstörenden Mächten angefallen, mit denen sich Menschen immer wieder auseinandersetzen müssen – sei es Verzweiflung, Versagens- oder Konkurrenzangst, Leistungs- oder Erfolgsdruck. Weil Menschen nur durch ›Rückbindung in die reine Liebe Gottes‹ wirklich heil werden, kann Abendgebet ein konkret heilender Faktor sein, bei dem die Tageseindrücke geordnet werden, indem sie in Bezug zur Mitte gestellt werden und von dorther Wandlung und Erneuerung erfahren.

5.1.4 Gebet als Grenzort

Daß das Gebet insbesondere an Übergängen (Tag und Nacht, Geburt und Tod, neue Lebensabschnitte) seinen Platz hat, hängt damit zusammen, daß in ihm das Geheimnis der Grenze präsent ist.

Unser Zeitalter ist von vielfältigen Entgrenzungen geprägt, insbesondere von fatalem Machtwillen, der zu Faschismus, maßloser Ausbeutung der Rohstoffe, Konsumismus und Ausbeutung der schwächeren Staaten geführt hat. Es ist heute allgemein klar, daß wir Westeuropäer wieder lernen müssen, Maß zu halten und die richtigen Proportionen zu finden[48]. Grundsätzlich gilt, daß Begrenzungen nicht restriktiv sein müssen[49], sondern durchaus heilende Kraft besitzen. Es zeichnet das Geheimnis der Grenze aus, daß an ihr ein Zweifaches geschieht: Zum einen eröffnet die Grenze einen Raum, zum anderen schafft sie Berührung mit anderen Räumen. Die Grenze ist der Kraftort, an dem Identität[50], Geborgenheit[51] und Maß[52] sowie der Übergang zu anderen Räumen gestiftet werden. Die Grenze schlechthin ist der Tod. Das Wissen um diese Befristung bringt Spannung, Ernst und den Charakter von Gültigkeit in die Gestaltung der eigenen Lebenszeit; durch die Grenze wird die einzelne Tat kostbar.

Die Grenzziehung, die im Gebet geschieht, liegt auf fundamentaler Ebene darin, daß Menschen sich in den »wohltuenden Unterschied«[53] einüben, der zwischen Gott und Menschen prinzipiell besteht. Sie sagen bzw. vollziehen: »Du bist Gott; ich bin Mensch. Du bist (...) aus Dir selbst; ich bin durch Dich und vor Dir (...) ich lebe aus Deinem Licht, und die Maße meines Daseins sind in Dir«[54], Du (allein) vermagst Leben, Befreiung und Versöhnung zu schenken, ich brauche dies nur anzunehmen. Die wesentliche Grenze, an die der Mensch im Gebet gebracht wird, ist also die seiner Geschöpflichkeit und Vergänglichkeit: Er ist nicht selbst Schöpfer und Erhalter seines Lebens. Die verschiedenen Gebetslehren der großen Weltreligionen berühren sich – bei aller Unterschiedlichkeit und Differenz hinsichtlich letzter Sinnbestimmungen – darin, daß sie Gebet als jene Bewegung bestimmen, durch die der Mensch sich an die Grenze (seiner selbst) bringt. Im Gebet wird er mit seiner Kontingenz konfrontiert und übt sich je neu darin ein. Gebet entspricht daher einem ›Wandeln auf der Grenze‹. Von der Grenze leuchtet dem Menschen auf, daß aller Besitz, alles Können und Streben, alles Lieben und Verlangen ihn im Letzten nicht erfüllen kann. »Die Grenze lehrt ihn, daß er auch nicht an sich selbst, am anderen Menschen, am guten Leben sein Genüge findet. Sie ruft und winkt ihm, auch dies alles loszulassen. Die Grenze lädt ihn ein, sich und alles ihr anheimzugeben, diesem namenlosen Abgrund und heiligen Geheimnis, das so ganz anders ist als alles, was wir greifen, fühlen, denken können«[55]. Indem Menschen ihr Verhältnis zum Göttlichen, das heißt, zur Mitte neu bestimmen, verändert sich ihr Verhältnis zu sich selbst und zu den anderen.

Eine praktische Konsequenz ist die freiwillige Selbstbescheidung. Wo Menschen ihre begrenzte Geschöpflichkeit als Gnade – nicht als Verhängnis – erkennen und annehmen lernen, werden sie einen freiwilligen Verzicht auf Konsum, Selbstdurchsetzung und Gewalt[56] nicht als restriktiv, sondern als emanzipativ und aufbauend erfahren. Aus der Kraft der Grenzen ist es möglich, eine ökologische und multikulturelle Sensibilität zu entwickeln, die sich – etwa in Anlehnung an die Erbarmensgesetze Israels – für den Schutz der schwächsten Glieder im Welthaushalt (Arme, Natur, Kinder), für ihre Würde und

Rechte einsetzt. Wo Menschen dies tun, wo sie freiwillig auf Gewinn, Konsum, Machtsteigerung und Selbstdurchsetzung verzichten, dort antworten sie dem Anruf des Geistes Gottes, dort wird das Wunder der gegenseitigen Raumgabe möglich: »Die freie Selbstzurücknahme zugunsten anderer schafft den Mitgeschöpfen Freiräume und Entwicklungsmöglichkeiten, die diese überraschen und erfreuen. Sie legt die Mitgeschöpfe damit nicht fest, erhebt keine Ansprüche an sie, sondern schafft ihnen Raum zu ihrer eigenen Entfaltung. Diese freie Selbstzurücknahme kann sich in angespannten Verhältnissen als Langmut und Sanftmut äußern. Sie kann sich in der Interessenahme an anderen Menschen als Freundlichkeit und Güte entfalten. (...)«[57].

Ermöglicht und getragen wird eine solche Kultur der Achtsamkeit und echten (Mit-)Teilens von der Liebe; von jener vollkommensten Kraft des Geistes Gottes, die beständig neue Formen des Lebens und Zusammenlebens aufbaut, die sich am konkreten, individuellen Leben orientiert und gerade darin »eine Meisterin im Erfinden rettender, lebensfördernder Maßnahmen«[58] ist. Eine solche Liebe ist weit mehr als ein harmlos-romantischer Gemütszustand; vielmehr ist sie eine unerschöpfliche Freiheits- und Erneuerungskraft von Gottes Gnaden, die auch rechtliche, moralische und politische Prozesse beeinflußt und verändert. Sie wirkt umfassende Gerechtigkeit, sensibles Recht und einen Frieden, der von wechselseitiger Rücksichtnahme und Gelassenheit bestimmt ist. Eine solche Liebe können Menschen nicht aus eigener Kraft entwickeln. Sie hat göttliche Qualität. Im Gebet gibt Gott in emergenten Prozessen von dieser Liebe Anteil: eine Liebe von solch vielfältigem Reichtum, daß daraus die Kraft der Grenze, die auch andere ansteckende Kraft zur freien Selbstbescheidung und Selbstzurücknahme erwächst.

5.2 Gebet als Sich-Ergreifen-Lassen vom Prozeß der Befreiung (Soteriologische Dimension)

Indem Menschen sich im Gebet dem Schöpfer zuwenden, der alles gut geschaffen hat, nehmen sie darin auch den Kontrast zwischen Gottes Willen und der konkreten Welt, ihre Gebrochenheit und die Leiden der Geschöpfe wahr.

Gebet ist ein Ort, an dem die Sehnsucht nach heilem und gelingendem Leben immer wieder thematisiert und zum Ausdruck gebracht wird und an dem sich Vergebung und Heilung bereits anfanghaft ereignen.

5.2.1 Gebet und Versöhnung

Gott begegnet, wie wir sahen, nicht nur als der, dem Menschen ihr Dasein verdanken, sondern auch als einer, der dem Menschen permanent Versöhnung anbietet. Ungerechtigkeit, Unbarmherzigkeit, Schuld und Sünde entfremden den einzelnen von sich selbst, isolieren ihn aus seinem sozialen Gefüge und von Gott. Versöhnung stellt daher immer ein komplexes Zueinander von »göttlicher Vergebung, zwischenmenschlicher Kommunikation und innerer Heilung«[59] dar.

Schuld ist mit der Verzerrung von Wahrheit und Selbstwahrnehmung verschwistert. Im Gebet macht der Geist Gottes den Weg frei für das Eingeständnis eigenen Versagens und eigener Schuld. Indem der Betende einem Gegenüber begegnet, das ihm bleibende Identität verbürgt, vermag er Abstand von sich selbst und den letzten Beschäftigungen, die ihn fesselten, zu gewinnen und sich selbst realistischer wahrzunehmen. »Er ist – (...) was nicht nur eine Sache moralischer Sensibilität und Kontemplation ist! – fähig, seine Sünden, seine zurückliegende Ungerechtigkeit, seine Unbarmherzigkeit, sein Sich-Entfernen von Gott zu erkennen und zu bekennen«[60]. Indem der Betende durch Reflexion oder Sprache Abstand von sich selbst und den aktuellen Erfordernissen nimmt, gewinnt er auch Abstand von seinem *alten Ich*. Das Du Gottes[61] aber eignet ihm sogleich neue Identität zu. Diese knüpft zwar an die alte Geschichte an, jedoch kann die Schuld nun integriert werden, weil ihr der Stachel des Todes(-wirkens) genommen wurde. Dies wird durch kritische Unterbrechung der Geschichte, durch unverstelltes Ansehen der Situation und (aktive) Annahme der Schuld möglich. Das Ansehen der eigenen Schuld setzt der narzißtischen Kränkung, die jedem Schuldigwerden innewohnt, eine Grenze, ohne die Schuld zu verniedlichen: Das bin ich – das ist mein Versagen. Darin erfährt der Mensch, daß er immer noch mehr ist als seine Schuld. Indem das Versagen nun als aktive (wenn auch nicht unbedingt gewollte) *Tat der eigenen (negativ genutzten) Freiheit* begriffen und mit der eigenen personalen Verantwortung verbunden wird, kann die Schuld gewandelt werden. Sie ist nicht weiterhin ein herrenloser, numinoser Dämon, sondern wird als Teil meiner selbst und meiner Kontingenz angenommen. Nicht die Schuld (und ihre Folgen) beherrscht den Menschen, vielmehr nimmt der Mensch je neu die Lebens- und Entscheidungszügel in die Hand. Indem er in aufrichtiger Selbstkritik sich vor Gott als Schuldiggewordener bekennt, wird ihm von Gott neue Zukunft zugeeignet. So wächst ihm in der Versöhnung echte Neuschöpfung zu, seine Würde wird »erneuert und gefestigt«[62]. Durch die Achtung von seiten Gottes bzw. der Gemeinde, in deren Mittelpunkt Gott steht, werden Menschen »aus mangelnder Selbstachtung (...) wie aus Selbstüberschätzung, (...) aus selbstverschuldeten und unverschuldeten Verstrickungen befreit«[63].

Versöhnung und Heilung[64] im Gebet korrespondieren mit der Sakramentenpraxis der Kirche. Nicht nur, daß alle Sakramente im wesentlichen ein (epikletisches) Gebetsgeschehen[65] darstellen; in allen Sakramenten ereignet sich auch Versöhnung durch die je neu geschenkte Gemeinschaft mit Gott. Eigens thematisiert werden Schuld und Vergebung freilich im Sakrament der Buße. Die Kirche kennt (und anerkennt) neben diesem klassischen Bußsakrament eine Fülle von Bußvollzügen und Heilungsmöglichkeiten, seien sie liturgisch verankert (Bußgottesdienst) oder außerhalb der Liturgie angesiedelt[66]. Ausdrücklich gelten auch Schriftlesung und Gebet als Ort von Umkehr und Vergebung[67]. Im Hören auf Gott erkennen Menschen neu die Diskrepanz zwischen dem Wollen, das Gottes Willen entspräche, und ihrem eigenen Tun bzw. Nichttun. Sie gewinnen »jenen Ort, von woher das angemessene Verhalten zu allem möglich wird«[68]. Zugleich erfahren sie den Freispruch, der sie zu verändertem Handeln ermutigt.

Indem Menschen im Gebet immer neu Versöhnung und Angenommensein erfahren, haben sie ›den Rücken frei‹, können sich mit ihrer Geschichte versöhnen und brauchen sich nicht in einem Schuldkomplex zu verschließen; zugleich bewahrt die Öffnung auf Gott vor einem Unschuldskomplex, da hier der Blick für das eigene Versagen geschult wird.

Entsprechend der Grundstruktur biblisch-christlichen Glaubens, daß sich der Heilswillen Gottes in die horizontalen Bezüge der Welt auslegt, ist die Vergebung, die dem Einzelnen von Gott permanent neu geschenkt wird, an seine Bereitschaft geknüpft, auch seinerseits dem Anderen stets neue Vergebung zu gewähren[69]. Weil Gott sich in die Welt hinein inkarniert hat, ist Sünde nie ein geistig-isoliertes Geschehen gegenüber Gott, sondern immer eine Abkehr vom Anderen, in dem Gott wohnt, ein Versagen an sozialer Gerechtigkeit und Barmherzigkeit (communio). Sie führt notwendig zu sozialer Isolation. Daher kann es keine Vergebung allein von Gott her geben. Auch hier gilt, daß Gott zwar ohne das Zutun der Menschen vergeben *kann*, daß er es aber nicht *will*, weil er sich selbst darauf festgelegt hat, nicht über die Freiheit der Geschöpfe hinweg zu handeln. Er bindet sich und seine Vergebung an die Versöhnungsbereitschaft der Menschen. Weil Gott aber zutiefst Versöhnung will[70] und die Menschen ihrer immer wieder bedürfen, ergibt sich die dringende Pflicht zu wechselseitiger Vergebung. Weil Heilung nur dort geschehen kann, wo die Wunden gesäubert sind, muß Vergebung mit Aussprache und größtmöglicher Verarbeitung der mißlungenen Geschichte einhergehen. Die Vergebung mündet schließlich in herzliche Wiederaufnahme (reconciliatio) in die Gemeinschaft.

Da sich im Gebet die Betenden mit Gott konfrontiert sehen, der der Schöpfer und Versöhner aller Menschen ist, werden ihnen dort die Mitmenschen als Brüder und Schwestern zugeeignet. Indem sich der Betende für Gott öffnet, öffnet er sich auch für die Lage seiner Mitmenschen, erkennt ihre Not und Bedürftigkeit. Weil er in allem (verletzenden) Hochmut und Kleinglauben, allen Gottes- und Ohnmachtskomplexen, allen Verfehlungen und Versäumnissen diese/n andere/n letztlich als verwandte/n Schwester und Bruder in Christus erkennt, die/der wie alle Menschen des geschwisterlichen Freispruchs und der Wiederaufnahme in die Gemeinschaft bedarf, drängt das Gebet in die Vergebung. Die Vergebung mündet in die Fürbitte, durch die der Beter und die Beterin sich mit dem/der Schuldigen solidarisch verbündet und sich zugleich für das Mittragen und die tätig-überwindende Vergebung der Schuld zur Verfügung stellt. Dadurch wird die Schuld aufgefangen, der Teufelskreis, den jede Sünde nach sich zieht, wird unterbrochen.

Dietrich Bonhoeffer hat in seinem Erfahrungsbericht über das gemeinschaftliche Leben in Finkenwalde die Fürbitte als das »Herz allen christlichen

Zusammenlebens«[71] dargestellt. »Einen Bruder, für den ich bete, kann ich bei aller Not, die er mir macht, nicht mehr verurteilen oder hassen (...) Es gibt keine Abneigung, keine persönliche Spannung oder Entzweiung, die nicht in der Fürbitte, was uns betrifft, überwunden werden könnte«[72]. Den Grund für diese Wandlung sieht Bonhoeffer – ganz im Sinne des Obengesagten – darin, daß man den anderen vor Gott bringe. Dies bedeute, »dem Bruder dasselbe Recht einzuräumen, das wir empfangen haben, nämlich vor Christus zu stehen und an seiner Barmherzigkeit Anteil zu haben«[73]. Wenn Gebet heißt, in Gottes Gegenwart zu treten, dann erbittet man in der Fürbitte die Gegenwart Gottes für die Situation des anderen. Durch die Verbundenheit »in Christus«[74] ist die stellvertretende Öffnung eines Betenden für einen anderen möglich und sinnvoll: Gott wird Raum gegeben, er kann ankommen. In die Not des anderen wird Gottes Nähe ›hineingebeten‹ und damit in aller Not Raum gelassen für die (je größere) Wirklichkeit, Wirkmöglichkeit und Versöhnungsfähigkeit Gottes.

So kann sich in der Begegnung mit Gott Versöhnung zwischen Menschen ereignen, die für die Begegnung mit der/dem Schuldigen reale Konsequenzen hat. Anklage und Vorwurf sind überwunden bzw. werden durchdrungen von geschwisterlicher Solidarität und Güte, die dem anderen einen Neuanfang ermöglicht und ihn zur Rückkehr in die Gemeinschaft einlädt.

5.2.2 Gebet und Heilung

Die heilende Kraft des Gebets entfaltet sich auf verschiedenen Ebenen, die wohl zu unterscheiden, aber nicht voneinander zu trennen sind.

Auf einer ersten fundamentalen Ebene wird Gott auf seinen Heilswillen festgelegt und darin ernst genommen. Es wurde bereits deutlich, wie sehr Gottes Wille sich als Heilswille qualifiziert hat. Wenn nun Gebet der Ort ist, an dem Gott sich dem Menschen immer wieder übereignen möchte, dann müßte es auch ein Ort sein, an dem sich Heilung ereignen kann. Aufgrund dieser Verheißung, daß Jahwe »die Leiden seines Volkes heilt und seine Wunden verbindet« (Jes 30,26), muß – (zunächst) *auf einer Ebene, die sich möglicherweise menschlicher Wahrnehmung und Überprüfbarkeit entzieht –* damit gerechnet werden, daß im Gebet immer schon Heilung geschieht, indem Menschen sich dem Göttlichen aussetzen. Dies jedoch in einer Art und Weise, die – je nach seinem Willen – Gott vorbehalten bleibt; er bleibt in seinem Handeln unverfügbar. Es kann daher sein, daß Gott an ganz anderen Stellen heilt, handelt und ordnet, als es sich der heilungsbedürftige Mensch gerade wünscht und vorstellt. Beispielsweise nimmt das Gebet in Gethsemane (Lk 22,39–46) den ›schweren Kelch‹ nicht von Jesus – er geht nach Golgotha; Gott hat das Handeln der Menschen nicht unterbunden, hat nicht gewalttätig eingegriffen, sondern mit gewaltloser Liebe auf das Gebet Jesu ›reagiert‹, die sich in der inneren Kraft Jesu in den letzten Stunden vor seinem Tod zeigt. Und obwohl – oder vielmehr *weil* – Gott nicht mit starker Hand eingegriffen hat, wird an diesem Jesus »die Herrlichkeit Gottes offenbar« (Joh 9,3).

Das Heil Gottes unterscheidet sich unter Umständen von den Heils- und Vitalitätsvorstellungen des Menschen und bleibt eschatologische Größe. Indem Gott in der heilsökonomischen Gestalt des heiligen Geistes wirkt, geschieht Heilung in ihren vielfältigen Dimensionen.

Es wäre strenggenommen paradox, wollten Betende erwarten, daß ihnen Heilung auf der biologischen Ebene gegen die biologisch-medizinische Ordnung oder gleichsam an ihr vorbei zuteil wird; denn Gott hat sich ja mit seinem Heilswillen in die Welt eingestiftet und möchte durch das, was wir weltlich-natürliche ›Gesetze‹ nennen, Gesundung und Heilung wirken: In der Kenntnis von Ärztinnen, Therapeuten und Krankenpflegern, in Arzneien und heilenden Kräutern manifestiert sich die Weisheit Gottes; sie dienen Gott von ihrer Natur her.

Auf einer zweiten Ebene sind in und durch Gebet *wahrnehmbare Heilungserfahrungen* konstatierbar, die im psychologischen bzw. im psychosozialen Bereich anzusiedeln sind.

Krankheit stellt nie ein rein somatisches Problem dar, vielmehr ist es die Kombination von physischem Leiden und der daraus folgenden Isolierung, z. B. durch die ›Fesselung an das Bett‹, welche die Not des Menschen ausmacht. Krankheit bedeutet die Reduzierung bzw. den Abbruch von Selbständigkeit, Beziehungs- und Arbeitsfähigkeit. Der kranke Mensch ist auf einmal restlos auf sich selbst verwiesen, er erfährt sein einsam-existentielles Ausgeliefertsein an die unverfügbare Macht (Gottes), die Leben gibt und Leben enden läßt, er erfährt seine (oft radikale) Angewiesenheit auf fremde Hilfe bezüglich der Grundversorgung.

Es zeichnet eine christliche Gemeinschaft aus – sei es die Familie, eine (Basis- oder Pfarr-) Gemeinde, eine Ordensgemeinschaft oder die Kirche insgesamt –, daß kranke Menschen in ihr nicht isoliert werden, sondern korporative Solidarität gerade mit ihnen realisiert wird. Der stets lauernden Isolation, die der Kranke nur bedingt abzuwehren vermag, kommen die ›gesunden‹ und ›starken‹ Gesellschaftsglieder mit Worten und Gesten der Teilnahme und Verbundenheit zuvor. Dies geschieht in einer Vielfalt von Zeichen, Riten und Gebeten, in denen sie ihre wie die Nähe Gottes real präsent setzen[75]. Zentrales Zeichen ist die *Gegenwart* der anderen bei dem Kranken, mit der sie vermitteln, daß er nicht allein ist, daß er in einem Netz von Gemeinschaft aufgehoben ist. Weitere Zeichen der Verbundenheit sind etwa das *Halten (oder Streicheln) der Hand* des Kranken (›man läßt ihn nicht fallen‹) oder – im Ritus der Krankensalbung – die *Handauflegung* (Zeichen der Zuwendung und des Schutzes) und *Salbung* (Zeichen der Stärkung). Insbesondere bei der Sakramentenspendung, aber auch im nichtritualisierten Beisammensein wird im *Gebet* die Gemeinschaft mit Gott realisiert; das Beziehungsnetz wird ausdrücklich auf Gott hin vergrößert[76]. Indem ihm im Gebet die Nähe und der Beistand Gottes zugesagt werden, kann der Kranke – wenigstens für kurze Zeit – darauf vertrauen, daß er mit Leib und Seele aufgehoben ist, auch über die vielleicht drohende Todesgrenze hinaus. Da der Kranke aus seiner Isolation geholt wird, vollzieht sich hier (wenn nicht physische, so doch seelische) Heilung und Wandlung: Im Gebet wird er in seiner Krankheit ›besprochen‹, nicht tabuisiert; sein Leben und seine Krankheit haben einen – sogar geachteten – Ort. Er wird nicht ausgesondert, sondern vielmehr in die Mitte gestellt[77], wenn seine Angehörigen bei ihm versammelt sind und etwa folgendes Gebet sprechen:

»Barmherziger Gott, wir vertrauen auf dich.
Aus Güte und Menschenfreundlichkeit hast du deinen Sohn
als unseren Erlöser und Heiland in die Welt gesandt.
Er hat Kranke geheilt und denen Glück verheißen,
die an dich glauben. Deshalb sind wir zuversichtlich.
Wir bitten dich:
Segne N.,
laß ihn / sie nicht allein.
Sei ihm / ihr nahe, wenn er / sie mutlos wird.
Stärke in ihm / ihr die Hoffnung auf Besserung und Heilung.
Bewahre ihn / sie in deiner Liebe (...)«[78].

In der Annahme und Zusage Gottes und der anderen vermag sich der Kranke selbst anzunehmen, die (tödliche) Bedrohung der Beziehungslosigkeit ist – wenigstens zeitweise – aufgehoben. Die Fürbitten bilden für den Kranken mindestens ein emotionales Netz der Sicherheit: ›Wenn dieser oder jener Mensch für mich betet, kann ich (mit meiner Existenz) nicht verloren- gehen‹. Die Fürbitte kann den Kranken ›tragen‹; die Betenden werden darin für die eigenen Hilfsmöglichkeiten sensibilisiert. Was die Fürbitte darüber hinaus vermag, entzieht sich menschlicher Meßbarkeit; dies ist Sache Gottes.

Wie das *Gebet von Mitmenschen* einem kranken Menschen auf psychosozialer Ebene Heilung zu bringen vermag, so birgt das *individuelle Gebet* eines Menschen therapeutische Kraft auf psychologischer Ebene.

Die Isolation des Kranken wird durch die sich häufig einstellende Sprachlosigkeit verstärkt. Ein kranker Mensch wird oft von einem dumpfen Gefühl des (physischen) Schmerzes und der (psychischen) Trauer heimgesucht. Es gehört zur Tragik schwerer Krankheit, daß die Fähigkeit zur Trauerverarbeitung häufig um so mehr abnimmt, je nötiger sie wäre. In den meisten Menschen herrscht Trauer über ungelebtes Leben, über verpaßte Chancen (der Versöhnung), findet sich ›Unerledigtes‹, das in der Trauer zur Erledigung drängt. Verena Kast[79] hat auf die Gefahren verdrängter oder verhinderter Trauerprozesse aufmerksam gemacht. Nichtverarbeitete Trauer führe insbesondere bei Menschen mit schlechtem Selbstwertgefühl zu depressiven Reaktionen. In geglückten Trauerprozessen könne im Menschen ein neues Selbst- und Weltverhältnis erwachsen. Im Loslassen (eines Ich-Ideals, von Gesundheit, von Lebensentwürfen) eröffnen sich neue Perspektiven, die mit einer Stärkung des Selbstwertgefühls einhergehen.

In diesem Zusammenhang ist an die therapeutische Kraft der Psalmengebete – inbesondere der Klagegebete – zu erinnern, die die Mauer des Schweigens und der Isolation zu brechen vermögen. Der Mensch, der aus eigener Kraft nicht mehr in der Lage ist, seine Not in Worte zu fassen, da er nur einen dumpfen leib-seelischen Schmerz verspürt, kann mit Hilfe einer Gebetsvorlage die eigene Not aus sich heraussprechen. Die Psalmen »können der Seele eine Stimme geben«[80]. Zugleich wird auch hier eine Kommunikationssituation gestiftet, in welcher der Kranke sich von Gott gesehen, gehört und darin getröstet erfährt[81]; die Einsamkeit wird begrenzt.

Wunibald Müller weist auf die große literarische Ähnlichkeit der Psalmen mit Trauergesängen (Myroloya) hin. Sie stimulieren und lenken die Trauer, indem sie der eigenen Not nachspüren, sie in immer neue Bilder kleiden und so wiederholend umspielen und ausgestalten[82]. Der trauernde Mensch erlangt so Zugang zu seinem inneren Schmerz, und die Trauer kann (heraus-)›fließen‹. Ein Beispiel dafür bietet Ps 13:

[2] Bis wann, Jahwe, willst du mich so ganz vergessen?
Bis wann verbirgst du dein Angesicht vor mir?

[3] Bis wann muß ich meine Seele mit Gedanken quälen,
mein Herz mit (Todes-) Kummer (sogar) am Tage?
Bis wann darf sich mein Feind über mich erheben?

[4] Blicke her (auf mich), antworte mir, Jahwe (...).

Der Psalmist trägt hier in immer neuer Wendung Gott leidenschaftlich seine Not vor, indem er verschiedene Dimensionen des ihm widerfahrenen Leides thematisiert[83]. Da findet sich in Vers 2 an erster Stelle eine *theologische Dimension*: Der Psalmist protestiert gegen die Gottesferne, in der er sich erfährt und die doch im Widerspruch zu seiner (Bundes-) Verheißung steht. In Vers 3a ist die *psychische Dimension* des Leids genannt: Der Psalmist protestiert gegen den Seelenschmerz, der seine Kräfte lähmt und allmählich sein Leben zu zerstören droht. In Vers 3b schließlich wird die *soziale Dimension* seiner Not thematisiert: Der Psalmist protestiert gegen den Triumph der Feinde – sei dieser die Projektion eigener Ängste, sei es, daß ihm real von anderen Menschen Leid zugefügt wurde: Krankheit und Leid können ja, wie gesagt, zur Beeinträchtigung der sozialen Beziehungen oder gar zur gänzlichen Isolation des Leidenden führen. Die vierfach wiederholte vorwurfsvolle Frage »Bis wann?« mag Ungeduld aussprechen oder auch Erschöpfung, vielleicht auch »den langen Atem der Hartnäckigkeit und des Widerstandes, der überzeugt ist, daß es so nicht bleiben muß, wie es ist«[84] – in jedem Fall kann ein trauernder Mensch damit seine Not thematisieren, sie aussprechen und so Gott mit seiner alten Verheißung konfrontieren.

Durch das Umspielen eines Motivs und das zyklenartige Erzählen wird der Seele Gelegenheit gegeben, immer neu an den inneren Leidens-Ort (bzw. an den Ort des Abschieds) zu pilgern, wodurch die innere Wunde allmählich zu heilen vermag und der Mensch nach einiger Zeit das Widerfahrnis annehmen, integrieren und es schließlich ›gut sein‹ und (los-) lassen kann.

Wunibald Müller zeigt, daß sich in einigen Psalmen die Phasen des natürlichen Trauerprozesses wiederfinden, die Verena Kast[85] bei ihren Untersuchungen über die Bedeutung der Trauer im therapeutischen Prozeß beobachtet hat. Indem ein Mensch anhand einer solchen Gebets- und Trauervorlage seinem Schmerz nachgehen und ihn zulassen kann, indem er an verschiedenen Stellen des Textes ›hängenbleibt‹, die ihn gerade ›ansprechen‹, weil darin sein eigenes Gefühl Ausdruck findet, vermag er die verschiedenen Trauerphasen innerlich zu durchschreiten und so zu bewältigen. Der Psalm führt ihn, ›nimmt ihn mit‹ – vom Schock und der Erstarrung des Nicht-Wahrhaben-Wollens (erste Trauerphase) zu der Sehnsucht nach dem Verlorenen und der intensiven Erinnerung daran. Sehnsucht und Erinnerung legen den Schmerz offen und führen zu Emotionsstürmen der Trauer, des Zorns und der Schuldgefühle (zweite und dritte Trauerphase:»Verwandlungsphase«) bis hin zur Trennung von dem Verlorenen, bei der nun der Verlust akzeptiert (und losgelassen) werden kann, da im Trauernden sich ein neuer Selbst- und Weltbezug gebildet hat; das innere Gleichgewicht wird allmählich wiedergefunden, ein Neuaufbruch wird möglich (vierte und fünfte Trauerphase). Die Trauerphasen treten nicht chronologisch geordnet hintereinander auf; sie sind vielmehr Elemente, die in der Seele des Menschen immer wieder abwechselnd zur Beachtung drängen, bis der Trauernde den Verlust zu integrieren vermag.

Die Trauerphasen finden sich in fast allen individuellen Klagepsalmen (z. B. Ps 22, 42/43, 55, 56, 69, 86, 88, 102, 130, 143); exemplarisch lassen sie sich an Ps 42 aufzeigen[86]:

[2] Wie der Hirsch lechzt nach frischem Wasser,
so lechzt meine Seele, Gott, nach dir.

[3] Meine Seele dürstet nach Gott,
nach dem lebendigen Gott.
Wann darf ich kommen
und Gottes Antlitz schauen?

[4] Tränen waren mein Brot bei Tag und bei Nacht;
denn man sagt zu mir den ganzen Tag:
›Wo ist nun dein Gott?‹

[5] Das Herz geht mir über, wenn ich daran denke:
wie ich zum Haus Gottes zog in festlicher Schar,
mit Jubel und Dank in feiernder Menge.

[6] Meine Seele, warum bist du so betrübt
und bist so unruhig in mir?
Harre auf Gott; denn ich werde ihm noch danken,
meinem Gott und Retter, auf den ich schaue.

^{7} Betrübt ist meine Seele in mir, darum denke ich an dich
im Jordanland, am Hermon, am Mizar-Berg.

^{8} Flut ruft der Flut zu beim Tosen deiner Wasser,
all deine Wellen und Wogen gehen über mich hin.

^{9} Bei Tag schenke der Herr seine Huld;
ich singe ihm nachts
und flehe zum Gott meines Lebens.

^{10} Ich sage zu Gott, meinem Fels:
›Warum hast du mich vergesssen?
Warum muß ich trauernd umhergehen,
von meinem Feind bedrängt?‹

^{11} Wie ein Stechen in meinen Gliedern
ist für mich der Hohn der Bedränger;
denn sie rufen mir ständig zu:
Wo ist nun dein Gott?

^{12} Meine Seele, warum bist du so betrübt
und bist so unruhig in mir?
Harre auf Gott; denn ich werde ihm noch danken,
meinem Gott und Retter, auf den ich schaue.

Die Verse 2–4 entsprechen der ersten Trauerphase, in der die Gefühle der
Not, der Leere und Verzweiflung ausgesprochen werden. Der Beter »hat Le-
benshunger, aber sein Gott, der ihm diesen Hunger stillen könnte, ist nur in den
Tränen der Sehnsucht ›da‹«[87]. In Vers 5 liegt die zweite Phase vor, in der sich
der Leidende sehnsuchtsvoll an das Verlorene erinnert: Als er in Gemeinschaft
mit anderen nach Jerusalem pilgerte, als ihm Gottes Huld noch nahe war. In
Vers 6 fordert der Beter mit dem Imperativ »*Harre auf Gott*« sich selbst auf,
»sich auszurichten auf ein gelassenes Warten«[88], wieder neu auf die alte Verheißung zu ›setzen‹, die ihm in Fleisch und Blut übergegangen ist – daß der, der
auf Jahwe vertraut, nicht verlorengehen kann. Hier sind Phase 3 und 4 ineinander verwoben: Das Ringen zwischen der Verheißung und seiner ungestümen
und traurigen Seele. In den Versen 7–8 sieht er sich im »äußersten Norden des
Landes der Verheißung«[89], im Jordanland, fühlt sich als Außenseiter unter den
Söhnen und Töchtern Jahwes; sein Herz und seine Seele werden von Chaos-
fluten umspült und bedrängt – der Beter durchlebt seine innere Not (Phase 3).
In der Angst, in den Fluten der Not unterzugehen, klammert er sich in den
Versen 9–10a an den Gott seines Lebens wie an einen Fels (Phase 2). Er klagt
Jahwe in den Versen 10b–11 an, warum er ihn vergessen habe, er schaut seine
Not an (Trauer und Bedrängnis, Stechen in den Gliedern, Hohn der anderen),
wodurch sich allmählich Wandlung vollziehen kann (Phase 3). In seiner Bedrängnis findet der Psalmist betend aus der Todesangst heraus, er ›betet sich
hindurch‹ zu neuem Vertrauen, daß Jahwe ihn nicht im Stich lassen wird: Das

Vertrauen, das in Vers 6 zuerst zaghaft anklang, wird in Vers 12 wieder aufgenommen und erhält nun doppelte Kraft und Überzeugung: Es bildet den roten Faden, wird zum Refrain seines Liedes, das die Klage nun trägt; der Beter vermag seine Situation anzunehmen, sein inneres Gleichgewicht bildet sich neu (Phase 4/5).

Indem der Beter, die Beterin sich dem Psalm ausliefert und darin die eigene Trauer und Wut durcharbeitet, wird er, wird sie vom Psalm auch in die Verwandlung geführt, die einen Neuanfang ermöglicht.

Ein ähnlich spirituell-therapeutischer Prozeß kann durch die Identifikation mit Bildern oder Ikonen[90] in Gang gesetzt werden. Gotthard Fuchs[91] ruft in Erinnerung, daß die Ärzte und Seelsorger in früherer Zeit die Heilkraft von Bildern für therapeutische Zwecke einsetzten. So seien etwa die Schwerstkranken von Isenheim im Spital drei Tage und Nächte vor Grünewalds Kreuzesdarstellung gelegt worden. Durch die »Konfrontation und Identifikation mit dem Gekreuzigten«[92] wurden sie gezwungen, sich ihrer eigenen Krankheitsgeschichte zu stellen. Durch die Auseinandersetzung wurden sie imaginativ hineingezogen in das Schicksal Jesu, und in Erfahrung dieser Solidargemeinschaft konnte sich Wandlung ereignen. Wenn sie auch physisch nicht mehr geheilt werden konnten, so entwickelte sich doch eine neue Perspektive, eine Hoffnung über den Tod hinaus: Aug' in Auge mit dem Gekreuzigten konnten sie glauben, daß sie – wenn sie nun schon so leiden mußten wie Jesus – einmal mit Jesus auch neues Leben geschenkt bekämen. »Die heilende Kraft heiliger Bilder (...) vermittelte ihnen die Realpräsenz des verwundeten Arztes, des heilenden Gottes. Wer hier – wortwörtlich – ›im Bilde war‹, erfuhr Heil«[93].

Wir haben gesehen, daß sowohl das Gebet von Mitmenschen als auch das individuelle Gebet eines Menschen einen Heilungsprozeß fördern können. Das galt zunächst für das *sprachlich artikulierte* Gebet, mit Hilfe dessen dem Menschen Gemeinschaft, Aufgehobensein und Segen zugesagt und präsent gesetzt werden bzw. mit dem Menschen ihre Not aus sich heraussprechen können. Anthony de Mello, der 1987 verstorbene indische Jesuit und Exerzitienmeister, gibt Anleitung zum *nichtsprachlichen* Gebet, in dem Gott auf anderen Wegen wirken, sich auf andere Art Heilung ereignen kann.

De Mello geht davon aus, daß Kommunikation mit Gott nicht nur durch Worte, Bilder und Gedanken, sondern (mindestens) genauso durch die bewußte Wahrnehmung der eigenen Körperempfindungen geschehen kann. Durch urteilsfreie Wahrnehmung jenseits von Intellekt und deutender Reflexion könnten »der mystische Verstand« und »das mystische Herz«[94] gebildet und entfaltet werden. Diese meinen in keiner Weise die körperlichen Organe, vielmehr »ein Vermögen, das uns unmittelbar mit Gott in Beziehung setzen kann, (...) wenn auch auf ›dunkle‹ Weise, das heißt, ohne die Hilfe von Gedanken, Ideen und Bildern«[95]. Worte und Gedanken werden bei diesem Weg eher als Hindernis erlebt – es geht vielmehr um die bewußte Wahrnehmung dessen, was *ist*. Im Erspüren der eigenen Körperregungen und des Atems wächst dem Menschen innere Kraft zu. Darin ist Gott gegenwärtig, was in den Übungen jedoch nicht thematisiert wird – es würde ja wieder Gedanken und Reflexion bedeuten; vielmehr wird die Zueignung und Begegnung mit der göttlichen Kraft unmittelbar ›gelebt‹, wahrgenommen und ›genossen‹: »Je intensiver die Wahrnehmung wird, desto tiefer wird das innere Schweigen. Und während das Schweigen tiefer wird, erlebst du eine Wandlung. Und zu deiner Freude wirst du entdecken, daß Offenbarung nicht in Wissen besteht, sondern in Kraft; eine geheimnisvolle Kraft, die eine Umwandlung in dir bewirkt«[96]. Aus einer solchen äußerlich *und* innerlich schweigenden Begegnung mit Gott in stiller, liebevoller Wahrnehmung – jenseits von Urteilen und Deutung – erwächst Selbststand und Freiheit. Gott kann hier in anderen menschlichen ›Schichten‹ ankommen als über das sprachliche Gebet – er wird über den ganzen Leib und mit allen Sinnen eingelassen.

Über solche meditativen Gebetsübungen kann sich auch Heilung alter seelischer ›Verletzungen‹ ereignen. Durch emotionale und imaginative Rückkehr zu einem schmerzhaften Ereignis, dessen ›Wunde‹ immer noch schmerzt – sei es eine Verletzung, die man selbst erlitten hat, sei es eine Verletzung, die man einem anderen zufügte (und die zusätzlich eine narzißtische Kränkung mit sich bringt) –, wird die alte Situation noch einmal neu durchlebt; sie soll jedoch diesmal im Licht und in der Gegenwart Gottes gesehen und erlebt werden: »(...) Erlebe dieses Ereignis wieder neu (...) Doch versuche diesmal, die Gegenwart des Herrn darin zu entdecken (...) Auf welche Weise ist er darin gegenwärtig?«[97] Die Gefühle und Kränkungen von damals werden so wahrgenommen und angeschaut, sie *dürfen sein*, werden nicht abgespalten, sondern (endlich) in die Mitte – und vor Gott – gestellt. In ihrer Wahrnehmung sind sie angenommen und darin erlöst – der destruktive Stachel ist gezogen. Freilich liegt hier kein Automatismus vor, vielmehr ist dies – wie jede Heilung – ein Prozeß. Durch das immer neue Zurückpilgern zu dem Ereignis verändert und wandelt sich die alte Erfahrung, indem sie mit der eigenen wie mit der Aufmerksamkeit Gottes verbunden wird. Darin zeigt sich die Schöpfermacht Gottes, seine differenziert-komplexe Handlungsfähigkeit, daß er – gewissermaßen ›salus ex nihilo‹ – beständig neue Formen der Heilung beschädigten Lebens aufbaut.

5.2.3 Gebet und Solidarität

Nachdem wir uns vor Augen geführt haben, auf welchen Ebenen die heilende Kraft des Gebets anzusiedeln ist, wenden wir uns nun der solidarischen Kraft zu, die im Gebet vermittelt wird.

Der innere Zusammenhang von Gebet und Solidarität besteht in der Wahrnehmung und Realisation von Zugehörigkeit. Menschen wissen sich durch die gemeinsame Zugehörigkeit zu den Eltern auch ihren Geschwistern verbunden und verpflichtet. Analog dieser Struktur verbünden sich Beterinnen und Beter in ihrer Bindung an die Mitte zugleich mit den Schwestern und Brüdern, den Geschwistern gemeinsamer Herkunft.

Sowohl dem Gebet als auch der Solidarität wohnt eine mystisch-politische Doppelstruktur inne, auf die insbesondere die Befreiungstheologien neu aufmerksam machen. Dies ist insofern nicht verwunderlich, als es sich bei beiden letztlich um eine Praxis handelt, die der Individualisierung entgegensteht; beide schließen den Menschen auf – für andere/s, für Gott, bei beiden Vollzügen versteht sich der so Handelnde korporativ als Glied einer Gemeinschaft, der er sich verbunden und verpflichtet weiß.

Gustavo Gutiérrez, der Vater der lateinamerikanischen Befreiungstheologie, arbeitet in seinem Buch zur ›Spiritualität der Befreiung‹[98] den inneren Zusammenhang von Gebet und Solidarität heraus. Im lateinamerikanischen Kontext, der von unmenschlicher Armut, institutionalisierter Gewalt, von physischem und kulturellem Tod gekennzeichnet ist[99], entdecken Christinnen und Christen neu die befreiende Kraft des Evangeliums. Gutiérrez spricht von einem »kairos«[100], einer hohen Zeit für Lateinamerika. Der neue ermutigende Impuls liege darin, daß das unterdrückte und entrechtete Volk allmählich die Ursachen für seine Unrechtssituation entdecke und sich dagegen zu wehren beginne. Bei diesem Befreiungsprozeß spiele das Evangelium eine entscheidende Rolle: Es sei der Ort, an dem Menschen die Verheißung von gerechtem, menschenwürdigem Leben zugesagt werde. Daraus erwachse »das feste Vertrauen auf die historische Kraft der Armen und insbesondere (...) eine unerschütterliche Hoffnung auf den Herrn«[101]. Dadurch, daß das Volk sich in einer Zeit himmelschreienden Unrechts auf den Ruf Gottes einlasse, breche eine große Zeit der Solidarität in den Ländern Mittel- und Südamerikas auf: Die Armen schließen sich in Gruppen zusammen, in denen sie gemeinsam das Evangelium lesen, es in ihre Situation hinein sprechen lassen und sich gegenseitig stützen und begleiten. Spiritualität – und Gebet als Ort ihrer Einübung – betrifft hier »nicht nur einen Ausschnitt der christlichen Existenz, sondern ist ein Lebensstil, der sein Kennzeichen unserer ganzen Art und Weise aufprägt, wie wir mit der Gabe der Kindschaft als der Grundlage von Brüderlichkeit und Schwesterlichkeit umgehen«[102]. Im Glauben erkennen Menschen ihre Verbundenheit als gleichberechtigte Geschwister, als Söhne und Töchter des einen Gottes, und werden daher zu umfassender Solidarität verpflichtet, die die konkrete Gestalt christlicher Liebe darstellt[103].

Während einerseits Individualismus mit Spiritualismus einhergehe[104] und die Jesusnachfolge entstelle, stünden andererseits Gebet, Solidarität und Martyrium in innerem Zusammenhang[105], der sich darin zeige, daß Menschen sich miteinander auf den Weg (Jesu) machten und in Einklang mit der Gabe Gottes, das heißt nach dem Geist Gottes (Röm 8,4), leben wollten. Der Geist Gottes will das Reich Gottes *für alle* bauen, damit auch für die Armen; genau das aber stellt (bis heute) ein zentrales Motiv für die Ablehnung Jesu (und derjenigen, die seinem Weg folgen) dar[106]. Die Gemeindebildung der Armen sei ein erster Schritt zum Reich Gottes.

Bei diesem Exodus der Armen spielt das Gebet eine entscheidende Rolle. Gutiérrez spricht zunächst davon, daß es der *Ort* sei, *an dem die Armen sowie diejenigen, die sich solidarisch auf ihre Seite gestellt haben, inmitten von Leid und Kampf ihre Hoffnung auf jenen Gott richten, der sie aus der Knechtschaft zur Freiheit ruft (Gal 5,1; Mt 11,2–6)*[107]. Im gemeinsamen Gebet wird die Botschaft vom Heils- und Freiheitswillen Gottes *für alle* je neu zugesagt und angeeignet; sie ruft (die Armen) auf den Weg der Befreiung, sie ruft (die Besitzenden) zur Aufgabe von Privilegien und Reichtümern.

Sei man einmal auf diesem (Kreuz-) Weg, dann sorge das Gebet für die nötige Ausdauer, damit man treu bleibe und nicht hin und her getrieben werde[108]. – Im lateinamerikanischen Kontext haben diejenigen, die sich mit den Machthabenden arrangieren, eine attraktive Position. Wenn sie auch zu Mittätern von Unrecht, Folter und Mord werden, haben sie doch in innerweltlicher Perspektive eine gesicherte Existenz. Wer sich jedoch auf die Seite der Armen stellt, wird vogelfrei und muß auf Verschleppung und Todesschwadrone gefaßt sein. In diesem Kontext ist das Gebet also zweitens *Ort der Treue zu Wort und Weg Jesu.* Es ist die »einzige Sicherheit«[109] auf dem Weg.

Zum dritten wird im Gebet das *Vertrauen auf Gott* immer neu eingeübt; darin wird stets neu realisiert, daß Frieden und Gerechtigkeit im Sinne Gottes letztlich »Gnadengeschenke«[110] sind. Menschen, die sich dem Kampf für Gerechtigkeit verschrieben haben, nehmen hier Abstand vom eigenen Engagement, erspüren immer neu die Grenzen ihrer Machbarkeit und nehmen diese (aktiv) an.

Die Herkunft des Begriffs *Solidarität* birgt einen weiteren Hinweis auf den Zusammenhang von Gebet und Solidarität. Solidarität (»in solidum obligari« = für das Ganze haftend) stellt ursprünglich keinen theologischen Begriff dar, sondern meint – dem Rechtsbereich entstammend – das Verpflichtetsein gegenüber interdependenten Bündnispartnern zur Wahrung eines gemeinsamen Interesses[111]. Zunächst ein Leitbegriff der Arbeiterbewegung, wird Solidarität insbesondere seit dem II. Vatikanischen Konzil zum Brennpunkt katholischer Soziallehre[112] und erfährt hier eine ethische Verschärfung. Während sie ursprünglich nur als reziproke Bündnissolidarität gleichwertiger, starker Partner denkbar war, erstreckt sich christliche Solidarität auch auf Schwächere und nimmt eigenen Verlust in Kauf. Johann Baptist Metz erschließt die *anamnetische* Dimension[113], die – gefährlich erinnernd – auch die Toten umgreift und sich nicht an den Siegern und Starken der Geschichte, sondern an den Leidenden orientiert. Die ökologische Verbundenheit fordert eine *antizipatorische* Solidarität, die den nachkommenden Generationen und dem Fortbestand der Erde gilt.

Spirituelle Verwurzelung trägt maßgeblich dazu bei, daß Menschen ›für das Ganze haften‹ wollen – jedoch nicht aufgrund eines moralischen Appells, sondern aus Liebe.

Angesichts der wachsenden ökologischen Probleme werden von verschiedener Seite ökologische Forderungen und Maßstäbe von hohem moralischem

Anspruch entwickelt. Bei aller Notwendigkeit solcher Öko-Gesetze darf nicht aus den Augen verloren werden, daß Moralvorschriften, insbesondere wenn sie Selbstbescheidung und Verzicht propagieren, für die wenigsten Menschen eine Handlungsmotivation bilden. Menschliches Leben zeichnet sich aus durch ein Verlangen nach Lustgewinn und Bequemlichkeit. Trotz vernünftiger Einsicht in ihre Notwendigkeit lösen Vorschriften auch bei Erwachsenen häufig Trotzreaktionen aus (etwa aus der Angst, ›zu kurz zu kommen‹), und die wenigsten Menschen besitzen die Disziplin für konsequent ökologisches und sozialverträgliches Handeln. Vernunft, Öko-Moral und Gesetz vermögen den Einzelnen nur in geringem Maße zu motivieren, – seien sie rational auch noch so einsichtig. Aus dem zwischenmenschlichen Bereich weiß jeder, daß es letztlich Beziehungen sind, die den Einzelnen in die Pflicht nehmen. Aufgrund von Freundschaft, Liebe und Solidarität sind Menschen bereit, auf etwas zu verzichten, verändern Menschen ihre Gewohnheiten. Wenn gilt, daß es Sympathie, hier verstanden in ihrem eigentlichen Sinn: als Mitleid und Mitgefühl, ist, aufgrund deren Menschen ihre Trägheit und Bequemlichkeit überwinden[114], dann wird auch eine lebendige Beziehung zu Gott, in der sich eine korporative Beziehung zur Natur und den Mitmenschen manifestiert, Menschen dazu verhelfen, ihr Konsum- und Sozialverhalten in globaler Perspektive auf ökologische und gesellschaftliche Verträglichkeit hin zu überprüfen. Nicht in erster Linie aufgrund von Moral, sondern aus Sympathie.

Willigis Jäger, ein bedeutender spiritueller Lehrer unserer Zeit, spricht von einer »Ethik von innen«, die »nicht aus Vorsätzen und Willensappellen, sondern von innen her, aus der tiefen Erfahrung des eigenen Wesens«[115] erwächst, in dem Gott, der die Liebe ist, wohnt: »Das tiefste Wesen des Menschen birgt eine Kraft, die den egoistischen Tendenzen entgegenwirkt und sie ausgleicht, wenn der Mensch sich ihr zu überlassen lernt. (...) Wenn dieses Erleben die tiefsten Wurzeln des Seins durchdringt, sind alle Aktivitäten frei von Ichbesetztheit. Der Mensch ist dann aus ›seinem individuellen und individualistischen Bewußtseinsinteresse herausgeführt in eine größere Gemeinschaft und schließlich in den Kosmos hinein. Er entfaltet sich in diesem Reifungsprozeß zu einem Individuum, dessen sittliches Handeln Ausdruck seines innersten Wesens ist«[116]. Solidarität ist hier Auswirkung und Frucht (nicht Ursache) einer Erfahrung von Liebe und Einheit[117]: Wer liebt, kann manches einfach nicht tun.

Liebe und Beziehung stellen die christliche Grundmotivation schlechthin dar; Leistung geschieht aus Liebe, nicht aufgrund von moralischen Forderungen oder Konkurrenz, denen ein gewalttätiger Zug innewohnt. Christen setzen auf die verletzliche, kleine Liebe, wie sie etwa im Gleichnis vom Senfkorn (Mt 13,31–32) dargestellt wird. Daß diese Liebe ›klein‹ ist, heißt nicht, daß sie auf die ›kurzen‹ Beziehungen beschränkt bleibt. Vielmehr vergewissert sie sich im Gebet ihrer weitreichenden Verantwortung angesichts einer ›zusammenwachsenden‹ Menschheit, und im tätigen Vollzug greift sie in der Verbindung vieler Einzelner und einzelner Gruppen in einer »molekularen Revolution« (Leonardo

Boff) über den Bereich personaler und regionaler Solidarität hinaus. Das verleiht ihr politische Relevanz und macht sie zu einem spirituellen Gegen-Stück zu jener ›Globalisierung‹, die sich heute auf technologisch-ökonomischer Ebene abspielt.

Gebet ist hier der Ort, wo die Beziehung zur Mitte realisiert wird, worin Gott den Betenden auf seine Mitmenschen und die geschöpfliche Welt verweist. Solidarische Praxis ist Antwort und Entsprechung auf die in Jesus Christus Fleisch gewordene Solidarität Gottes mit den Menschen und der Welt.

5.2.4 Gebet als Ort der Entscheidung

Im Gebet werden Beterinnen und Beter in ein geordnetes und dadurch heilendes Verhältnis zu sich selbst, zu ihren Mitmenschen, zur Mitwelt und zur Gesellschaft gesetzt. Warum das so ist, hat Gotthard Fuchs[118] eindrucksvoll beschrieben. Der Kern der Sache liegt in der Wiederentdeckung des Credo und seines Gehaltes hinsichtlich dessen, daß das gläubig-tätige ›Ja‹ als Bekenntnis zu Gott immer auch ein konkretes ›Nein‹ impliziert: Wo Menschen den Jahwe-Gott Jesu als ihren Gott verehren und ihn (tätig) bezeugen, wie dies im ersten Glaubensartikel geschieht, dort bekennen sie gleichzeitig, daß sie allen Götzen, denen sie begegnen bzw. die sie zu Götzen haben werden lassen, absagen wollen; sie erinnern sich, wer in ihrem Leben gerade ein Idol oder einen Abgott darstellt, ›holen ihn wieder herunter von dem Altar‹, auf den sie ihn gestellt hatten, weisen ihm den ihm angemessenen Platz zu und geben Gott wieder ›seinen‹ Platz. Wo Menschen bekennen, daß sie zu Jesus Christus stehen und mit ihm gehen wollen, wie dies im zweiten Glaubensartikel bekannt wird, dort versprechen sie, daß sie sich allen falschen Führern und Ver-Führern entziehen wollen. Sie werden gewahr, wem oder was sie (vielleicht manchmal unbewußt) nachlaufen, weil sie davon Heil erwarten, seien es Menschen, Werte, Dinge, Lebensstandard, Erfolg, Geld, Arbeit, Ansehen, und vermögen sich davon zu lösen, zumindest in dem Maß, in dem sie dies wollen und sich darauf einlassen. Wo Menschen schließlich tätig bekennen, daß sie sich für den Geist Gottes öffnen und sich zu ihm hin verändern wollen, wie dies im dritten Glaubensartikel geschieht, dort erklären sie sich einverstanden, allen zerstörerischen Mächten und Gewalt(en) zu widerstehen, seien es die bei sich selbst, bei anderen oder in gesellschaftlichen Strukturen.

Gerhard Sauter weist darauf hin, daß Gotteserkenntnis bedeute, von Gott »in unterscheidungskräftiger Weise« zu reden, »nicht im allgemeinen oder unbestimmten Gefühl«[119]. Damit stehe in innerem Zusammenhang, daß jede Prädikation Gottes immer ein »praedicare«[120] sei, Verkündigung des Handelns Gottes. Weil Gott sich in der konkreten Geschichte als ein *bestimmter* Gott gezeigt hat, als ein Gott mit bestimmten Optionen (für Arme und Benachteiligte), mit einem bestimmten Stil (Gewaltlosigkeit) und einer bestimmten Intention (Gerechtigkeit, Leben und Liebe für alle und alles), kann man von ihm »nicht in umfassender, sondern allein in unterscheidender Weise reden«[121]; wenn er etwa als der »Liebhaber des Lebens« (Weish 11,26) angerufen wird, wird damit die Unterscheidung von Leben und Tod thematisiert und den Todesmächten eine Absage erteilt. Weil Gott kein unbestimmter ›Allerweltsgott‹[122] ist, können Menschen, die sich auf ihn einlassen, seinen Willen für die jeweilige Gegenwart erkennen und damit die Unterscheidungskraft gewinnen, die die faktische Gegenwart kritisch auf den Willen Gottes hin untersucht.

Mit dem christlichen Taufversprechen ist Christinnen und Christen diese Unterscheidungshilfe an die Hand gegeben, mit der sie ihre biographische und gesellschaftliche Situation auf innere Wahrheit hin überprüfen können. Dieses Bekenntnis muß vom Einzelnen in der jeweils neuen Gegenwart (eigentlich jeden Tag) neu verinnerlicht und realisiert, in Gruppen bezüglich der jeweiligen gesellschaftlichen Situation immer neu verifiziert werden. Dies ist ein Prozeß: man kann das Bekenntnis nicht ›besitzen‹, es muß immer neu gelebt werden.

In dem Maße, in dem Menschen betend und handelnd ihr Verhältnis zu Gott immer neu ehrlich bestimmen, werden sie auch ihre Beziehungen zu Menschen, zur Natur, zu ihrer Arbeit, zu Werten und Dingen immer neu bestimmen, jedem den angemessenen Ort im eigenen Leben zuweisen und sich von todbringenden Mächten und falschen Sicherheiten lösen. Weil sie wachsam sind für die Gegenwart Gottes, kann sich die heilende Schöpfungsordnung in ihnen (immer neu) durchsetzen, vernehmen sie das erlösende Dasein Jesu für ihre jeweilige Gegenwart.

An der Struktur des Taufversprechens wird besonders deutlich, daß jedes Ja auch ein Neinsagen beinhaltet. Jedoch impliziert auch jedes andere Gebet ein solches ›unterscheidendes‹ Bekenntnis[123]. Dies läßt sich beispielhaft an einem der christlichen Hauptgebete, dem ›Vater-unser‹ zeigen. Wenn jemand ›Vater (oder Mutter) unser im Himmel‹ betet, so bekennt er sich zu einem Gott, zu dem man ein familiäres Verhältnis haben kann, ein Gott, der nah und »allzeit um uns in Sorge«[124] ist. Es ist jedoch kein Privatgott, sondern einer, der auch allen anderen Geschöpfen gut will, ihnen Vater und Mutter ist. Das Wort ›unser‹ weitet bereits den Blick auf umfassend geschwisterliche Solidarität. Dies wird in der attributiven Bestimmung des Himmels verstärkt: Der Himmel, der sich über alle Grenzen, jedes Land, jede Zeit und alle Kulturen gleichermaßen hinzieht und diese verbindet, der zu gleicher Zeit dem Tal Regen, den Bergen Sonnenschein beschert, der Erde zugleich Tag *und* Nacht, Hitze *und* Frost bringt, kann als »Bezugsfeld differenzierter Universalität«[125] gelten. Insofern der Himmel immer da ist, spricht er von Vertrautheit, insofern er sich menschlicher Begreifbarkeit entzieht, spricht er von der Transzendenz Gottes. Mit dem Gebetsruf ›Vater unser im Himmel‹ bekennen sich Menschen zu einem Gott, der dem Einzelnen wie allen anderen liebend zugewandt ist und zugleich unverfügbar bleibt. Sie entsagen einem Gott, der für egoistische Interessen zu vereinnahmen wäre.

Wenn sie weiter ›dein Name werde geheiligt‹ beten, dann bekennen sie in großer Ausschließlichkeit, daß ihnen Gott einzigartig wichtig und kostbar ist, daß sie seinem Namen Ehre machen wollen, indem sie seinem (Heilungs-) Willen und seiner Gerechtigkeit Hand und Fuß zu geben bereit sind. Das bedeutet, sich allen Menschen und Mächten zu entziehen, die nur darauf aus sind, ihren Namen groß zu machen, ihre Macht für Eigeninteressen anzuhäufen; es bedeutet, ihnen nicht noch zuzuarbeiten.

Das ›Vater unser‹ beten Christinnen und Christen im Bewußtsein, daß es das Gebet Jesu ist und daß sie es mit ihm (und allen Schwestern und Brüdern Jesu) beten. Mit dem Bezug auf Jesus ist implizit bestimmt, um welche Hoffnung es Beterinnen und Betern geht, wenn sie darum bitten, daß ›sein Reich komme, sein Wille geschehe‹ und daß der Himmel auf der Erde anbrechen möge. Die Verse setzen voraus, daß die Betenden bereits eine Vorstellung vom Reich Gottes besitzen. Die Betenden strecken sich hier aus nach dem Reich, für das Jesus gelebt und gelitten hat. Indem Menschen um dieses Reich beten, erteilen sie allen zerstörerischen Mächten und Gewalt(en) eine Absage. Sie bekräftigen ihre Bereitschaft, sich selbst in den Willen Gottes einzufinden, und widersagen egoistischem Selbstdurchsetzungswillen. Sie bekennen schließlich ihren Glauben, daß Liebe und Gerechtigkeit bereits hier und heute, auf dieser Erde möglich sind, weil Gott ein Gott für die Welt sein will und durch Jesus Christus (und allen, die seiner Fährte folgen) im heiligen Geist bereits gegenwärtig ist. Sie widersagen damit billigen Jenseitsvertröstungen.

Der dritte Teil des Gebetes, in dem um konkrete lebensnotwendige Gaben gebeten wird, ist wieder von dem Possessivpronomen ›unser‹ durchzogen. Es wird nicht allein um Brot oder Vergebung für sich selbst, sondern um Nahrung und Schulderlaß für alle gebetet. Der Einzelne ist auch hier von vornherein in eine Gemeinschaft von Brüdern und Schwestern gestellt, es gibt christlich keine Exklusivseligkeit[126].

5.3 Gebet als Hoffnungsvollzug
(Eschatologische Dimension)

«Bete stets für Gottes Herrlichkeit,
daß sie aus der Verbannung erlöst werde.«[127]

Nachdem wir gesehen haben, auf welche Weise Menschen sich im Gebet neu in die Schöpfungsordnung einfinden und inwiefern sich im Gebet bereits anfanghaft Heil und Heilung ereignen, soll nun die eschatologische Perspektive des Gebets zur Sprache kommen. Ihr kommt innerhalb der drei Dimensionen die größte Eindeutigkeit zu, insofern hier die Vollzugsform mit dem, was sie darstellen will, zusammenfällt. Gebet ist innerhalb der funktionalisierten Räume ein *Leerort* und will gerade dadurch abbilden, daß die Welt einschließlich des Menschen sich nicht aus sich selbst (hinreichend) Sinn zu geben vermag. Als solches ist es *Vollzug von Hoffnung* inmitten der noch unerlösten Welt.

5.3.1 Das Hoffnungsmoment in der Klage

Daß ausgerechnet die Klage mit der Hoffnung verwandt sein soll, scheint zunächst paradox. Um den Hoffnungscharakter der Klage zu zeigen, ist *Klage* zunächst vom *Jammer* zu unterscheiden. Jammern drängt eigentlich nicht auf Veränderung, sondern der Mensch ›suhlt‹ sich in der eigenen Not. Jammern braucht kein Gegenüber, es entspricht narzißtischem Selbstgespräch; im Jammern werden die eigene Mündigkeit, die eigenen Möglichkeiten und die eigene Kraft zur Veränderung verweigert.

Dagegen birgt die Klage eine konstruktive Kraft, die auf Veränderung drängt. Die Klage wendet sich an ein – reales oder imaginatives – Du, das zur Hilfe provoziert wird. Ihr Hoffnungscharakter liegt darin, daß sie den Kontrast zwischen gegenwärtig erfahrenem Unrecht und der verheißenen (und im Modus der Sehnsucht stets gegenwärtigen) Gerechtigkeit leidenschaftlich zum Ausdruck bringt. Die Klage ist insofern auch mit dem Zorn verwandt, der erst in der Apathie bürgerlicher Gesellschaft in Verruf kam. Noch Thomas von Aquin erkannte den Zorn als Leidenschaft, als normale Reaktion auf Unrecht[128]; als solcher ist er für das sittliche Handeln von Bedeutung – sofern er von der Vernunft geleitet ist und sich am Recht orientiert. Die Klage birgt den Zorn über widerfahrenes Unrecht; die Weigerung, sich mit Unrecht abzufinden, birgt Hoffnung auf Zukunft.

Die Klage nimmt einerseits den so Betenden in die Pflicht, sich selbst in Wahrnehmung seiner Freiheit und Mündigkeit für die Veränderung einzusetzen; er weiß ja, daß Gott seiner Mithilfe bedarf, um sein Reich bauen zu können. Insofern hat sie *stimulierende* Funktion. Andererseits wird in der Klage die eigene Aggressivität *reguliert*, indem sie Gott anheimgegeben wird. Der Ärger, die Ängste und Verletzungen dürfen vorkommen, brauchen nicht verdrängt zu werden, werden aber in die Hände Gottes gelegt. Die Aggressionen finden so »einen ›besseren‹ Ort, als wenn sie sich zerstörerisch gegen die Feinde selber richteten«[129].

Im Gebet wird so die *eigene Handlungsfähigkeit* mit dem Vertrauen in *Gottes Wirkmächtigkeit*, die sich als gewaltlose Liebe qualifiziert hat, verbunden. Darin wächst dem Beter, der Beterin die Kraft zu, auch ohne eigene Gewaltanwendung an das Wachsen des Gottesreiches glauben zu können und nach Handlungs- und Wandlungsmöglichkeiten zu suchen, die mit dem Stil Gottes verwandt sind – in Liebe, Gewaltlosigkeit und schöpferischen Initiativen. So läßt der Beter, die Beterin sich selber im Gebet »zur Hoffnung (auf Gott und Mensch) überwinden«[130].

Ein zweiter Aspekt der Hoffnung in der Klage liegt darin, daß in ihr die Not ausgesprochen wird[131] und daß Tat und Täter beim Namen genannt werden.

Ein Beispiel dafür bietet Ps 55, den Ulrike Bail daraufhin untersucht hat, inwieweit seine »Sprachstruktur (...) den spezifischen Gewalterfahrungen von Frauen Raum geben kann«[132].

Während im Psalm David als Subjekt genannt und somit das Gebet mit männlichen Erfahrungen verknüpft wird, setzt Bail eine Frau als mögliches Subjekt des Gebets und zeigt, daß die Erfahrungen einer Frau (bis heute) den Psalm zu füllen vermögen und seine Interpretation verändern. Sie zeigt, welche Identifikationsmöglichkeiten der Psalm bietet, um erlebte Gewalt, die meist nur als großer, diffuser Schrecken existiert, aussprechen zu können. Der Klagepsalm eröffnet verschiedene »Bildräume«[133], in die die Beterin sich erinnernd-imaginativ hineinversetzen, in denen der Schmerz zur Sprache kommen kann. So wird dort die Stadt als »Raum der Gewalt«[134] beschrieben, bevölkert von Personen, die Gewalt verkörpern. Die Stadt, die mit ihren Mauern eigentlich Schutz vermitteln soll, bietet keine Zuflucht mehr, die »Grenze zwischen innen und außen ist (...) verletzt und markiert keine Schutzfunktion mehr«[135]. Der andere Bildraum, den der Psalm eröffnet, ist die Wüste; sie ist »als Gegenraum zum Gewaltraum Stadt konzipiert«[136]. Ursprünglich ein Ort der Gefahren und des Todes, wird die Wüste hier zum Zufluchtsort. Somit drehen sich in Ps 55 die üblichen Konnotationen um: Was eigentlich Schutzraum ist, wird zum Ort der Gewalt, der Raum der Gefahren wird zur Zuflucht. In diesen Bildräumen vermag die Beterin die ihr widerfahrene Gewalt auszusprechen – ihre Grenzen wurden gewalttätig verletzt, sie sucht sich in einen fiktiven Zufluchtsort zu flüchten.

Während die Beterin sich durch die Bildräume der Tat zunächst angenähert hat, spricht sie in V 14 den Täter direkt an: »Du aber, ein Mensch meinesgleichen, mein Vertrauter, mein Bekannter«. Es wird aufgezeigt, daß der Täter in einem Vertrauensverhältnis zur Beterin stand, was an einen Mißbrauch dieses Vertrauens denken läßt. Darauf weist auch V 21 hin, in dem ein Bund erwähnt wird, der nun verletzt und entweiht ist. Während die Beterin vorher in der 1. Person Singular gesprochen hat, wechselt sie in V 14 plötzlich in die 2. Person Singular und klagt den Täter direkt an: »Der Vertraute wird in Ps 55 öffentlich bloßgestellt als einer, der tatsächlich wie ein Feind gehandelt hat«[137].

Des weiteren wird die Rede des Täters entlarvt, dessen Schmeichelei sich als Lügensprache, gar als Waffe erwiesen hat.

Die Gewalt setzt sich auch nach der Tat in der Sprache der Täter fort, in der Art und Weise, wie sie die Wirklichkeit der Gewalt repräsentiert: Indem sie den Tatbestand ›Vergewaltigung‹ als ›Eigentumsdelikt‹ definiert und die Gewalt, die der Frau dabei angetan wird, ausgeblendet und verschwiegen wird, setzt sich die Gewalt auf verbaler Ebene fort. Dagegen läßt »das Benennen der Tat und des Täters sowie die Entlarvung seines Gebrauchs der Sprache (...) Ps 55 als eine Alternative zum Diskurs der Gewalt erscheinen«[138], indem die Macht der Gewalt wenigstens punktuell unterbrochen wird[139].

Die Kraft zu einer Sprache des Widerstandes erhält die Beterin dadurch, daß sie sich von Gott gehört und so immer schon ins Recht gesetzt weiß. Durch dieses Vertrauen vermag die Beterin die Tat zu benennen, den Täter anzuklagen und schließlich »den Blick von der Gewalt abzuwenden und sich selbst wahrzunehmen, und zwar als Subjekt, das sich selbst definiert und eine Zukunftsperspektive entwirft«[140]. So wächst ihr neue Identität zu (V 17) – indem sie ihre Identität mit der Identität Gottes verbindet, der immer schon an der Seite derer steht, die Gewalt erleiden.

Die Klagepsalmen bezeugen, daß Gott angesichts von Unrecht und Leid nicht neutral ist; in ihnen wird existentiell eingeholt, daß Gott auf der Seite der Unterdrückten steht und Befreiung will. Sie entlarven Unrechtsmechanismen und bringen die Dimension der Schuld ins Spiel. Es fällt auf, daß insbesondere in Ländern, die von Unterdrückung und Terror beherrscht sind, Christinnen und Christen die Klagepsalmen als ihre Gebete entdecken. Berühmt geworden sind die aktualisierenden Psalmübertragungen von Ernesto Cardenal[141]. Die Klage drängt zur Befreiung, die »Klage deckt auf«[142]. Klage drängt auf Veränderung, Klage nennt Tat und Täter beim Namen und unterbricht so den Kreislauf der Gewalt, dem ein Drang zur Leugnung und Verschleierung innewohnt. Sie ist »elementarste Form des geistlichen Widerstandes«[143].

Ein weiteres Hoffnungsmoment der Klage liegt darin, daß sie – etwa im Gegensatz zu Bittgebeten – im allgemeinen mit einer Erhörungsgewißheit, das heißt mit tieferem Gottvertrauen, endet. Die Erhörungsgewißheit in den Klagepsalmen hat historisch im priesterlichen Heilsorakel ihren Ursprung[144]: Nachdem der einzelne Beter im Heiligtum vor Jahwe getreten war und seine Klage vorgetragen hatte, trat der Priester auf, wandte sich mit einem Orakel Jahwes an den Beter und sagte ihm die Erhörung zu. Natürlich konnten auch damals der Beter, die Beterin die befreiende Erfahrung göttlicher Zuwendung unabhängig vom Heilsorakel im täglichen Leben gewinnen und sie als Erhörungserfahrung deuten[145].

Auf psychologischer Ebene gilt, daß Not nicht durch Verdrängung oder Verschleierung, sondern durch bewußte Wahrnehmung und Bearbeitung gemindert wird[146]. Im Hindurchschreiten durch die Not erwächst Hoffnung, in der Krise entsteht die überraschende Gewißheit, daß Gott hört und den Beter nicht allein läßt. Ottmar Fuchs weist darauf hin, daß sich etwa in Ps 22 bei dem plötzlichen Umsprung von der Not in die Erhörungsgewißheit (V 22b) äußerlich nichts verändert habe, es sei kein Wunder geschehen. Geändert habe sich aber im Gebetsverlauf »die Beziehung zu Gott, insofern sich ein neues und intensives Vertrauen einstellt«[147]. Die sich neu realisierende Beziehung bringt Trost und Hoffnung. Der Beter wird von Gott von neuem überrascht, daß er – der große Gott – sich in die tiefsten Niederungen des Lebens begibt, daß er dort ist, wo kein Mensch sein will. Das Hoffnungsmoment besteht hier im Erweis seiner Nähe, indem er sich neu und erneuernd als Gott und Begleiter der Armen offenbart und ihnen Zukunft eröffnet.

5.3.2 Gebet als Leer-Raum für die ständige Revision durch Gott

Sowohl der Welt als auch jedem Menschen wohnt ein Versprechen inne, das innerhalb der Daten dieser Welt nicht eingelöst zu werden scheint, das andererseits im Modus der Hoffnung alles durchdringt und permanent gegenwärtig ist. Es ist das Verlangen nach endgültigem Heil, endgültiger Ganzheit, endgültigem An- und Aufgenommensein. Dieses Verlangen bildet einerseits die Motivation für menschliches Handeln, vielleicht für Leben schlechthin. Andererseits droht es im alltäglichen Geschäft wie im gewohnten Naturablauf verschüttet zu werden; es fällt Menschen schwer, die Spannung zwischen erfahrenem Glück und der ausstehenden Verheißung auszuhalten. Fulbert Steffensky fragt in diesem Sinne nach einem möglichen Zusammenhang zwischen dem imperialen Umgang des Menschen mit sich selbst und der außermenschlichen Natur und »dem Verlust der passiven Stärken des Menschen, (...) der Geduld, der Langsamkeit, dem Wartenkönnen, der Fähigkeit, sich aus der Hand zu geben«[148]. Der Verlust dieser Fähigkeiten, die Verschüttung und Verdrängung der kontingent-endlichen Realität führt zu allerlei Kompensationsversuchen, seien es Machtsteigerung (durch Kapital, Leistung, Wissen, Status, Gewalt), Konsum oder (Freizeit-) Beschäftigungen. Es sind Fluchten, mit deren Hilfe Menschen sich selbst zu produzieren bzw. sich Leben zu rauben versuchen. Im Gebet dagegen tun Menschen (primär) nichts[149], sie lösen sich gerade von der (notwendigen) Arbeit und aus Sachzwängen[150], die immer in der Gefahr stehen, so lückenlos zu funktionieren, daß sie sich selbst verabsolutieren oder die Menschen sich in ihnen verschließen. Innerhalb unserer Produktionszeiten ist das Gebet eine *Aus-Zeit*[151], innerhalb unserer Funktionsräume ist es ein *Leer-Raum*. Es ist der Ort, an dem Menschen von sich selbst und dem eigenen Tun Abstand nehmen, damit ein anderer an ihnen etwas tun kann, es ist der Ort, an dem der größeren Hoffnung, die über das bereits erfahrene Glück hinausgeht, Raum gegeben wird. Hier stellt sich der Mensch der Spannung zur ausstehenden, auf dieser Welt nicht einlösbaren Verheißung; sie wird in ›angemessener Aktivität‹ ausgehalten, nämlich im Modus der offenbleibenden Erwartung, die sich nicht wieder vorschnell mit materiell-vordergründigen Sinnstiftungen zu befriedigen sucht.

Was sich im Gebet ereignet, wird im Kult – der ja immer vom Gebet begleitet und getragen wird – durch Gesten ganzheitlicher gegenwärtig gesetzt[152]. In der Religionsgeschichte begegnet eine Fülle von Beispielen, bei denen in den (notwendigen) Kontinuitäten der Welt eine Stelle ausgespart wird, in die hinein das Göttliche neu und erneuernd ankommen kann. Erinnert sei etwa an das Ausfegen des alten Sauerteiges vor dem jüdischen Pessahmahl. Der Sauerteig, von dem ein Teil immer weitergegeben wird, verbürgt eigentlich (lebensnotwendige) Kontinuität. Jedoch wird einmal im Jahr aller Sauerteig vernichtet, alle Krümel werden ausgefegt. Die Kontinuität wird bewußt unterbrochen, um die Gabe des Lebens aus dem Ursprung neu zu empfangen[153].

Ein anderes Beispiel von hoher gesellschaftlicher Relevanz ist der Zusammenhang von Kultur und Askese, auf den Carl Friedrich von Weizsäcker hinweist. In der Geschichte seien alle Hochkulturen davon geprägt gewesen, daß in ihrer Mitte die bewußt aus religiösen Gründen Entsagenden gelebt hätten, und diese hätten aufgrund ihrer Entsagung zugleich ein hohes Maß an Kultur entwickelt. Religion sei durch die Jahrtausende kulturtragend gewesen, weil sie zugleich die verkörperte Kulturkritik enthalten habe[154]. Johann Baptist Metz zeigt, daß christliche Askese keineswegs Weltflucht, sondern einen »elementaren Zug christlicher Weltverantwortung«[155] darstellt, insofern sie die in sich verfestigte Welt aufbreche. »Hier wird nicht die Solidarität mit der Welt überhaupt kritisiert, sondern der Konformismus mit der bestehenden, ins eigene Ansehen verliebten und sich selbst rühmenden Welt (außer uns und in uns!), die sich ihre Zukunft aus sich selbst zu geben sucht und alles Künftige zu einer Funktion ihrer machtvollen Gegenwart degradiert«[156].

Durch bewußten Verzicht auf Güter wird dem Streben nach Lustbefriedigung, Vergnügen, Bequemlichkeit und Machtsteigerung eine eschatologische Perspektive entgegengesetzt: Wer oder was trägt weiter? Was ist letztlich wichtig, was hat Gültigkeit? Keine Weltverachtung ist also gemeint, vielmehr eine Enthaltsamkeit, mit der Menschen der Hoffnung auf eine Zukunft, wie sie von Gott verheißen ist, mit der eigenen offengehaltenen Existenz entsprechen.

Zu allen Zeiten bestand ein Zusammenhang von Gebet und Askese. Durch Askese wird der Kreislauf der Selbstverständlichkeiten (des Sich-Produzieren-Wollens, der Triebbefriedigung) unterbrochen. Durch Gebet (vor dem Essen, zwischen zwei Arbeitseinheiten) wird der normale Ablauf unterbrochen, der sonst zur banalen Tatsächlichkeit und Selbstgerechtigkeit verkommt. Gebet und Askese sind also verwandt: Beide entspringen leidenschaftlicher Solidarität für die Welt, beide entwerfen in die Gegenwart die noch ausstehende Zukunft Gottes, was freilich zum schmerzlichen Konflikt und »zur verzichtvollen Entzweiung«[157] mit der gegenwärtigen Welt führt.

Bei all den heimlichen, aber faktischen Götzendiensten bedeutet die Verehrung des Gottes Jesu bis heute eine *Aussparung* am Götterhimmel (Apg 17,22ff). Beterinnen und Beter bezeugen mit ihrer Existenz die Verheißung des ›Mehr‹, die Mensch und Welt innewohnt, ohne es sich selbstmächtig nehmen zu wollen. Sie halten sich offen und lassen sich nicht mit vordergründigen Glücksverheißungen abspeisen. Dadurch wird das Gebet zu einem Ort, an dem sowohl das eigene Wollen und Handeln wie die Abläufe der Welt für die ständige Revision durch Gott offengehalten werden.

5.3.3 Schweigen und Loben

»Mit welchem Namen soll ich dich anrufen,
der Du über allen Namen bist?

Du, der ›Über-Alles‹,
welchen Namen soll ich Dir geben?
Welcher Hymnus kann Dein Lob singen?
Welches Wort von Dir sprechen?

Kein Geist kann in Dein Geheimnis eindringen,
kein Verstand Dich verstehen.

Von Dir geht alles Sprechen aus,
aber Du bist über aller Sprache.
Von Dir stammt alles Denken,
aber Du bist über allen Gedanken.

Alle Dinge rufen Dich aus,
die Stummen und die mit Sprache begabten.
Alle Dinge vereinen sich, Dich zu feiern,
das Unbewußte und das, was bewußt ist (...)«[158]

Dem Offenhalten der Gegenwart für die Verheißungen Gottes muß die Form des Gebets entsprechen. Darum wird im Gebet nie nur die Weltsituation reflektiert und thematisiert, womit wieder nur der normale Kreislauf reproduziert würde, sondern es braucht auch Zeiten, die allein vom Gegenüber des Gebets bestimmt sind. Es ist ja von der Welt verschieden und kann ihr darum Auswege und Visionen schenken.

Aus dem zwischenmenschlichen Bereich ist bekannt, daß Freundschaft nur dort gelingt, wo sich die Partner einander nicht nur für Information und Funktion öffnen, sondern zugleich bereit sind, sich als ganze Person mit dem anderen auf eine offene Zukunft einzulassen. Offenheit schließt die Bereitschaft ein, jedes Bild, das man sich vom anderen wie von der ›gemeinsamen Zukunft‹ gemacht hat, immer wieder zu durchbrechen auf das größere Geheimnis hin, das ›hinter‹ diesem Bild liegt[159].

Dieses Offenhalten für Gott geschieht dort, wo Menschen einmal von sich selbst absehen und sich ganz auf Gott einlassen. Im echten *Schweigen, Hören* und Leerwerden-Wollen kann ein anderer in der Mitte der Existenz des Betenden ankommen, dort wird der Mensch für Gott erreichbar. Die andere Möglichkeit ist die des *Lobes.* Auch hier steht der andere im Mittelpunkt; seine Freiheit und Unverfügbarkeit ist implizit gewollt und anerkannt. Indem der Mensch Gott lobend als den anruft, als der er sich in der Geschichte erwiesen hat, eröffnet er der Gegenwart eine neue Perspektive: Gott vermag heute wie damals aus aussichtsloser Situation herauszuführen.

In der biblisch-christlichen Tradition existiert eine Fülle von Gebeten, Hymnen und Liedern, mit deren Hilfe Menschen sich der Verheißungen Gottes erinnern und ihre Vorstellungen durch die Vorstellungen Gottes revidieren lassen können. In Gebeten und Liedern, in denen die Großtaten Gottes gepriesen werden, geben Menschen ihre (oft kleingläubigen, kurzsichtigen oder überzogenen) Wünsche und Vorstellungen für die Zukunft auf, orientieren sich neu an den Perspektiven Gottes. Erinnert sei etwa an das Magnificat (Lk 1,46–55), das Dietrich Bonhoeffer »das leidenschaftlichste, wildeste, (...) revolutionärste Adventslied«[160] nennt, das je gesungen worden sei. Maria singt hier – stolz und kühn – von einer Umkehrung der Verhältnisse, wie sie radikaler nicht sein könnte. Da ist von der hohen Wertschätzung die Rede, die Gott der Frau (und mit ihr allen Frauen, die in der damals wie heute patriarchalen Gesellschaft benachteiligt sind und auf viele Arten gedemütigt werden) entgegenbringt und durch die sie – die Niedrige – groß wird. Da wird der Sturz der Mächtigen angesagt, die Zerstreuung der Hochmütigen, die Demütigung der Herren und Reichen dieser Welt, während die Verkrümmten aufgerichtet, die Hungernden gesättigt werden. Menschen durchbrechen im Gebet nicht nur die Abläufe der Welt, sondern auch immer wieder die eigenen Vorstellungen von Gott sowie die eigenen Wünsche an ihn: Indem sie in der oft brutal-banalen Gegenwart provokativ das Lob Gottes singen und damit das verheißene Reich der Gerechtigkeit nicht dem Jenseits überlassen, sondern fragend nach der Gegenwart Gottes Ausschau halten, realisieren sie die eschatologische Dimension des Gebets. Sie konfrontieren die Gegenwart mit den Verheißungen Gottes, die Verheißungen für *diese* Welt sind, und tragen ihr so neue Hoffnung zu, aus der befreiendes Handeln überhaupt erst möglich wird. Im Lobgebet wird das Reich Gottes bereits antizipiert; eigene fehlgeleitete Wünsche und Erwartungen an Gott, etwa solche, die er – aufgrund seiner Selbstzurücknahme – gar nicht leisten kann, werden – strenggenommen von Gott selbst – revidiert. Das Lobgebet benutzt Bilder und lebt von Geschichten, in denen von den Taten Gottes in der Vergangenheit lobend gesprochen wird. Diese Bilder jedoch werden im Lobgebet immer wieder durchbrochen und überschritten, damit Gott nicht in die Vergangenheit eingeschlossen wird, sondern sich heute als derselbe erweisen kann, der bereits Israel aus Ägypten befreit hat und der in Jesus Christus den Menschen unwiderruflich helfend und heilend zur Seite steht.

5.3.4 Der Rückverweis der Hoffnung in das Handeln

Die Botschaft Jesu und die Auferweckung des Gekreuzigten weisen über den Tod hinaus auf einen Gott, der absolute Zukunft und die erhoffte Fülle der Wirklichkeit für den Menschen verbürgt. Im Gebet scheint – im Modus der Sehnsucht und Hoffnung – proleptisch eine solche Qualität von (»ewigem«) Leben auf, da Gott sich bereits hier und heute als Vollender von Welt und Geschichte erweisen will. Die Hoffnung auf solches Leben knüpft an eigene Erfahrungen des Menschen an, in denen ihm bereits anfanghaft jenes Glück der Liebe aufgeschienen ist, das einmal »alles in allem« sein, gestalten und erneuern wird (1 Kor 12,6; Offb 21,3f).

Im Gebet verwurzeln sich Menschen in dieser Hoffnung und dem Hoffnungsstifter schlechthin. Hoffnung ist eine Kraft, die in der Gefährdung nicht verzagt, sondern zum mutigen und wachsamen Einsatz befähigt; sie hilft, der Wirklichkeit unbefangen und nüchtern zu begegnen. Der Grund christlicher Hoffnung liegt in Gottes Treue, die er in Jesus Christus unwiderruflich zugesagt hat (1 Petr 1,3f; Röm 5,1–5). Christliche Hoffnung unterscheidet sich von einer bloßen Hoffnung auf Bedürfnisbefriedigung, sie übersteigt und durchbricht die Bedürfnisstruktur und »widersteht einer totalen Anpassung der Sehnsucht des Menschen an seine Bedürfniswelt«[161]. Christliche Hoffnung zeichnet sich dadurch aus, daß sie – im Blick auf das Kreuz Jesu – die Leidensgeschichte der Welt und der Menschen ernst nimmt und zu liebender und tätiger Zeitgenossenschaft drängt: »Sie läßt es nämlich nicht zu, daß wir über seiner (Jesu Christi) Leidensgeschichte die anonyme Leidensgeschichte der Welt vergessen; sie läßt es nicht zu, daß wir über seinem Kreuz die vielen Kreuze in der Welt übersehen, neben seiner Passion die vielen Qualen verschweigen, die ungezählten namenlosen Untergänge, das sprachlos erstickte Leiden (...)«[162]. Christliche Hoffnung spricht von einer Zukunft für die Toten, und gerade darum, »weil sie, die Vergessenen, unvergeßlich sind im Gedenken des lebendigen Gottes und für immer in ihm leben, spricht dieses Hoffnungswort von einer wahrhaft menschlichen Zukunft, die nicht immer wieder von den Wogen einer anonymen Evolution überrollt wird. Gerade weil es von einer Zukunft für die Toten spricht, ist es (...) ein Wort des Widerstandes gegen jeden Versuch, den immer wieder ersehnten Sinn menschlichen Lebens zu halbieren und ihn allenfalls für die Durchgekommenen, die Sieger und Nutznießer der Geschichte zu reservieren«[163].

Christliche Spiritualität zeichnet sich daher insbesondere als Konfrontation mit dem Gekreuzigten aus. Zum Selbstverständnis der Christinnen und Christen gehört es, daß sie sich immer wieder unter das Kreuz (Jesu und darin ›unter‹ die Kreuze der heute Notleidenden) stellen und ehrlich zu fragen wagen, ob sie und sie in ihrer Arbeit dem Gekreuzigten die Treue gehalten haben, ob sie sich, ihr Denken und Tun noch vom Schrei des (und der) Gekreuzigten aufstören lassen oder ob sie ihn (und seine Freunde) faktisch begraben haben. Eine solche immer wieder erneuerte kritische Selbstbesinnung ist vor allem unabdingbar für Menschen, die die Verkündigung des Gekreuzigten zu ihrem Lebensberuf gemacht haben.

Die Hoffnung auf die Auferweckung der Toten befreit zu einem Leben gegen die reine Selbstdurchsetzung und Selbstbehauptung; sie stiftet zur Liebe an, zur tätigen Solidarität, die sich dafür einsetzt, das Leiden anderer zu wandeln.

Indem Gott dem Menschen die Hoffnung und Sehnsucht auf gelungenes Leben für alle eingestiftet hat und sie (nicht nur, aber auch) im Gebet immer neu übereignet, befähigt er die Menschen dazu, in Wahrnehmung ihrer Mündigkeit und Freiheit Mitschöpferinnen und Mitschöpfern an seinem Reich zu sein; in der Zueignung seiner selbst befreit er von egoistischer Sorge um sich selbst zum Tun des Gerechten und der Liebe. Christliche Hoffnung wird lebendig und gewinnt Hand und Fuß, indem sie zur Tat wird. Sie entfaltet sich als Praxis, die das Freiheits- und Heilshandeln Gottes in die Bezüge dieser Welt auslegt. Eine solche Praxis zielt auf umfassende, versöhnte Gemeinschaft (communio) aller Menschen und alles Geschaffenen mit Gott und in Gott.

Die Formel »Ich hoffe – für uns – auf dich« zeigt die Struktur christlicher Spiritualität[164]: Der einzelne Mensch mit seinem ureigenen Leben und Wünschen erfährt sich glaubend immer schon hingeordnet auf Gott. In dieser Grundbewegung vollzieht sich menschliches Leben, indem Menschen in allem Suchen und Tun letztlich nach Gott, nach Erlösung und Vollendung drängen. In die Bewegung der Erwartung und Hoffnung sind korporativ auch die anderen Menschen wie die Natur, ihre Zukunft und Vollendung hineingenommen. Die Hoffnung auf Gott fordert die Mitarbeit jedes einzelnen, da Gott sich selbst darauf festgelegt hat, nicht über die Köpfe und Hände der Menschen hinweg zu handeln.

Gebet ist Zeichen und Realisation dessen, daß auch Gott sich ›seinerseits‹ auf uns zubewegt, als wollte er zusagen: »Ich (Gott) hoffe auf euch (Menschen)!«

5.4 Gebet in der Welt: Übereinstimmung – Kontrast – Vision oder: Dank – Klage und Bitte – Lob

Im Gebet werden Grundunterscheidungen realisiert, die die Wirklichkeitserfahrung der Glaubenden charakterisieren, sei es der »wohltuende Unterschied«[165] von Gott und Mensch, sei es die Unterscheidung der vielfältigdifferenzierten Gegenwart von Gott als Schöpfer, Gott als Erlöser und Gott als Vollender. Sie sind im Gebet kein Gegenstand theologischer Reflexion, vielmehr werden sie unausdrücklich-implizit vollzogen. In diesen Unterscheidungen verbindet sich das Gebet mit der Aufgabe der Gotteserkenntnis, es ist »Praxis einer bestimmten Wahrnehmung Gottes«[166]. Entsprechend den menschlichen Grundbefindlichkeiten, in denen Gott mit seiner reichgestaltigen Gegenwart präsent sein will, entfaltet sich das Gebet in die Formen von Dank, Klage bzw. Bitte und Lob, in denen zugleich die verschiedenen Prädikationen Gottes als Schöpfer, Erlöser und Vollender wahr- und angenommen werden, wie sie im ersten Teil dieser Studie entfaltet wurden. Es wäre jedoch unzutreffend, den Dank allein dem Schöpfer, Bitte und Klage dem Erlöser, das Lob aber dem Vollender zuzuordnen, da ja die Dimensionen göttlichen Handelns einander durchdringen, da es ja der eine selbe Gott ist, der sich auf verschiedene Weise kundtut, in dessen Heilshandeln sich seine Schöpferkraft zeigt.

Im *Dankgebet* wird die *Übereinstimmung* mit dem Gegebenen und Geschehenen realisiert: »Was geschieht, wird als das, was von Gott her geschieht und sich von ihm ereignet hat, aufgenommen«[167]. Menschen wenden sich dankend zurück an den, der sie und die ganze Schöpfung wohlwollend erhält und begleitet, fügen sich neu ein in die große Schöpfungsordnung und finden darin ihren je eigenen Platz. Im Dankgebet geht es um die Grundannahme von Kontingenz[168], in ihm wird Selbst- und Weltannahme realisiert[169].

Im *Klage- und Bittgebet* kommt der *Kontrast* zwischen der bedrückenden Welterfahrung des Menschen und den Verheißungen Gottes zur Sprache, die der Betende nicht in Einklang miteinander bringen kann. Zugleich fragt das Bittgebet nach der Unterscheidung und Übereinstimmung dessen, »was Gott will und tut, mit dem, was wir tun können und sollen«[170]. Damit wird dem soteriologischen Handeln Gottes in der Welt Raum gegeben.

Im *Lobgebet* schließlich sehen die Beterin und der Beter von sich selbst und dem eigenen Können ab, stimmen ein in eine alte, doch stets verborgen gegenwärtige *Vision* und übersteigen darin hoffend das eigene Leistungsvermögen: Gott ist der, dem das große ›Mehr‹ zugetraut wird. Als solches ist Lob *Bekenntnis*. Gott wird als der angesprochen und bekannt, als der er in der Geschichte bereits erfahren worden ist. Diese Taten Gottes, in denen er sich als Begleiter, Befreier und Freund des Lebens geoffenbart hat, lassen die verheißene endgültige Gemeinschaft mit Gott bereits anfanghaft aufleuchten. Indem sie in der Gegenwart antizipierend neu erzählt werden – sei es in hoffnungsloser Situation als provokativer Gegenentwurf ›wider alle Hoffnung‹[171], sei es als überfließender Lobpreis aus der Situation großen Glücks[172] oder sei es aus der Situation mystischer Verschmelzung[173] –, kann Gott sich darin auch heute als der erweisen, der er damals war, wodurch der Gegenwart neue Hoffnung geschenkt wird.

Christliches Beten ist Zusammenklang der unterschiedenen Gebetsformen. Dies soll nun noch beispielhaft in einer Analyse des Te Deum gezeigt werden[174]. Bei diesem Gebetstext handelt es sich um einen altchristlichen Hymnus, dessen Abfassungszeit bereits für das 4. Jahrhundert angenommen wird[175].

Dich, Gott, *loben* wir, dich, Herr, preisen wir.
Dir, dem ewigen Vater, huldigt das Erdenrund.
Dir rufen die Engel alle,
dir Himmel und Mächte insgesamt,
die Kerubim dir und die Serafim
mit niemals endender Stimme zu:
Heilig, heilig, heilig
der Herr, der Gott der Scharen!
Voll sind Himmel und Erde
von deiner hohen Herrlichkeit.

Dich preist der glorreiche Chor der Apostel;
dich der Propheten lobwürdige Zahl;
dich der Märtyrer leuchtendes Heer;
dich preist über das Erdenrund
die heilige Kirche;
dich, den Vater unermeßbarer Majestät;
deinen wahren und einzigen Sohn;
und den Heiligen Fürsprecher Geist.

Du König der Herrlichkeit, Christus.
Du bist des Vaters allewiger Sohn.
Du hast der Jungfrau Schoß nicht verschmäht,

bist Mensch geworden,
den Menschen zu befreien.
Du hast bezwungen des Todes Stachel
und denen, die glauben,
die Reiche der Himmel aufgetan.

Du sitzest zur Rechten Gottes
in deines Vaters Herrlichkeit.
Als Richter, so glauben wir,
kehrst du einst wieder.
Dich *bitten* wir *denn,*
komm deinen Dienern zu Hilfe,
die du erlöst mit kostbarem Blut.
In der ewigen Herrlichkeit
zähle uns deinen Heiligen zu[176].

Formal ist jener dreiteilige Aufbau erkennbar, der in der lobpreisenden Anrufung der jüdischen Berakha seinen Ursprung hat und sich aus Lob bzw. Anrufung (Anaklese), Bekenntnis bzw. erzählendem Gedenken (Anamnese) und Bitte (Epiklese) zusammensetzt.

In einem ersten Schritt reiht sich die Beterin, der Beter ein in das Lob Gottes, das die ganze Schöpfung und Kirche anstimmt. Das gemeinsame Lob konstituiert gewissermaßen die Schöpfung als große ›Gemeinschaft Gottes‹.

Wir haben gesehen, daß Lob[177] kein Informationsgeschehen, vielmehr ein Kommunikationsgeschehen ist, das Beziehung schafft und vertieft. Zwischen *Lob* und *Liebe* besteht sachliche Verwandtschaft: Liebe drängt zum Lob. Umgekehrt wird im Lob eine Beziehung wahrnehmbar – es offenbart Interesse und Liebe. Dies gilt im zwischenmenschlichen Bereich, gilt jedoch auch für die Gottesbeziehung – wenn auch mit anderen Vorzeichen. Das Selbstverständnis eines so Betenden unterscheidet sich – in Anerkenntnis des so völlig ungleichen ›Partners‹ – grundsätzlich vom Lob, das derselbe einem Menschen zukommen ließe[178]: Es ist nämlich kein (be-) urteilendes Lob, das der Beter, die Beterin sich in Bezug auf den hier Gelobten – Gott, den Schöpfer des Himmels und der Erde – anmaßen würde. Solche Zuständigkeit kommt dem Menschen nicht zu. Ebensowenig benötigt Gott das Lob des Menschen als Selbstbestätigung seiner Göttlichkeit (wenngleich angenommen werden kann, daß er sich – aber *um des Menschen willen* – darüber ›freut‹). Jedoch bedürfen die Menschen des Gotteslobes, welches sie in das einzig angemessene Verhältnis zum Schöpfer setzt. Nicht also sie (die Menschen) setzen Gott an die ihm gebührende Stelle, vielmehr ordnet Gott selbst im Gotteslob je neu die kosmische Hierarchie, der Mensch stimmt ein in dessen preisende Zustimmung. Es ist also nicht so, daß der Mensch aus eigener Kraft zum Lobe Gottes fähig wäre. Vielmehr offenbart Gott selbst im Heiligen Geist seine Großartigkeit und Herrlichkeit; Gott selbst ermächtigt zum Lob (Ps 8,3). Der Mensch nimmt dieses (empfangene) Tun (aktiv) an, mit dem Gedächtnis an den göttlichen

Geber und Achtung vor seiner immer neu wirksamen Treue gestiftet wird. »Die göttliche Doxa ist die Weise, wie Gott am Menschen wirksam und für ihn erfahrbar wurde«[179]. Das Lob ist darin die adäquate Antwort des Menschen auf die Herrlichkeit Gottes. Auch ohne konkreten Anlaß, auch ohne den Dank für ein bestimmtes Handeln, gebührt Gott Lob, wie dies auch im Gloria der Kirche Ausdruck findet: »Wir loben dich, wir preisen dich, wir beten dich an, wir rühmen dich und danken dir, *ob deiner großen Herrlichkeit*«. Solcher Lobgesang weist bereits wie ein Fingerzeig in die noch ausstehende Vollendung Gottes. Er bedarf keiner Begründung, keines Zweckes, sondern ist in sich Sinn und Erfüllung, denn »im Lobpreis ist *Liebe* ganz zu dem geworden, was sie ist«[180].

Dem Lob folgt im zweiten Teil das Bekenntnis zu Gottes Heilshandeln in der Geschichte: In Propheten, die sein Wort aufmerksam hören, seinen Willen auch gegen Widerstände verteidigen, in Märtyrern, die ihre Existenz bis in den Tod dem Reich Gottes zur Verfügung stellen – in ihnen läßt Gott bis heute seine Treue wirksam werden, durch sie verschafft er sich Lob. Gottes Heilshandeln gipfelt schließlich in der Menschwerdung seines Sohnes. Im proexistenten Leben und Sterben Jesu, das der Vater in der Auferweckung bestätigt und vollendet hat, hat Gott endgültig seine Macht und seinen Willen zur Erlösung und Befreiung des Menschen kundgetan. Im Glauben an Jesus Christus (und entsprechend beherztem Tun *aus* diesem Glauben) sind Menschen schon heute hineingenommen in das soteriologische Wirken Jesu Christi. In den Zeilen 25/26 bekennt der Betende implizit, daß auch ihm, daß auch ihr das Reich der Himmel offen steht. An dieser Stelle birgt das Te Deum sein Veränderungs- und Befreiungspotential: Denen, die glauben, ist *schon heute* das Reich der Himmel aufgetan. Veränderung von destruktiven Strukturen, Befreiung von todbringenden Mächten sind möglich, sind im Glauben begründet und gefordert.

Diesem Glaubensbekenntnis folgt im letzten Teil das Bittgebet: *Dich bitten wir denn* ... (bzw. *darum*, lateinisch *ergo*). Mit diesem rückbezüglichen ›denn‹ wird »die Konsequenz aus der Anamnese gezogen«[181] und implizit dies gesagt: *Darum, weil du dich bereits in der Geschichte als Retter erwiesen hast, haben wir guten Grund, uns auch heute an dich zu zu wenden. – Steh uns auch heute mit deiner wirksamen Gegenwart bei, schenk Erlösung und mach uns heil – wie damals, so auch heute und laß uns einmal ganz angenommen sein bei dir. Amen.*

---

[1] Vgl. die Voraussetzungen für das Hören und für Gemeinschaft in Kapitel 2.1.4.

[2] Daß diese Gegenwart eine andere Qualität hat als menschliche Gegenwart, wenn sie auch menschlich vermittelt sein kann, wurde oben aufgezeigt.

[3] Sicherlich steht aufrichtiges Gebet nicht unter der vorrangigen Absicht, daß man etwas Bestimmtes für sich ›erwirken‹ will, sei es auch ›nur‹ Entspannung oder innere Ruhe; bei einer solchen Haltung würde Gott – analog zu zwischenmenschlicher Ausbeutung – funktionalisiert. Im Zentrum der Beziehung zu Gott steht die gegenseitige liebende Annahme«, die dem anderen gut will. Jedoch bringt sie – wie jede zwischenmenschliche Beziehung – auch konkrete Veränderungen und Früchte, in denen sich das Heil zeigt, das Gott und Mensch einander zuzeigen.

[4] Das hat Michael Welker eindrucksvoll dargelegt (Gottes Geist, S. 102).

[5] Ferdinand Ulrich, Geschöpflicher Grundakt, S. 26.

[6] Über das Geheimnis, das interpersonaler Begegnung innewohnt, hat insbesondere Martin Buber nachgedacht: »Ich werde am Du; Ich werdend spreche ich Du«, (Ich und Du, 11. Aufl. Heidelberg 1983, S. 18).

[7] Im Gebet ist insofern ein höheres Maß an Ehrlichkeit *nötig*, als man zwar sich selbst und andere betrügen kann, aber nicht Gott (Unwahrheit im Gebet ist ein Selbstwiderspruch, insofern die Ausrichtung auf Gott immer beinhaltet, der Wahrheit die Ehre geben zu wollen); die Ehrlichkeit ist in besonderem Maß auch *möglich*, als der Mensch hier zutiefst gewiß sein kann, daß er sich in seinem Erkanntwerden nicht zu fürchten braucht.

[8] Anselm Grün hat in seiner Schrift ›Gebet und Selbsterkenntnis‹ (2. Aufl. Münsterschwarzach 1984) eine Fülle von Gebetszeugnissen der alten Mönchsväter (in diesem Fall sind es leider nur Männer) zusammengetragen, die Gebet als Quelle von Selbsterkenntnis erfahren und beschrieben haben. Auffällig verwandt sind manche ihrer Methoden der Selbstbeobachtung mit den Methoden der Psychotherapie, etwa der aktiven Imagination von C.G. Jung (ebd. S. 20f). Auf diesen Zusammenhang geht Grün auch ausführlicher in seinem Buch ›Verwandlung‹ (2. Aufl. Mainz 1993) ein.

[9] »Natürlich geht dieser Verwandlungsweg des Gebetes nicht von selbst. Entscheidend ist, daß ich das Wort in meine Wirklichkeit hineinhalte, daß ich die beiden Pole miteinander verbinde: das Wort Gottes und meine Gefühle und Bedürfnisse (...) Nur dann kann sich etwas wandeln. Auch hier ist es der Gegensatz, der wandelt, der Gegensatz zwischen dem Wort Gottes und meinen inneren Worten, die mich sonst bestimmen« (Grün, Verwandlung, S. 82). Das Geheimnis der Verwandlung wird schön in dem Lied »Meine engen Grenzen« von Eugen Eckert (in: Miteinander, Kevelaer 11. Aufl. 1993, S. 136) thematisiert.

[10] Gemeint sind die differenzierten Impulse, die Welker als Emergenzgeschehen zu beschreiben versucht, das heißt als Impulse, die Neues schaffen, sei es neue Solidarität, neues Erbarmen, neue Selbsttätigkeit, neue Kraft zur Selbstzurücknahme, neue Gerechtigkeit (Gottes Geist, hier besonders Teil 2).

[11] »Im Gebet (...) bringen wir nur ausdrücklich vor uns, was wir im Grunde unseres personalen Selbstvollzuges immer schon von uns selber ungesagt (mit-)wissen« Rahner, Grundkurs, S. 63.

[12] Sei es zur Nabelschau oder zur Entspannung. Dann würde Gott »zu einem Mittel menschlicher Selbstverwirklichung degradiert« (Grün, Selbsterkenntnis, S. 19).

[13] Das wurde in Kapitel 2.1.3 dargestellt.

[14] Welker (Gottes Geist, S. 107f) zeigt dies anhand von Weish 7,7.17ff.

[15] Welker, ebd.

[16] Jürgen Moltmann, Neuer Lebensstil, Schritte zur Gemeinde, München 1977, S. 43.

[17] Vgl. das obige Kapitel 3.2 (Gebet als ›Öffnung des Herzens‹).

[18] Silja Walter, Die Feuertaube, Zürich 1985, S. 10. Je nachdem, ob Gott oder der Mensch als Subjekt des Gedichtes angenommen werden, erhält das Gedicht eine andere Konnotation.

[19] Ferdinand Ulrich, Geschöpflicher Grundakt, S. 31. Dieselbe süchtige Einverleibung kann mit der Arbeit geschehen: »Der seiner selbst Entfremdete versucht hier ›betend‹ (aber in welcher Weise!) (gemeint ist: durch Arbeit, Anm. der Verf.), den ihm entzogenen Seinsgrund *in sich* hineinzuarbeiten. Er bestätigt jedoch eben dadurch (und zwar in *jedem* Gewinn, den er sich zurechnet) nur seine eigene Ohnmacht; die Tatsache, daß er an ihm selbst nicht reich geworden ist, nicht um seiner selbst willen geliebt (...) ›Arbeit‹ übernimmt somit die Funktion einer ›Magie des Gebets‹« (F. Ulrich, Geschöpflicher Grundakt, S. 47).

[20] Gotthard Fuchs, »Die Arbeit der Nacht« und der Mystik-Boom, in: Lebendige Seelsorge 39 (1988), S. 347f. In diesem Zusammenhang ist auch auf die gegenwärtige eigenartige Tendenz zur *Vermarktung des Gebets* hinzuweisen.

[21] Fuchs, ebd.

[22] F. Ulrich, Geschöpflicher Grundakt, S. 34. Vgl. oben Kapitel 3.6.

157

[23] Vgl. Eugen Drewermann, Art. Angst, in: NHThG, Bd. 1, Neuauflage 1991, S. 17–31. Drewermann steht in der Tradition Kierkegaards.

[24] F. Ulrich, Geschöpflicher Grundakt, S. 35.

[25] Vgl. Rahner, Grundkurs, S. 63.

[26] Rahner, ebd. S. 437.

[27] Oder auch: Zum Grund kommen, (dem Leben) auf den Grund gehen (...)

[28] Karl Rahner, Selbstverwirklichung und Annahme des Kreuzes, in: Ders., Schriften zur Theologie, Bd. VIII, Einsiedeln u. a.1967, S. 322–326.

[29] Es durchzieht auch die soteriologische und eschatologische Dimension. Dieses Kapitel steht hier, weil die Schöpfung aus dem Grundmuster von Werden und Sterben gewebt ist.

[30] Diese Wüsten- oder Nachterfahrung haben wohl alle großen Beterinnen und Beter gemacht. Als Beispiele seien Teresa von Avila, Johannes vom Kreuz und Johannes Tauler genannt. Das Entscheidende (aber auch Schwierige) in dieser Wüstenerfahrung ist wohl das unbeirrte Weitergehen und Weiterbeten, auch wenn – vielleicht über Jahre – nichts ›zurückzukommen‹ scheint.

[31] Dieser Duktus begegnet immer wieder bei Karl Rahner, hier nach ›Über die Erfahrung der Gnade‹, in: Ders., Schriften zur Theologie, Bd. III, 2. Aufl. Einsiedeln 1957, S. 106.

[32] Huub Oosterhuis, Übertragung von Peter Pawlowsky, in: H. Oosterhuis, Du bist der Atem und die Glut, Freiburg 3. Aufl. 1994, S. 154f.

[33] Vgl. Arnold von Gennep, Übergangsriten, Frankfurt 1986.

[34] Sei es die (bittende) Annahme des neuen – von Gott geschenkten – Lebens in der christlichen Sakramentenspendung, seien es die Fruchtbarkeitsriten (sowohl für Menschen als auch für die Landwirtschaft), seien es die Riten für die soziale Lebenskraft (eines Stammes, einer Stadt oder eines Volkes); vgl. dazu die Beispiele bei Mircea Eliade, Die Religionen und das Heilige, Salzburg 1954, und bei Schaeffler, Der Kultus als Weltauslegung, S. 9–62. Erinnert sei auch an versteckte Alltagsriten, etwa den (keineswegs christlichen) Ritus, der vor Fußball-Länderspielen stattfindet: Die Spieler stehen zusammen, mit der Landeshymne wird Kraft und Ausdauer, gelingendes, faires Zusammenspiel und letztlich der Sieg (der als Sieg für das ›ganze Land‹ und als Sieg *über* das Land der anderen Mannschaft gedeutet wird – hier liegen Parallelen zu archaischen Stammesrivalitäten) auf die Spieler herabbeschworen.

[35] Hier wird das praktisch vollzogen, was in Kapitel 3.6 (Fremdbestimmung und Selbstvollzug) eher philosophisch aufgezeigt wurde.

[36] Auf diesen Zusammenhang geht Karl Rahner in einem Aufsatz ein. Er nennt den Schlaf das »Reich der stillen Weite, Region, wo alles seine verborgene Wurzel hat, dunkler Grund, aus dem die Säfte des Lebens aufsteigen«; Schlaflosigkeit deutet er als Unvermögen, sich in dieses Reich loszulassen, »von dem er gelassen sich sollte nehmen lassen, im Wissen, daß das Dasein gut ist und nicht ein gefährliches Abenteuer« (Geistliches Abendgespräch über den Schlaf, das Gebet und andere Dinge, in: Ders., Schriften zur Theologie, Bd. III, Einsiedeln u. a. 1957, S. 263–281, hier S. 266).

[37] Leopold Senghor, zit. nach: Lander / Zohner, Bewegung und Tanz, S. 14.

[38] Die Vorstellung, es gebe keinen Schlaf, es gehe immer so weiter oder es gebe nie einen freien Tag, ist für Menschen grausam. Menschen bedürfen der Zäsur; die Ordnung und der Alltag müssen immer wieder unterbrochen werden. Im folgenden Exkurs wird darauf noch ausführlicher eingegangen.

[39] Diesen Begriff verwendet Rahner in dem o.g. Artikel (Abendgespräch, S. 274). In diesem Exkurs durchdringen sich schöpfungstheologische und soteriologische Dimension. Er wurde hier aufgenommen, weil er sich direkt dem Abendgebet anschließt.

[40] Rahner, Abendgespräch, S. 269.

[41] Rahner, ebd.

[42] Auf die Notwendigkeit der Seelenpflege am Abend weist auch Halbfas in einem Kapitel seiner ›Gebetsschule‹ (Sprung in den Brunnen, 10. Aufl. Düsseldorf 1990, S. 153–157) hin. Mir scheint, daß er dabei den oben genannten Aufsatz von Rahner zugrunde gelegt und verarbeitet hat, jedoch ohne sich ausdrücklich auf Rahner zu beziehen.

[43] Rahner, Abendgespräch, S. 275.

[44] Rahner, ebd. S. 276.

[45] Zur Literatur: Irène Fernandez, Imagination und Symbol, in: IKaZ »Communio« 18 (1989), S. 519–532; Günter Biemer, Roland P. Litzenburgers ästhetische Anleitung zum Verlernen religiöser Bilder, in: August Heuser (Hg.), Das Christusbild im Menschenbild, Stuttgart 1988, S. 25–41.

[46] Vgl. Sante Babolin, Die religiöse Erziehung der Einbildungskraft, in: IKaZ »Communio« 18 (1989), S. 571.

[47] Das Gottesbild eines Menschen setzt sich aus einer Fülle von Einzelbildern, Eindrücken und Gefühlen zusammen, was insbesondere damit zusammenhängt, was und wie dem Mensch als Kind von Gott erzählt wurde.

[48] György Doczi zeigt, daß man dazu viel aus einer spezifisch-harmonischen Struktur in der Natur, in der Kunst und Architektur, nämlich dem ›Goldenen Schnitt‹, lernen kann (Doczi, Kraft der Grenzen).

[49] Eine neue Näherung an das alte Thema der Grenze verdanke ich Hilda-Maria Lander und Maria-Regina Zohner, außerdem Reinhard Winkler, Rituelle Maskenarbeit, Frankfurt 1992.

[50] Grenzen und Differenz ermöglichen Identität und Beziehung.

[51] Das kann etwa bei Neugeborenen beobachtet werden; diese sind unruhig und unglücklich, wenn der Raum um sie zu offen ist – der Gegensatz zur bergenden Mutterhöhle ist zu groß. Sie bedürfen einer Begrenzung (sei es das Bettgitter, die Bettdecke), an die sie stoßen, die ihnen Geborgenheit vermittelt: Kraft der Grenze.

[52] Vgl. etwa das Wissen um die Bedeutung des Maßes in der benediktinischen Tradition: Indem bestimmte Grenzen anerkannt werden – im Umgang miteinander, im Arbeiten, in der Ernährung, im Beten, im Schlaf, in der Nutzung von technischer Hilfe u. a. –, wird Fülle erfahrbar.

[53] G. Fuchs, Gott ist Liebe, S. 13; Ders., »Lichterfüllter Abgrund«, in: KatBl 110 (1985), S. 252. Vgl. dazu auch Kapitel 2.2.6.

[54] Guardini, Vorschule, S. 57. Guardini beschreibt diese Haltung im Zusammenhang der Anbetung; ich halte es jedoch für sachgemäß, diese Grundhaltung implizit jedem Gebet zuzuschreiben.

[55] Peter Hünermann, Christliches Beten, in: Adel Th. Khoury / Ders. (Hg.), Wozu und wie beten? Die Antwort der Weltreligionen, Freiburg 1989, S. 125.

[56] Zur Selbstzurücknahme als Frucht des Geistes Gottes vgl. ausführlicher Welker, Gottes Geist, bes. S. 107–123; 206–213; 231–241.

[57] Welker, ebd. S. 232. Für Welker ist die liebende Selbstzurücknahme eine der deutlichsten Wirkungen des Geistes Gottes.

[58] Welker, ebd. S. 233.

[59] Franz-Josef Nocke, Spezielle Sakramentenlehre, Absatz IV (Buße), in: HdD, Bd. 2, Düsseldorf 1992, S. 325.

[60] Welker, Gottes Geist, S. 151. Welker beschreibt die Sündenerkenntnis als Frucht des Geistes.

[61] Im öffentlichen Gebet steht dafür die Gemeinde, im klassischen Bußsakrament wird Gott im Priester realsymbolisch repräsentiert.

[62] Welker, Gottes Geist, S. 152.

[63] Welker, ebd.

[64] Vergebung und Heilung bilden eine Einheit. Die Sündenvergebung steht nach biblischem Erlösungsverständnis nicht isoliert von der konkreten Gesamtsituation des Menschen, sondern hat im Zusammenhang der Befreiung des ganzen Menschen von allen zerstörenden und entfremdenden Mächten ihren Ort; vgl. dazu die Kapitel 2.2.3 und 5.2.2 sowie als biblisches Beispiel Mk 2,1–12.

[65] Vgl. Herbert Vorgrimler, Sakramententheologie, Düsseldorf 1987, bes. S. 98. Ferner Brian McDermott, Das Sakrament als Gebetsgeschehen, in: Conc 18 (1982), S. 626–630.

[66] Nocke nennt etwa »das geschwisterliche Austragen von Konflikten (Zurechtweisung, Eingeständnis von Schuld, Bitte um Verzeihung und die Verzeihung selbst), Aussprache und Beratung« (Nocke, Buße, S. 327).

[67] Nocke, ebd.

[68] Peter Hünermann, Christliches Beten, S. 126.

[69] Vgl. die entsprechende Vater-unser-Bitte sowie Mt 18,21f und Mt 18,23–25.

[70] Gott selbst *ist* die Versöhnung (1 Joh 2,2). Die Versöhnung unter Menschen stellt die Versöhnung zwischen Menschen und Gott nicht *her*, sondern *dar*; vgl. Kapitel 2.2.3.

[71] Bonhoeffer, Gemeinsames Leben, 21. Aufl. München 1986, S. 73.

[72] Bonhoeffer, ebd. S. 73.

[73] Bonhoeffer, ebd. S. 74.

[74] Gemeint ist die Verbundenheit, die in der proexistenten Gegenwart Christi ihren Grund hat. Durch sie dürfen sich alle Christinnen und Christen untereinander zu »einem Leib« (1 Kor 12,12) verschwistert wissen; vgl. oben das Kapitel 3.1.2 (Gebet durch und mit Christus).

[75] Vgl. dazu ausführlicher Franz-Josef Nocke, Spezielle Sakramentenlehre, Absatz V (Krankensalbung), in: HdD, Bd. 2, Düsseldorf 1992, S. 334–344.

[76] Genauer müßte man sagen: Gott bringt sich hier durch das Gebet ausdrücklich ›ins Spiel‹ – tröstend und aufrichtend.

[77] Vgl. Lk 6,8.

[78] Segensgebet, in: Die Feier der Krankensakramente, hg. im Auftrag der Bischofskonferenzen Deutschlands, Österrreichs u. a., Solothurn / Freiburg u. a. 2. Aufl. Taschenausgabe 1995, S. 31.

[79] Verena Kast, Trauern – Phasen und Chancen des psychischen Prozesses, Stuttgart 1982.

[80] Wunibald Müller, Meine Seele weint. Die therapeutische Wirkung der Psalmen für die Trauerarbeit, Münsterschwarzach 1993, S. 34.

[81] Das wurde im Teil 4 (Gebet als Sprachhandlung) ausführlich gezeigt, vgl. für diesen Zusammenhang besonders die besprochenen Beispiele in Kapitel 4.3.

[82] Im Umgang mit trauernden Menschen – z. B. nach dem Verlust eines Partners – fällt auf, daß sie immer wieder dieselben Geschichten und Erlebnisse erzählen (müssen), bis sie es irgendwann (‹gut sein›) lassen können.

[83] Vgl. zum folgenden Erich Zenger, Mit meinem Gott überspringe ich Mauern, Freiburg u. a. 1987, S. 73–87.

[84] Zenger, ebd., S. 77.

[85] Vgl. Verena Kast, s.o. Anm. 8.

[86] Ps 43, der ursprünglich als ›dritte Strophe‹ zu Ps 42 gehört, wird hier der Kürze wegen nicht mehr betrachtet, obwohl die Trauerphasen auch dort enthalten sind und Ps 42 ergänzen würden.

[87] Erich Zenger, Psalm 42/43, in: F.-L. Hossfeld / Ders. (Hg.), Die Psalmen I, Psalm 1–50, Würzburg 1993 (= NEB Kommentar zum AT, Lfg.29), S. 269.

[88] Zenger, ebd. S. 269.

[89] Zenger, ebd. S. 270.

[90] Eine Fülle von Ikonen mit therapeutischen Motiven findet sich in Jörgen Schmidt-Voigt, Ikonen und Medizin, Basel 1994.

[91] Gotthard Fuchs, »Man sieht nur mit dem Herzen gut«, in: rhs 27 (1984), S. 268–275.

[92] G. Fuchs, ebd. S. 269.

[93] G. Fuchs, Man sieht nur mit dem Herzen, S. 269.

[94] Anthony de Mello, Meditieren mit Leib und Seele, Kevelaer 7. Aufl. 1994, S. 38.

[95] de Mello, ebd. S. 38f.

[96] de Mello, ebd. S. 19f.

[97] de Mello, ebd., Übung 19, S. 95f.

[98] Gutiérrez, Aus der eigenen Quelle trinken, München / Mainz 1986.

[99] Ebd. S. 15.

[100] Ebd. S. 27.

[101] Ebd. S. 28.

[102] Ebd. S. 12.

[103] Abstrakte Liebe (etwa in der inneren Einstellung zur ›Einen Welt‹) gibt es nicht, sie muß sich immer konkret ›in Fleisch und Blut‹ äußern. Weil es »wahre Liebe (...) nur unter Gleichen« (Gutiérrez, Aus der eigenen Quelle trinken, S. 115) gibt, die Liebe daher »den Liebenden und Geliebten einander ähnlich« (Johannes vom Kreuz, zit. nach Gutiérrez, ebd.) macht, schließt Solidarität immer Umkehr ein. Umkehr beinhaltet Veränderung der ganzen Person, seines körperlichen und sozialen Verhaltens und darin eine Hinkehr zu echter Verschwisterung mit den anderen, mit den Armen. Hier ist nochmals an die *ekklesiologische* Dimension des Gebets (vgl. Kap. 3.1.4) zu erinnern.

[104] Gutiérrez, Aus der eigenen Quelle, S. 22ff.

[105] Auch hier ist der Zusammenhang von Gebet und Sterben zu beachten, auf den oben bereits hingewiesen wurde.

[106] Auch unsere westeuropäische Gesellschaft ist – auf vielen Ebenen – vom Kampf um Einfluß und Reichtum bestimmt, bei dem die Machthaber allein damit beschäftigt sind, den Status quo zu verteidigen. Sie leben in der ständigen (auch aggressiven) Angst, ihren Besitz und ihre Macht mit anderen teilen zu müssen.

[107] Gutiérrez, Aus der eigenen Quelle, S. 30.

[108] Ebd. S. 116f.

[109] Carol Piette, zit. nach Gutiérrez, Aus der eigenen Quelle, S. 124.

[110] Gutiérrez, ebd. S. 123.

[111] Ausführlicher Knud E. Logstrup, Solidarität, in: CGG 16, Freiburg 1982, S. 98–128.

[112] Vgl. Edmund Arens, Internationale, ekklesiale und universale Solidarität, in: Orientierung 53 (1989), S. 216–220.

[113] Johann Baptist Metz, Glaube in Geschichte und Gesellschaft, Mainz 1977, S. 207.

[114] Ausführlicher dazu Johannes Müller, Mit-Leiden als Grundlage mitmenschlicher Solidarität, in: U. Pöner / A. Habisch (Hg.), Signale der Solidarität, Paderborn 1994, S. 207–222.

[115] Willigis Jäger, Suche nach dem Sinn des Lebens, Petersberg 1991, S. 168.

[116] Jäger, ebd. S. 169.

[117] Aus der Erfahrung einer solchen Einheit und Verbundenheit mit dem Kosmos kann etwa Franz von Assisi in seinem Sonnengesang die Elemente korporativ als *Schwestern und Brüder* grüßen. Vielleicht realisiert auch die Natur – auf ihre Art und Weise – Verbundenheit mit den menschlichen Mitgeschöpfen. Fridolin Stier notiert in seinen Tagebüchern immer wieder die Erfahrung, von allem Seienden angesehen, angegangen und angefremdet zu werden, sei es von einem Stein (Aufz. 15.04./14.12.1970), einem Tausendfüßler, Mückenschwarm (Aufz. 09.12.1973) oder einem Schollen Humus: »Dieser Klumpen Erde! Warum hielt er mich an und hieß mich stehen? Da war es wieder, alle Dinge tun es mir an, unversehens fängt es meinen Blick und will gesehen sein, (...) es verändert sich mir und fremdet mich an, es hält mich fest, wie gebannt (...)« (Vielleicht ist irgendwo Tag, Aufz. 26. 03. 1974).

[118] Gotthard Fuchs, Gemeinde ohne Entscheidung? in: F. Kamphaus, Entschieden leben, 2. Aufl. Freiburg 1991, S. 77–96.

[119] Gerhard Sauter, Reden von Gott im Gebet, in: B. Casper (Hg.), Gott nennen. Phänomenologische Zugänge, Freiburg/München 1981, S. 229.

[120] Sauter, ebd. S. 230.

[121] Sauter, ebd. S. 231. Das heißt, daß man beim Reden von Gott auch immer seine Geschichte und seine Geschichten erzählen muß, wie oben im ersten Teil ausgeführt.

[122] Ein ›Allerweltsgott‹ wäre einer, dem eigentlich alles recht wäre, der keinen Wunsch und Willen für die Welt hat; die »All-Prädikatoren« (Sauter, Reden von Gott, S. 231) wie ›allmächtig‹, ›allgegenwärtig‹ usw. unterliegen der Gefahr, das konkret-wirksame Wollen und Handeln Gottes aus dem Blick zu verlieren. Der Gott Jesu ist ein bestimmter Gott, eben der, der sich darauf festgelegt hat, der Gott Israels und der Welt sein zu wollen.

[123] Dies wäre im Sinne John L. Austins eine »implizit performative Äußerung« – im Gegensatz zu explizit performativem Sprechen.

[124] Aus dem Lied »Herr, unser Herr« von Huub Oosterhuis (Gotteslob Nr. 298).

[125] Welker, Gottes Geist, S. 138.

[126] Ausführlicher: Heinz Schürmann, Das Gebet des Herrn, s.o. Kapitel 3.1.1.1, Anm.7.

[127] Baal-Schem-Tow, zit. nach Martin Buber, Werke, Bd. 3, München 1963, S. 60.

[128] Thomas von Aquin, Summa Theologica, II-II 158 (= Deutsche Thomas-Ausgabe, Bd. 22), Graz / Wien / Köln 1993, S. 162–171.

[129] Ottmar Fuchs, Die Herausforderungen Israels an die spirituelle und soziale Praxis der Christen, in: Ingo Baldermann u. a. (Hg.), Altes Testament und christlicher Glaube, Neukirchen 1991, S. 89–113, hier S. 93.

[130] O. Fuchs, ebd. S. 93.

[131] Die therapeutische Bedeutung, die dem Aussprechen der Not zukommt, wurde bereits in den Kapiteln 4.3 und 5.2.2 herausgearbeitet; auf sie wird nun nicht mehr näher eingegangen.

[132] Ulrike Bail, Vernimm, Gott, mein Gebet. Psalm 55 und Gewalt gegen Frauen, in: Hedwig Jahnow u. a., Feministische Hermeneutik und Erstes Testament, Stuttgart / Berlin / Köln 1994, S. 67–84, hier S. 67.

[133] Bail, ebd. S. 71.

[134] Ebd. S. 71.

[135] Ebd. S. 72.

[136] Ebd. S. 72f.

[137] Ebd. S. 75.

[138] Ebd. S. 76.

[139] Insbesondere René Girard hat gezeigt, welche Bedeutung das Durchschauen und Offenlegen der Opfer- und Gewaltmechanismen hat; René Girard, Das Ende der Gewalt, Freiburg 1983, S. 133.

[140] Bail, Vernimm mein Gebet, S. 77.

[141] Ernesto Cardenal, Psalmen, 11. Aufl. Wuppertal 1981; vgl. auch die Besprechung von Cardenals Psalm 22 von Konrad Raiser, Klage als Befreiung, in: Einwürfe 5 (1988), S. 13–27.

[142] Raiser, ebd. S. 26.

[143] Raiser, ebd. S. 17

[144] So (in Anlehnung an J. Begrich, H.J. Kraus u. a.) Meinrad Limbeck, Die Klage – eine verschwundene Gebetsgattung, in: ThQ 157 (1977), S. 3–16, hier S. 7f.

[145] Vgl. M. Limbeck, ebd. S. 9.

[146] Dies wurde insbesondere im Kapitel 5.2.2 (Gebet und Heilung) gezeigt.

[147] Ottmar Fuchs, Die Herausforderungen Israels, S. 100.

[148] Fulbert Steffensky, Das Leben in die Sprache retten, in: Publik-Forum 26 (1997) 9, S. 44.

[149] Das heißt nicht, daß sie völlig passiv wären, ›nichts tun‹ ist hier im Sinne von ›nichts produzieren‹ gemeint; vgl. dazu Kap. 3.6. Gerade weil Gebet keinen produktiven Zweck erfüllt, steht es immer wieder in der Gefahr, vergessen zu werden.

[150] Vgl. etwa die alte Tradition, daß früher die Bauern mittags um zwölf Uhr, wenn die Glocken läuteten, für einige Minuten die Feldarbeit ruhen ließen, um zu beten.

[151] So der Titel einer schönen Text- und Gebetssammlung: AusZeiten!, hg. von der Bundesleitung der Kath. Jungen Gemeinde, Düsseldorf 1993. Der Begriff ist dem Sportbereich entliehen.

[152] Das Wort verleiht der Geste Eindeutigkeit. Jedoch wäre eine Aufteilung unzulässig, die etwa dem Wort die Gedächtnisfunktion (Anamnese), dem Ritus die Wirkfunktion (Epiphanie) zuschreibt. Im Kult ist jedes Wort Wirkwort, jede Geste ist Denkzeichen, vgl. Schaeffler, Kultisches Handeln, S. 12.

[153] Vgl. Schaeffler, Kultisches Handeln, S. 28; andere Beispiele wären etwa die Altarabräumung am Karfreitag oder Vorschriften sexueller Enthaltsamkeit, um die Kette der Zeugungen zu unterbrechen. Hier liegt wohl auch der Ursprung des Zölibats, der die selbstverständliche Fortpflanzung unterbricht, um so eine Stelle auszusparen, in die hinein ein Neubeginn möglich wird.

[154] Carl Friedrich von Weizsäcker, Deutlichkeit, München u. a. 1978, S. 88.

[155] Johann Baptist Metz, Die Theologie der Welt und die Askese, in: Ders.: Zur Theologie der Welt, Mainz / München 1968, S. 93.

[156] Metz, ebd.

[157] Metz, ebd.

[158] Nach einem Hymnus, der Gregor von Nazianz zugeschrieben wird, in: Adalbert Hamman (Hg.), Gebete der ersten Christen, Düsseldorf 1963, S. 256f.

[159] Darin hat das biblische Bilderverbot in Ex 20,4 bzw. Dtn 5,8 seinen Grund; auf seine Bedeutung im zwischenmenschlichen Bereich wurde bereits (anhand der Interpretation von Max Frisch) in Kap. 2.3.1 eingegangen.

[160] Bonhoeffer, Bonhoeffer-Brevier, hg. von Otto Dudzus, 6. Aufl. München 1985, S. 500f.

[161] Synodenbeschluß »Unsere Hoffnung« I-1, in: Gemeinsame Synode der Bistümer in der Bundesrepublik Deutschland, 7. Aufl. Freiburg 1976, S. 88.

[162] Synodenbeschluß, ebd. I-2, S. 89.

[163] Synodenbeschluß ebd. I-3, S. 91f.

[164] Vgl. Bernd Jochen Hilberath, Heiliger Geist – heilender Geist, Mainz 1988, S. 120. Die Formel setzt sich aus zwei Zitaten zusammen: »Ich hoffe auf dich zu« entstammt dem Lied »Du bist vorbeigegangen« von Huub Oosterhuis (in: Licht und Atem. Gesänge für die Liturgie, hg. von der Schola der Kleinen Kirche Osnabrück, Stichting Leerhuis Liturgie, Hilversum / Niederlande 1992, Mirasound-CD Nr. 399110), hier in einer Übertragung von Alex Stock. Von Gabriel Marcel stammt der Satz »Ich hoffe für uns auf dich« (zit. nach B.J. Hilberath, Heiliger Geist, S. 120). Ich habe mich für eine Kombination beider Worte entschieden, da bei Oosterhuis die Bewegung der Hoffnung und Hinwendung (›zu‹) stärker zum Ausdruck kommt, bei Marcel das korporativ-solidarische Bewußtsein christlicher Hoffnung (›für uns‹).

[165] Fuchs, vgl. die Kapitel 3.8 und 5.1.4 (Gebet als Grenzort).

[166] Sauter, Reden von Gott, S. 234.

[167] Sauter, Reden von Gott, S. 237.

[168] Das lateinische ›contingit‹ heißt: es trifft sich, es ereignet sich, es glückt. Splett zeigt, daß damit ein Doppeltes gesagt wird, nämlich »1. was sich da ereignet, muß(te) nicht sein, 2. ›glücklicherweise‹ ist es gleichwohl« so (Lernziel, S. 128).

[169] Das Selbstsein und geordnete In-der-Welt-Sein ›besitzt‹ man nicht (statisch), vielmehr ist es Tat der Freiheit und damit immer neu zur Annahme aufgegeben; es kann auch verweigert werden.

[170] Sauter, ebd. S. 236.

[171] Vgl. etwa den Lobgesang der drei jungen Männer im Feuerofen in Dan 3,31–90.

[172] Vgl. etwa den Lobgesang Israels nach der Errettung aus dem Schilfmeer in Ex 15,1–21.

[173] Vgl. etwa den Sonnengesang des hl. Franziskus, den dieser im fortgeschrittenen Krankheitsstadium (u. a. blind) schrieb.

[174] Vgl. zum folgenden auch B. J. Hilberath, Der dreieinige Gott und die Gemeinschaft der Menschen, Mainz 1990, S. 49–52.

[175] Zur Herkunft und z. T. mißbräuchlichen Verwendung des Te Deum in der Geschichte – vom Hymnus bis zur Staatsmusik vgl. Albert Gerhards, Te Deum Laudamus – Die Marseillaise der Kirche?, in: Liturgisches Jahrbuch 40 (1990), S. 65–79.

[176] Zit. nach Hilberath, Der dreieinige Gott, S. 49f. Kursive Hervorhebungen durch die Verfasserin.

[177] Gemeint ist hier nicht das »pädagogische Lob«, das zum Zweck einer bestimmten Erziehung nötig ist, vielmehr ist das Lob gemeint, das der unmittelbar staunenden Freude am anderen entspringt, und zunächst völlig zweckfrei ist.

[178] Zu den zwei Mißverständnissen des Gotteslobes vgl. Schaeffler, Kleine Sprachlehre, S. 115–116.

[179] Schaeffler, Sprachlehre, 116.

[180] Splett, Lernziel Menschlichkeit, S. 140.

[181] Gerhards, Te Deum, S. 69.

163

6 »DER AUGENBLICK IST MEIN«

Am.Ende unseres Durchgangs, in dem wir Grundzüge einer christlichen Theologie des Gebets entwickelt haben, müßte eine Einladung stehen – eine Einladung, das Beten zu probieren. Es gibt derzeit eine Menge neuer Publikationen, die praktische Anleitungen dazu bieten, daher kann dies hier unterbleiben. Wir möchten abschließend nur noch einen nicht unerheblichen Aspekt der Praxis beleuchten: das Problem der Zeit.

Wir meinen oft, wir hätten (›im Moment‹) keine rechte Zeit zu beten; erst müßten wir noch dies und das erledigen; und wenn wir es dann getan haben, fällt uns schon die nächste unaufschiebbare Pflicht ein. Gott gibt jedoch jederzeit die jeweils angemessene Möglichkeit, zu beten und mit ihm in Kontakt zu kommen; seine Kreativität in Sachen Begegnung ist unendlich. Es kann ein einziger Satz sein oder auch nur ein Gedanke, ein Seufzen. Madeleine Delbrêl vergleicht in diesem Zusammenhang das Gebet, das Gott für uns bereitet, mit einer Mahlzeit: »Wenn Gott für uns ein Sandwich vorgesehen hat, wir aber einen Tagesteller und zudem eine Vor- und Nachspeise begehren, so werden wir das Sandwich nicht essen, wozu wir doch Zeit hätten, und vergeblich auf die halbe Stunde warten, in der wir unser Menu verzehren könnten«[1]. So kommt es möglicherweise dazu, daß wir über einen ganzen Tag die möglichen ›Gebetsmahlzeiten‹ ablehnen und in der Seele hungrig bleiben. Gott deckt den Tisch des Gebets und seiner Nähe jeden Tag neu, für jeden ›Geschmack‹ – jeder individuellen Arbeits- und Belastungssituation angemessen. Es liegt an uns Menschen, daß wir auf diese Angebote eingehen.

Aufgrund des von der Gesellschaft unbarmherzig geforderten Leistungsideals, das Menschen jenes lückenlose Funktionieren abfordert, was Maschinen fertigbringen, sind wir darauf bedacht, ›Zeit zu sparen‹, und bemühen uns, ›keine Zeit zu verlieren‹. Das Gespür für die Rhythmen der Schöpfung, in denen es eine solche ›gleichlaufende Aktivität‹ nicht gibt, droht verlorenzugehen. Der Rhythmus von Tag und Nacht ist für viele Menschen durch die Bedingung der Nachtarbeit nicht mitzuvollziehen; in vielen Großstädten ist die Nacht durch taghelle Beleuchtung kaum noch zu erkennen; mindestens in den USA und Japan haben viele Einkaufsläden zu jeder Tages- und Nachtzeit geöffnet. Auch der wohlgegliederte Wochenrhythmus ist vielerorts kaum noch im Bewußtsein; Sonntagsarbeit gibt es nicht nur bei einigen Industriefirmen und notwendig im sozialen und pflegerischen Bereich; viele Menschen wählen sich selbst den Sonntag zu einem weiteren, ›freien Arbeitstag‹, an dem zwar nicht die Arbeitsstelle aufgesucht wird, aber wichtige liegengebliebene Dinge

---

[1] Madeleine Delbrêl, Gebet in einem weltlichen Leben, Einsiedeln 5. Aufl. 1993, S. 79.

erledigt werden. Die Heiligung des Sabbats, die gestaltete Unterscheidung des Sonntags von den Arbeitstagen gerät zunehmend in Vergessenheit, dafür scheint ›keine Zeit‹ zu sein. Gerade angesichts dieser Situation, in der es kaum noch allgemein gültige äußere Strukturen gibt, ist der Einzelne dazu herausgefordert, sich selbst innere Strukturen zu schaffen, in denen für seine Seele und die Stimme seines Herzens Zeit bleibt und die ihm inneren Halt geben. Im Gebet wird nicht ›Zeit gespart‹, sondern ›Zeit gelassen‹, Zeit aus-gelassen – für den Schöpfer von Raum und Zeit, der die Zeit und uns zu erneuern vermag, der uns immer wieder aus der Tretmühle mechanistischen Funktionierens herausrufen und als ganze Menschen mit Leib und Seele ansprechen möchte. Diese Zeit sich zu nehmen, sich bestimmte Zeiten für das Gebet frei zu halten, liegt in der Freiheit jedes Menschen selbst. Nicht, daß wir unsere Zeit Gott opfern müßten; es ist Gott, der aus seiner (ewigen) Zeit durch uns im Gebet der Welt nahe sein will und darin je neu die (endliche) Zeit schafft; es ist Gott, der uns im Gebet in die Zeit setzt, uns für sie Verantwortung übertragen und die dafür erforderliche Liebe schenken will.

Beten braucht Zeit. Dabei kommt es im persönlichen Gebet weder auf die Länge noch auf eine scharfsinnige, theologische Artikulation des Gebets an, vielmehr auf die innere, einfache Haltung der Offenheit für Gott, für seine Nähe und seinen Willen. Gebet heißt, vor Gott stehen. Eine Mutter erzählte mir von ihrem Sohn, einem kleinen Schuljungen. Wenn sie ihn morgens früh weckt, steht er auf, wäscht sich, putzt sich die Zähne, schüttelt sein Bett aus; dann geht er zum Fenster, öffnet es weit, atmet tief durch und sagt:

»Lieber Gott,
hier bin ich –
Dein Max! Amen.«

Bereits in diesem kurzen Gebetssatz ›passiert‹ viel. Zu Beginn die Anerkenntnis Gottes: *Lieber Gott (...)* Mit diesen Worten bezeugt Max implizit seinen Glauben, daß es Gott gibt, daß er sich von ihm gesehen und gehört weiß. Ein implizites Lob ist in der attributiven Bestimmung enthalten: Es ist der Gott, der reine Liebe und Güte ist, und der dies daher auch für alle anderen ist – der Vater und Schöpfer aller Geschöpfe, den er so am Morgen ›grüßt‹. Die zweite Zeile »*hier bin ich*« (oder: *hier steh' ich*) bringt die eigene Bereitschaft zum Ausdruck, sich im vollen Selbstbewußtsein heute mit Gott auf den Weg zu machen. Max nimmt darin die ihm (im Schlaf) geschenkten Kräfte aktiv an. Das Selbstverständnis eines in biblischer Tradition Glaubenden ist mit den zwei Worten am Ende auf ihre knappste Formel gebracht – »*Dein Max*«. Max versteht sich nicht allein von sich selbst her und ›gehört‹ sich nicht selbst, sondern versteht sich von dem »lieben Gott«, dem »Vater im Himmel«, her und ist darin auch allen anderen Söhnen und Töchtern des gemeinsamen Vaters verpflichtet. Das Gebetswort »Dein Max« aktualisiert die Verbindung mit Gott und stärkt das Vertrauen auf eben diese ›Liebe‹.

Beten braucht Zeit, Beten braucht auch Raum, braucht (auch feste) Orte. Orte, die frei bleiben von Verzweckung und Funktionalität: Eine Ecke in der

Wohnung, die offen und aufgeräumt ist und so dazu einlädt, sich selbst immer neu für Gottes Ankunft ›aufzutun‹. Gebet braucht auch den Raum des Leibes: Unser Leib, ein »Tempel Gottes« (1 Kor 6,19), muß ›aufgeräumt‹ sein, sonst wird uns die Botschaft Gottes nur mühsam erreichen können. Gebet braucht den Raum der Gedanken und Gespräche, den Raum der Rituale und kreativer Gestaltung.

Im Gebet werden Raum und Zeit in die Gegenwart Gottes gestellt und so (unser Verhältnis zu ihnen) verwandelt. Sie werden zu Gottes Raum, zu Gottes Zeit – als solche sind sie vom Menschen zu nutzen, zu gebrauchen und in ihrer Kostbarkeit zu achten, denn

> »Mein sind die Jahre nicht, die mir die Zeit genommen;
> Mein sind die Jahre nicht, die etwa möchten kommen.
> Der Augenblick ist mein; und nehm' ich den in acht,
> So ist der mein, der Jahr und Ewigkeit gemacht.«

(Andreas Gryphius).

LITERATUR

ARENS, Edmund: Internationale, ekklesiale und universale Solidarität, in: Orientierung 53 (1989), S. 216–220.

AUGUSTINUS: Bekenntnisse, Frankfurt 1956.

AUSTIN, John L.: Performative Äußerungen, in: Ders., Gesammelte philosophische Aufsätze, Stuttgart 1986, S. 305–327.

DERS.: Zur Theorie der Sprechakte (How to do things with words), 2. Aufl. Stuttgart 1979.

AUSZEITEN!, Bundesleitung der Katholischen Jungen Gemeinde (Hg.), Düsseldorf 1993.

BABOLIN, Sante: Die religiöse Erziehung der Einbildungskraft, in: Internationale Katholische Zeitschrift ›Communio‹ 18 (1989), S. 570–576.

BACHL, Gottfried: Die Zukunft nach dem Tod, Freiburg 1985.

DERS.: Über den Tod und das Leben danach, Graz 1980.

BAIL, Ulrike: »Vernimm, Gott, mein Gebet« – Psalm 55 und Gewalt gegen Frauen, in: Hedwig Jahnow u.a. (Hg.), Feministische Hermeneutik und Erstes Testament, Stuttgart u.a. 1994.

BALDERMANN, Ingo u.a. (Hg.): Der eine Gott der beiden Testamente (= Jahrbuch für Biblische Theologie Bd. 2), Neukirchen 1987.

BAUERNFEIND, O.: Art. ›Gebet‹ (Abschnitt IV. Im NT), in: Die Religion in Geschichte und Gegenwart, Bd. 2, Tübingen 3. Aufl. 1958, Sp.1218–1221.

BEINTKER, H.: Art. ›Gebet‹ (Abschnitt VI. Dogmatisch), in: Die Religion in Geschichte und Gegenwart, Bd. 2, Tübingen 3. Aufl. 1958, Sp. 1230–1234.

BERGER, Peter L. / LUCKMANN, Thomas: Die gesellschaftliche Konstruktion der Wirklichkeit, Frankfurt 1969.

BERGER, Teresa / Gerhards, Albert (Hg.): Liturgie und Frauenfrage. Ein Beitrag zur Frauenforschung aus liturgiewissenschaftlicher Sicht, St. Ottilien 1990 (= Pietas Liturgica 7).

BERGMAN, J., u.a.: Art. ›bara‹ (schaffen), in: Theologisches Wörterbuch zum Alten Testament, Bd. I, Stuttgart 1973, S. 769–777.

BERGSMA, Joop: Inspiration aus den Psalmen bei Huub Oosterhuis. Randbemerkungen zu einer Litanei von der Gegenwart Gottes, in: Hansjakob Becker u.a. (Hg.), Liturgie und Dichtung. Ein interdisziplinäres Kompendium, Bd. I, St. Ottilien 1983, S. 887–900.

BERNET, Walter: Gebet, Stuttgart 1970.

BETHGE, Eberhard: Beten und Tun des Gerechten. Dietrich Bonhoeffers umstrittenes Erbe, in: Ders., Am gegebenen Ort, München 1979, S. 39–47.

BIANCHI, Enzo: Heutige Fragen nach dem Sinn des Betens, in: Concilium 26 (1990), S. 215–226.

BIEMER, Günter: Roland P. Litzenburgers ästhetische Anleitung zum Verlernen religiöser Bilder, in: August Heuser (Hg.), Das Christusbild im Menschenbild, Stuttgart 1988, S. 25–41.

BIETENHARD, Hans: Art. ›onoma‹ (Name), in: Gerhard Kittel (Hg.),Theologisches Wörterbuch zum Neuen Testament, Bd. V, Stuttgart 1954, S. 242–283.

BONHOEFFER, Dietrich: Bonhoeffer-Brevier, zusgest. und hg. von Otto Dudzus, 6. Aufl. München 1985.

DERS.: Gemeinsames Leben, 21. Aufl. München 1986.

DERS.: Widerstand und Ergebung, 13. Aufl. München 1985.

BRAULIK, Georg: Gesetz als Evangelium, in: Zeitschrift für Theologie und Kirche 79 (1982), S. 127–160.

BUBER, Martin: Ich und Du, 11. Aufl. Heidelberg 1983.

DERS.: Werke, Dritter Band: Schriften zum Chassidismus, München 1963.

BUJO, Bénézet: Afrikanische Theologie in ihrem gesellschaftlichen Kontext, Düsseldorf 1986.

CARDENAL, Ernesto: Psalmen, 11. Aufl. Wuppertal 1981.

CASALDÁLIGA, Pedro / Vigil, José: Espiritualidad de la liberación, San Salvador Segunda edición (UCA Editores) 1993.

COHEN, Hermann: Das Gebet, in: Ders., Religion der Vernunft aus den Quellen des Judentums, 2. Aufl. Köln 1959, S. 431–463.

COURTH, Franz: Mariologie, in: Wolfgang Beinert (Hg.), Glaubenszugänge. Lehrbuch der katholischen Dogmatik, Bd. 2, Paderborn u.a. 1995, S. 301–398.

CROUZEL, Henri: Das Gebet Jesu, in: Internationale Katholische Zeitschrift ›Communio‹ 2 (1973), S. 1–15.

CULLMANN, Oscar: Das Gebet im Neuen Testament, Tübingen 1994.

DALFERTH, Ingolf U.: Sprachlogik des Glaubens, München 1974.

DEISSLER, Alfons: Die Grundbotschaft des Alten Testaments, Freiburg 1981.

DERS.: Gottes Selbstoffenbarung im Alten Testament, in: Johannes Feiner / Magnus Löhrer (Hg.), Mysterium Salutis, Bd. II, Einsiedeln u.a. 1967, S. 226–271.

DEI VERBUM: Dogmatische Konstitution des II. Vatikanischen Konzils über die göttliche Offenbarung, in: Karl Rahner / Herbert Vorgrimler (Hg.), Kleines Konzilskompendium, 21. Aufl. Freiburg 1989, S. 361–382.

DELBRÊL, Madeleine: Gebet in einem weltlichen Leben, 5. Aufl. Einsiedeln 1993.

DIES.: Wir Nachbarn der Kommunisten, Einsiedeln 1975.

DELLING, Gerhard: Art. ›kairós‹ (der entscheidende Zeitpunkt), in: Gerhard Kittel (Hg.), Theologisches Wörterbuch zum Neuen Testament, Bd. III, Stuttgart 1950, S. 456–465.

DEUTSCHES WÖRTERBUCH VON JACOB UND WILHELM GRIMM, Bd 8, München 1984 (= Nachdruck Leipzig 1958, Bd. 4, Abt.1, Teil 5).

DIE BIBEL, Einheitsübersetzung der Heiligen Schrift – Altes und Neues Testament, Lizenzausgabe der Kath. Bibelanstalt, Stuttgart 1980.

DIONYSIUS AREOPAGITA: Ich schaute Gott im Schweigen, hg.v. G. Sartory, Freiburg 1985 (= Reihe »Texte zum Nachdenken«).

DOCZI, György: Die Kraft der Grenzen, München 1984.

DÖRR, Bernhard: Art. ›Heilswille Gottes‹, in: Lexikon für Theologie und Kirche Bd. 4, Freiburg – Basel – Wien 3. völlig neu bearbeitete Auflage 1995, Sp. 1355 bis 1357.

DREWERMANN, Eugen: Art. ›Angst‹, in: Neues Handbuch Theologischer Grundbegriffe, Bd. 1, Neuauflage 1991, S. 17–31.

DÜRR, Hans-Peter: Das Netz des Physikers, München 1988.

DUQUOC, Christian: Das Gebet Jesu, in: Concilium 18 (1982), S. 620–625.

EBELING, Gerhard: Das Gebet, in: Zeitschrift für Theologie und Kirche 70 (1973), S. 206–225.

DERS.: Dogmatik des christlichen Glaubens, Bd. I/1, 3. Aufl. Tübingen 1987; hier besonders Paragraph 9: Reden zu Gott, S. 192–244.

ECKERT, Eugen: Meine engen Grenzen, in: Miteinander. Lieder und Texte für den Gottesdienst, Bischöfliches Jugendamt Münster / Hauptabteilung Schule und Erziehung (Hg.), 11. Aufl. Kevelaer 1993, S. 136.

EISENBACH, Franziskus: Die Gegenwart Jesu Christi im Gottesdienst: Systematische Studien zur Liturgiekonstitution des II. Vatikanischen Konzils, Mainz 1982.

EISING, Hermann: Art. ›zakar‹ (gedenken, erinnern), in: Botterweck / Ringgren (Hg.), Theologisches Wörterbuch zum Alten Testament, Bd. II, Stuttgart u.a.1977, S. 571–593.

ELIADE, Mircea: Die Religionen und das Heilige, Salzburg 1954.

ELLIGER, Karl: Deuterojesaja, Neukirchen 1978 (= Biblischer Kommentar Altes Testament Bd. XI/1).

FERNANDEZ, Irène: Imagination und Symbol, in: Internationale Katholische Zeitschrift ›Communio‹ 18 (1989), S. 519–532.

FEUERBACH, Ludwig: Das Wesen der Religion, hg.v. Albert Esser, Köln 1967.

FOHRER, Georg: Einleitung in das Alte Testament, 10. Aufl. Heidelberg 1965.

FRANKE, Thomas: Salus ex amore. Erwägungen zu einer trinitarischen Soteriologie, in: Ders. / Markus Knapp (Hg.), Creatio ex amore, FS A.Ganoczy, Würzburg 1988, S. 48–59.

FRANZ VON ASSISI: Der Sonnengesang, in: Die Schriften des Heiligen Franziskus von Assisi, Einführung, Übersetzung, Erläuterungen von Lothar Hardick und Engelbert Grau, Werl/Westfalen 8. Aufl. 1984 (= Franziskanische Quellenschriften Bd. 1), S. 214f.

FUCHS, Gotthard: Der bittende Gott und der erhörende Mensch, in: Lebendige Katechese 11 (1989), S. 85–91.

DERS.: Der Glaube kommt vom Hören, in: Religionsunterricht an höheren Schulen 26 (1983), S. 73–78.

DERS.: »Die Arbeit der Nacht« und der Mystik-Boom, in: Lebendige Seelsorge 39 (1988), S. 341–349.

DERS.: »Du bist mein Atem, wenn ich zu dir bete«, in: Katechetische Blätter 117 (1992), S. 117–118.

DERS.: Geistliche Kernexplosionen, in: Katechetische Blätter 114 (1989), S. 32–41.

DERS.: Gemeinde ohne Entscheidung?, in: Franz Kamphaus (Hg.), Entschieden leben, 2. Aufl. Freiburg 1992, S. 77–96.

DERS.: Gott ist Liebe. Die Trinitätslehre als Inbegriff christlicher Glaubenserfahrung, in: Religionsunterricht an höheren Schulen 24 (1981), S. 1–15.

DERS.: »Lichterfüllter Abgrund«, in: Katechetische Blätter 110 (1985), S. 246–256.

DERS.: »Man sieht nur mit dem Herzen gut«, in: Religionsunterricht an höheren Schulen 27 (1984), S. 268–275.

DERS.: Rhythmen der Christwerdung, in: Katechetische Blätter 116 (1991), S. 245–254.

FUCHS, Ottmar: Die Klage als Gebet. Eine theologische Besinnung am Beispiel des Psalms 22, München 1982.

DERS.: Die Herausforderungen Israels an die spirituelle und soziale Praxis der Christen, in: Ingo Baldermann u.a. (Hg.), Altes Testament und christlicher Glaube, Neukirchen 1991 (= Jahrbuch für Biblische Theologie, Bd. 6), S. 89–113.

FRISCH, Max: Tagebuch 1946-1949, Frankfurt 1985.

DERS.: Stiller, Frankfurt 1973.

GANOCZY, Alexandre: Schöpfung, in: Neues Handbuch theologischer Grundbegriffe, Bd. 4, München 1985, S. 113–122.

DERS.: Schöpfungslehre, Düsseldorf 1983.

VON GENNEP, Arnold: Übergangsriten, Frankfurt 1986.

GERHARDS, Albert: Te Deum Laudamus – Die Marseillaise der Kirche?, in: Liturgisches Jahrbuch 40 (1990), S. 65–79.

GERSTENBERGER, Erhard S. : Das dritte Buch Mose – Leviticus, Göttingen, Neuauflage 1993 (= Altes Testament Deutsch, Bd. 6).

GIRARD, René: Das Ende der Gewalt, Freiburg 1983.

GLEICK, James: Chaos – die Ordnung des Universums, München 1990.

GOTTESLOB, Katholisches Gebet- und Gesangbuch. Limburger Diözesanausgabe, hg. von der Diözese Limburg, Stuttgart / Frankfurt 1975.

GREGOR VON NAZIANZ: Hymnus an Gott, in: Adalbert Hamman (Hg.), Gebete der ersten Christen, Düsseldorf 1963, S. 256f.

GRESHAKE, Gisbert: Dogmatik und Spiritualität, in: Eberhard Schockenhoff / Peter Walter (Hg.), Dogma und Glaube. Bausteine für eine theologische Erkenntnislehre. FS Walter Kasper, Mainz 1993, S. 235–252.

DERS.: Gott in allen Dingen finden, Freiburg 1986.

DERS.: Grundlagen einer Theologie des Bittgebets, in: Ders. / Gerhard Lohfink (Hg.): Bittgebet – Testfall des Glaubens, Mainz 1978, S. 32–53.

DERS.: Theologische Grundlagen des Bittgebets, in: Theologische Quartalschrift 157 (1977), S. 27–40.

GROM, Bernhard: Religionspsychologie, München 1992.

GROSS, Walter: »Ich schaffe Finsternis und Unheil!«: Ist Gott verantwortlich für das Übel? Mainz 1992.

GRÜN, Anselm: Gebet als Begegnung, Münsterschwarzach 1990 (= Münsterschwarzacher Kleinschriften, Bd. 60).

DERS.: Gebet und Selbsterkenntnis, 2. Aufl. Münsterschwarzach 1984 (= Münsterschwarzacher Kleinschriften, Bd. 1).

DERS.: Verwandlung. Eine vergessene Dimension geistlichen Lebens, 2. Aufl. Mainz 1993.

GUARDINI, Romano: Vorschule des Betens, 2. Aufl. Mainz / Paderborn 1990.

GUNNEWEG, Antonius H.J.: Geschichte Israels bis Bar Kochba, 5. Aufl. Stuttgart 1984 (= Theologische Wissenschaft, Bd. 2).

GUTIÉRREZ, Gustavo: Aus der eigenen Quelle trinken. Spiritualität der Befreiung, München / Mainz 1986.

HÄRLE, Wilfried: Den Mantel weit ausbreiten, in: Neue Zeitschrift für Systematische Theologie und Religionsphilosophie 33 (1991), S. 231–247.

HALBFAS, Hubertus: Der Sprung in den Brunnen, 10. Aufl. Düsseldorf 1990.

HAMMARSKJÖLD, Dag: Zeichen am Weg, München / Zürich 1965.

HEINISCH, Paul: Das Buch Exodus, Bonn 1934.

HEMMINGER, Hansjörg (Hg.): Fundamentalismus in der verweltlichten Kultur, Stuttgart 1991.

HERTZ, Anselm: Zur Problematik des Bittgebets, in: Theologische Quartalschrift 157 (1977), S. 17–22.

HESCHEL, Abraham J.: Der Mensch fragt nach Gott. Untersuchungen zum Gebet und zur Symbolik, Neukirchen 3. Aufl. 1993.

HILBERATH, Bernd Jochen: Der dreieinige Gott und die Gemeinschaft der Menschen, Mainz 1990.

DERS.: Heiliger Geist – heilender Geist, Mainz 1988.

DERS.: Pneumatologie, in: Handbuch der Dogmatik, Bd. 1, Düsseldorf 1992, S. 445–552.

IRENÄUS VON LYON: Gegen die Häresien, Buch IV, Kapitel XX, in: Des Heiligen Irenäus fünf Bücher gegen die Häresien, übersetzt von Ernst Klebba, Kempten / München 1912 (= Bibliothek der Kirchenväter Bd. II).

JACQUEMONT, Patrick: Der Heilige Geist, Lehrmeister des Gebetes, in: Concilium 18 (1982), S. 630–634.

JÄGER, Willigis: Suche nach dem Sinn des Lebens, Petersberg 1991.

HÜNERMANN, Peter: Christliches Beten, in: Adel Theodor Khoury / Ders. (Hg.), Wozu und wie beten? Die Antwort der Weltreligionen, Freiburg 1989.

JENNI, Ernst: Art. ›ahaw‹ (lieben), in: Ders. / Westermann (Hg.), Theologisches Handwörterbuch zum Alten Testament, Bd. I, München 1978, S. 60 – 73.

JEREMIAS, Jörg: Schöpfung in Poesie und Prosa des Alten Testaments, in: Ingo Baldermann (Hg.), Schöpfung und Neuschöpfung, Neukirchen 1990 (= Jahrbuch für Biblische Theologie, Bd. 5), S. 11–36.

JONAS, Hans: Der Gottesbegriff nach Auschwitz, Baden-Baden 1987.

JORISSEN, Hans: Die Welt als Schöpfung, in: Ingo Baldermann (Hg.), Schöpfung und Neuschöpfung, Neukirchen 1990 (= Jahrbuch für Biblische Theologie, Bd. 5), S. 205–218.

JUNGMANN, Josef Andreas: Die Stellung Christi im liturgischen Gebet, Münster / Westfalen 2. Aufl. 1962 (= Liturgiewissenschaftliche Quellen und Forschungen, Heft 19/20).

KAMPHAUS, Franz: Gebet ist Widerstand, in: Der Sonntag, Kirchenzeitung für das Bistum Limburg Nr.4 vom 23.1.1994, S. 12.

KAST, Verena: Trauern – Phasen und Chancen des psychischen Prozesses, Stuttgart 1982.

KESSLER, Hans: Art. ›Christologie‹, in: Handbuch der Dogmatik, Bd. 1, Düsseldorf 1992, S. 241–442.

DERS.: Das Stöhnen der Natur, Düsseldorf 1990.

DERS.: Erlösung, in: Neues Handbuch Theologischer Grundbegriffe, Bd. 1, München 1984, S. 241–254.

DERS.: Erlösung als Befreiung, Düsseldorf 1972.

DERS.: Gott, der kosmische Prozeß und die Freiheit. Vorentwurf einer transzendental-dialogischen Schöpfungstheologie, in: Gotthard Fuchs / Ders. (Hg.), Gott, der Kosmos und die Freiheit. Biologie, Philosophie und Theologie im Gespräch, Würzburg 1996, S. 189–232.

DERS.: Pluralistische Religionstheologie und Christologie, in: Raymund Schwager (Hg.), Christus allein? Der Streit um die pluralistische Religionstheologie, Freiburg u.a. 1996 (= Quaestiones Disputatae 160), S. 158–173.

DERS.: Sucht den Lebenden nicht bei den Toten, Düsseldorf 1985; Neuausg. Würzburg 1995.

KIERKEGAARD, Sören: Tagebücher, München 1949.

KIRCHBERG, Julie: Stellt das trinitarische Gebet den christlichen Monotheismus in Frage?, in: Kirche und Israel 7 (1992), S. 61–73.

KITTEL, Gerhard: Art. ›akouo‹ (hören), in: Ders. (Hg.), Theologisches Wörterbuch zum Neuen Testament, Bd. I, Stuttgart 1954, S. 216–225.

KLAUCK, Hans-Josef: 2. Korintherbrief, Würzburg 1986 (= Neue Echter Bibel, Kommentar zum NT, Bd. 8).

KNAUER, Peter: Der Glaube kommt vom Hören, 6. Aufl. Freiburg 1991.

KOLLETZKI, Claudia: »Christus ist unsere wahre Mutter«, in: Geist und Leben 70 (1997), S. 48–62.

KRAUS, Hans-Joachim: Psalmen 60 – 150, Neukirchen 1978 (= Biblischer Kommentar Altes Testament Bd. XV/2).

DERS.: Theologie der Psalmen, Neukirchen 1979 (= Biblischer Kommentar Altes Testament Bd. XV/3).

KUNZE, Reiner: Mensch, in: Die wunderbaren Jahre, Frankfurt 1976, S. 81.

LANDER, Hilda-Maria / Zohner, Maria-Regina: Bewegung und Tanz – Rhythmus des Lebens, 3. Aufl. Mainz 1991.

LIMBECK, Meinrad: Die Klage – eine verschwundene Gebetsgattung, in: Theologische Quartalschrift 157 (1977), S. 3–16.

LOGSTRUP, Knud E.: Solidarität, in: Franz Böckle u.a. (Hg.), Christlicher Glaube in moderner Gesellschaft, Bd. 16, Freiburg 1982, S. 98–128.

LOHFINK, Gerhard: Das Bittgebet und die Bibel, in: Theologische Quartalschrift 157 (1977), S. 23–26.

DERS.: Die Grundstruktur des biblischen Bittgebets, in: Gisbert Greshake / Ders. (Hg.), Bittgebet – Testfall des Glaubens, Mainz 1978, S. 19–31.

LOHFINK, Norbert: Der Schöpfergott und der Bestand von Himmel und Erde, in: Ders., Studien zum Pentateuch, Stuttgart 1988, S. 191–211 (= Stuttgarter Biblische Aufsatzbände 4).

DERS.: »Macht euch die Erde untertan«?, in: Orientierung 38 (1974).

LUMEN GENTIUM: Dogmatische Kirchenkonstitution des II. Vatikanischen Konzils, in: Karl Rahner / Herbert Vorgrimler (Hg.), Kleines Konzilskompendium, 21. Aufl. Freiburg 1989, S. 123–197.

LUTHER, Martin: Der große Katechismus, hg. von W.Metzger, München / Hamburg 1964 (= Calwer Luther-Ausgabe, Bd. 1).

DERS.: Kleiner Katechismus, erklärt von Wolfgang Trillhaas, Berlin 1935.

MARTI, Kurt: Kontrapunkt, in: Ders., Abendland, Darmstadt / Neuwied 2. Aufl. 1981, S. 53.

DERS.: Sprache der Zukunft, in: Ders., Zärtlichkeit und Schmerz, Darmstadt/ Neuwied 3. Aufl. 1979, S. 117.

MARXER, Fridolin / Traber, Andreas: Gottes Spuren im Universum, München 1990.

McDERMOTT, Brian: Das Sakrament als Gebetsgeschehen, in: Concilium 18 (1982), S. 626–630.

MEISTER ECKHART: Deutsche Predigten und Traktate, ausgewählt und übertragen von Friedrich Schulze-Maizier, 2. Aufl. Leipzig o.J.

DE MELLO, Anthony: Meditieren mit Leib und Seele, Kevelaer 7. Aufl. 1994.

METZ, Johann Baptist: Glaube in Geschichte und Gesellschaft, Mainz 5. Aufl. 1992.

DERS.: Gotteskrise, Feuilleton-Beilage der Süddeutschen Zeitung vom 24./25.Juli 1993.

DERS.: Die Theologie der Welt und die Askese, in: Ders., Zur Theologie der Welt, Mainz / München 1968, S. 92–95.

MÖLLER, Birgit: Die Rede vom leidenden Gott, Staatsexamensarbeit Fachbereich Katholische Theologie, Universität Frankfurt 1992.

MOLLENKOTT, Virginia: Gott eine Frau? Vergessene Gottesbilder der Bibel, München 1985.

MOLTMANN, Jürgen: Gott in der Schöpfung, 2. Aufl. München 1985.

DERS.: Neuer Lebensstil. Schritte zur Gemeinde, München 1977.

MÜLLER, Gerhard L.: Gemeinschaft und Verehrung der Heiligen. Geschichtlich-systematische Grundlegung der Hagiologie, Freiburg 1986.

MÜLLER, Johannes: Mit-Leiden als Grundlage mitmenschlicher Solidarität, in: Ulrich Pöner/André Habisch (Hg.), Signale der Solidarität, Paderborn 1994, S. 207–222.

MÜLLER, Paul-Gerhard: Lukas-Evangelium, Stuttgart 1984 (= Stuttgarter Kleiner Kommentar – Neues Testament 3).

MÜLLER, Wunibald: Meine Seele weint. Die therapeutische Wirkung der Psalmen für die Trauerarbeit, Münsterschwarzach 1993 (=Münsterschwarzacher Kleinschriften 73).

NEUNER, Josef / Roos, Heinrich: Der Glaube der Kirche in den Urkunden der Lehrverkündigung, 13. Aufl. Regensburg 1992.

NOCKE, Franz-Josef: Allgemeine Sakramentenlehre, in: Handbuch der Dogmatik, Bd. 2, Düsseldorf 1992, S. 188–225.

DERS.: Eschatologie, in: Handbuch der Dogmatik, Bd. 2, Düsseldorf 1992, S. 375–478.

DERS.: Spezielle Sakramentenlehre, Absatz IV (Buße), in: Handbuch der Dogmatik, Bd. 2, Düsseldorf 1992, S. 306–334.

DERS.: Tod und Auferstehung, in: Handbuch religionspädagogischer Grundbegriffe, Bd. 2, München 1986, S. 681–687.

NOTH, Martin: Das zweite Buch Mose – Exodus, 3. Aufl. Göttingen 1965 (= Altes Testament Deutsch, Bd. 5).

OOSTERHUIS, Huub: Du bist der Atem und die Glut. Gesammelte Meditationen und Gebete, Freiburg 3. Aufl. 1994.

DERS.: Im Vorübergehn, 2. Aufl. Wien u.a. 1970.

DERS.: Licht und Atem. Gesänge für die Liturgie, hg. von der Schola der Kleinen Kirche Osnabrück, Hilversum (Niederlande) 1992, (= Mirasound-CD 399110).

DERS.: Mitten unter uns. Gesänge zu Advent und Weihnachten, hg. von der Schola der Kleinen Kirche Osnabrück, Hilversum (Niederlande) 1993, (=Mirasound-CD 399149).

OTT, Ludwig: Grundriß der katholischen Dogmatik, 5. Aufl. Freiburg 1961.

ORTKEMPER, Franz Josef: 1. Korintherbrief, Stuttgart 1993 (= Stuttgarter Kleiner Kommentar – Neues Testament 7).

PESCH, Otto Hermann: Sprechender Glaube, Mainz 1970.

PETERS, Tiemo Rainer: Tod / Ewiges Leben, in: Neues Handbuch theologischer Grundbegriffe, Bd. 4, München 1985, S. 212–221.

PEUKERT, Helmut: Wissenschaftstheorie – Handlungstheorie – Fundamentale Theologie, 2. Aufl. Frankfurt/Main 1988.

PFANGER-SCHÄFER, Regina: »Mein Los ist Tod, hast du nicht andern Segen?«, in: Hansjakob Becker u.a. (Hg.), Im Angesicht des Todes. Ein interdisziplinäres Kompendium I, St.Ottilien 1987 (= Pietas Liturgica 3), S. 341–364.

PRÖPPER, Thomas: Freiheit als philosophisches Prinzip der Dogmatik, in: Eberhard Schockenhoff / Peter Walter (Hg.), Dogma und Glaube. Bausteine für eine theologische Erkenntnislehre. FS Walter Kasper, Mainz 1993, S. 165–192.

DERS.: Thesen zum Wunderverständnis, in: Gisbert Greshake / Gerhard Lohfink (Hg.), Bittgebet – Testfall des Glaubens, Mainz 1978, S. 71–91.

VON RAD, Gerhard: Theologie des Alten Testaments, Bd. 1, 8. Aufl. München 1982.

RAHNER, Karl: Art. ›Gebet‹, in: Lexikon für Theologie und Kirche, Bd. IV, Freiburg 1960, S. 537–551.

DERS.: Gebet zu den Heiligen, in: Johann Baptist Metz / Ders., Ermutigung zum Gebet, Freiburg u.a. 1977, S. 43–110.

DERS.: Glaube als Mut, Zürich / Einsiedeln 1976.

DERS.: Geistliches Abendgespräch über den Schlaf, das Gebet und andere Dinge, in: Ders., Schriften zur Theologie, Bd. III, 2. Aufl. Einsiedeln 1957, S. 263–281.

DERS.: Grundkurs des Glaubens, Sonderausgabe, 2. Aufl. Freiburg 1985.

DERS.: Probleme der Christologie von heute, in: Ders., Schriften zur Theologie, Bd. I, Einsiedeln 5. Aufl. 1961, S. 169–222.

DERS.: Selbstverwirklichung und Annahme des Kreuzes, in: Ders., Schriften zur Theologie, Bd. VIII, Einsiedeln u.a. 1967, S. 322–326.

DERS.: Sendung zum Gebet, in: Ders., Schriften zur Theologie, Bd. III, 2. Aufl. Einsiedeln 1957, S. 249–261.

DERS.: Theos im Neuen Testament, in: Ders., Schriften zur Theologie, Bd. I, 3. Aufl. Einsiedeln 1958, S. 91–167.

DERS.: Über das Beten, in: Geist und Leben 45 (1972), S. 84–98.

DERS.: Über die Einheit von Nächstenliebe und Gottesliebe, in: Geist und Leben 38 (1965), S. 168–185.

DERS.: Über die Erfahrung der Gnade, in: Ders., Schriften zur Theologie, Bd. III, 2. Aufl. Einsiedeln 1957, S. 105–109.

DERS.: Von der Not und dem Segen des Gebets, 12. Aufl. Freiburg 1985.

DERS. / Vorgrimler, Herbert: Kleines Konzilskompendium, 21. Aufl. Freiburg 1989.

RAISER, Konrad: Klage als Befreiung, in: Einwürfe 5 (1988), S. 13–27.

REVENTLOW, Henning Graf: Gebet im Alten Testament, Stuttgart 1986.

RICHTER, Horst Eberhard: Der Gotteskomplex, Reinbek bei Hamburg 1986.

RICOEUR, Paul: Gott nennen, in: Bernhard Casper (Hg.), Gott nennen. Phänomenologische Zugänge, Freiburg / München 1981, S. 45–79.

SACROSANCTUM CONCILIUM: Liturgiekonstitution des II. Vatikanischen Konzils, in: Karl Rahner / Herbert Vorgrimler (Hg.), Kleines Konzilskompendium, 21. Aufl. Freiburg 1989, S. 37–90.

SATTLER, Dorothea / Schneider, Theodor: Gotteslehre, in: Handbuch der Dogmatik, Bd. 1, Düsseldorf 1992, S. 51–119.

DIES.: Schöpfungslehre, in: Handbuch der Dogmatik, Bd. 1, Düsseldorf 1992, S. 120–238.

SAUTER, Gerhard: Reden von Gott im Gebet, in: Bernhard Casper (Hg.), Gott nennen. Phänomenologische Zugänge, Freiburg / München 1981, S. 219 – 242.

SCHALLER, Hans: Das Bittgebet, Einsiedeln 1979.

DERS.: Das Bittgebet und der Lauf der Welt, in: Gisbert Greshake / Gerhard Lohfink (Hg.), Bittgebet – Testfall des Glaubens, Mainz 1978, S. 54 –70.

DERS.: Art. ›Gebet‹, in: Neues Handbuch theologischer Grundbegriffe, Bd. 2, München 1984, S. 26–34.

DERS.: Art. ›Gebet‹ (Abschnitt IV. Systematisch-theologisch), in: Lexikon für Theologie und Kirche Bd. 4, Freiburg – Basel – Wien 3. völlig neu bearbeitete Auflage 1995, S. 313–314.

SCHAEFFLER, Richard: Das Gebet und das Argument, Düsseldorf 1989.

DERS.: Erfahrung als Dialog mit der Wirklichkeit, München 1995.

DERS.: Fürbitten als Sprachhandlung, in: Gottesdienst (= Information und Handreichung der Liturgischen Institute Deutschlands, Österreichs und der Schweiz) 25 (1991) Heft 20, S. 153–155, Heft 21, S. 161–163.

DERS.: Kleine Sprachlehre des Gebets, Einsiedeln 1988.

DERS.: Kultisches Handeln, in: Ders. / Hünermann, Peter (Hg.), Ankunft Gottes und Handeln des Menschen, Freiburg u.a. 1977 (= Quaestiones Disputatae Bd. 77), S. 9–50.

DERS.: Der Kultus als Weltauslegung, in: Balthasar Fischer / Ders. (Hg.), Kult in der säkularisierten Welt, Regensburg 1974, S. 9–62.

SCHARBERT, Josef: Exodus, Würzburg 1989 (= Neue Echter Bibel, Lfg.24).

SCHEIDGEN, Ilka: Abel steh auf, in: Publik-Forum 21 (1992) 15, S. 33–37.

SCHERZBERG, Lucia: Grundkurs Feministische Theologie, Mainz 1995.

SCHILDENBERGER, Johannes: Art. ›Bund‹, in: Johannes B.Bauer (Hg.), Bibeltheologisches Wörterbuch, Graz u.a.1962, S. 150–158.

SCHLEGEL, Helmut: Pace e bene – Frieden und Brot. Neue Geistliche Lieder für Clara und Franz von Assisi, CD 56504 – LC 2962, Annweiler: SCIO Management für Medien- und Kulturprojekte GmbH 1997.

SCHMID, Georg: Im Dschungel der neuen Religiosität, Stuttgart 1992.

SCHMID, Hans-Heinrich: Schalom. Frieden im Alten Orient und im Alten Testament, Stuttgart 1971.

SCHMID, Johannes H.: Biblische Theologie in der Sicht heutiger Alttestamentler, 2. Aufl. Gießen 1988.

SCHMIDT, Joh. Michael: Vergegenwärtigung und Überlieferung, in: Evangelische Theologie 30 (1970), S. 169–200.

SCHMIDT, Werner-H.: Art. ›bara‹ (schaffen), in: Jenni / Westermann (Hg.), Theologisches Handwörterbuch zum Alten Testament, Bd. I, München 1978, S. 336–339.

SCHMIDT-VOIGT, Jörgen: Ikonen und Medizin, Basel (Editiones Roches) 1994.

SCHMITHALS, Walter: Das Evangelium nach Lukas, Zürich 1980 (= Zürcher Bibelkommentar: Neues Testament 3).

SCHNEIDER, Gerhard: Das Evangelium nach Lukas, 2. Aufl. Gütersloh und Würzburg 1977 (= Ökumenischer Taschenbuchkommentar zum Neuen Testament, Bd. 3,2).

SCHNEIDER, Theodor: Zeichen der Nähe Gottes, 5. Aufl. Mainz 1979.

SCHÜNGEL-STRAUMANN, Helen: Denn Gott bin ich und kein Mann. Gottesbilder im Ersten Testament, Mainz 1996.

DIES.: Die Dominanz des Männlichen muß verschwinden, in: Britta Hübener / Hartmut Meesmann (Hg.), Streitfall Feministische Theologie, Düsseldorf 1993, S. 72–82.

SCHÜRMANN, Heinz: Das Gebet des Herrn als Schlüssel zum Verstehen Jesu, Freiburg 4. Auflage 1981.

SCHULT, H.: Art. ›schamah‹ (hören), in: Jenni / Westermann (Hg.), Theologisches Handwörterbuch zum Alten Testament, Bd. II, München 1979, S. 974–982.

SECKLER, Max: Synodach der Religionen. Das ›Ereignis von Assisi‹ und seine Perspektiven für eine Theologie der Religionen, in: Theologische Quartalschrift 169 (1989), S. 5–24.

SEGENSGEBET, in: Die Feier der Krankensalbung, Die BischofskonferenzenDeutschlands, Österreichs und der Schweiz (Hg.), Solothurn / Freiburg u.a. 2. Aufl. Taschenausgabe 1995, S. 31.

SIMONIS, Walter: Gottesliebe – Nächstenliebe, in: Thomas Franke / Markus Knapp (Hg.), Creatio ex amore, FS A.Ganoczy, Würzburg 1988, S. 60–83.

DERS.: Gott in Welt. Umrisse christlicher Gotteslehre, St.Ottilien 1988.

SÖLLE, Dorothee: Das entprivatisierte Gebet, in: Dies., Das Recht ein anderer zu werden, Neuausgabe Stuttgart 1981, S. 147–156.

DIES.: Gebet, in: Dies., Atheistisch an Gott glauben, München 1983, S. 109–117.

DIES.: Lieben und Arbeiten, Stuttgart 1985.

SPLETT, Jörg: Der Mensch ist Person, Frankfurt 1978.

DERS.: Konturen der Freiheit, 2. Aufl. Frankfurt 1981.

DERS.: Lernziel Menschlichkeit, 2. Aufl. Frankfurt 1981.

STACHEL, Günter: Gebet – Meditation – Schweigen. Schritte der Spiritualität, Freiburg 1989.

STEFFENSKY, Fulbert: Das Leben in die Sprache retten, in: Publik-Forum 26 (1997) 9, S. 42–45.

DERS.: Feier des Lebens. Spiritualität im Alltag, Stuttgart 1984.

STENDEBACH, Franz-Josef: Der Mensch ... wie ihn Israel vor 3000 Jahren sah, Stuttgart 1972.

DERS.: Kult und Kultkritik im Alten Testament, in: Norbert J. Frenkle u.a., Zum Thema Kult und Liturgie, Stuttgart 1972, S. 41–63.

DERS.: Art. ›Schalom‹, in: Heinz-Josef Fabry / Helmer Ringgren (Hg.), Theologisches Wörterbuch zum Alten Testament, Bd. VIII, Stuttgart u.a. 1995, S. 12–46.

STIER, Fridolin: Vielleicht ist irgendwo Tag, Freiburg 1993.

STOCK, Alex: Gottesfürchtige Andacht – Lieder aus Amsterdam. Zur poetischen Theologie von Huub Oosterhuis, in: Theologische Quartalschrift 167 (1988), S. 45–55.

STOCKMEIER, Peter: Art. ›Heilig‹, in: Peter Eicher (Hg.), Neues Handbuch theologischer Grundbegriffe, Bd. 2, München 1984, S. 160–166.

DERS.: Vom Abendmahl zum Kult, in: Norbert J. Frenkle u.a., Zum Thema Kult und Liturgie, Stuttgart 1972, S. 65–104.

SUDBRACK, Josef: Beten ist menschlich, Freiburg 1973.

DERS.: Neue Religiosität, Mainz 1987.

SYNODENBESCHLUSS »UNSERE HOFFNUNG«, in: Gemeinsame Synode der Bistümer in der Bundesrepublik Deutschland, 7. Aufl. Freiburg 1976, S. 85–111.

THOMAS VON AQUIN: Summa Theologica, II-II 158 (= Deutsche Thomas-Ausgabe, Bd. 22), Graz / Wien / Köln 1993, S. 162–171.

TÜRCKE, Christoph: Gebet, in: Die Zeit, Nr.16 vom 15.4.1994, S. 55.

ULRICH, Ferdinand: Gebet als geschöpflicher Grundakt, Einsiedeln 1973.

ULRICH, Michael: Im Geiste Jesu beten, in: Tag des Herrn, in: Kirchenzeitung für Berlin, Hamburg u.a., Nr.39 vom 29.09.1996, S. 20.

VETTER, Dieter: Vom Beten im Judentum, in: Adel Theodor Khoury / Peter Hünermann (Hg.), Wozu und wie beten? Die Antwort der Weltreligionen, Freiburg 1989.

VISCHER, Lukas: Das Gebet in der alten Kirche, in: Evangelische Theologie 17 (1957), S. 531–546.

VORGRIMLER, Herbert: Sakramententheologie, Düsseldorf 1987.

WALTER, Silja: Die Feuertaube. Neue Gedichte für meinen Bruder, Zürich 1985, S. 10.

WEINFELD, M.: Art. ›berîth‹ (Bund), in: Botterweck / Ringgren (Hg.), Theologisches Wörterbuch zum Alten Testament, Bd. 1, Stuttgart 1973, S. 781–808.

WEIZMAN, Ezer: »Mit dem Rucksack der Erinnerungen und dem Stab meiner Hoffnung« – Die Rede des israelischen Staatspräsidenten Ezer Weizman im Deutschen Bundestag in Bonn, in: Frankfurter Rundschau, Nr.14 vom 17.Januar 1996, S. 18.

VON WEIZSÄCKER, Carl Friedrich: Deutlichkeit, München u.a.1978.

WELKER, Michael: Gottes Geist, Neukirchen 1992.

WESTERMANN, Claus: Genesis, Bd. 1, 3. Aufl. Neukirchen 1983 (= Biblischer Kommentar Altes Testament, Bd. I,1).

DERS.: Genesis, Bd. 2, 3. Aufl. Neukirchen 1981 (= Biblischer Kommentar Altes Testament, Bd. I/2).

DERS.: Genesis 12 – 50, Darmstadt 1992 (= Erträge der Forschung; Bd. 48).

WINKLER, Reinhard: Rituelle Maskenarbeit, Frankfurt 1992.

ZELLER, Dieter: Gott nennen an einem Beispiel aus dem Psalter, in: Bernhard Casper (Hg.), Gott nennen. Phänomenologische Zugänge, München / Freiburg 1981, S. 13–34.

ZENGER, Erich: Das Buch Exodus, Düsseldorf 1978 (= Geistliche Schriftlesung ›Altes Testament‹ 7).

DERS.: Das erste Testament, Düsseldorf 1992.

DERS.: Der Gott der Bibel, Stuttgart 1979.

DERS.: Gottes Bogen in den Wolken, Stuttgart 1983 (= Stuttgarter Bibelstudien 112).

DERS.: Mit meinem Gott überspringe ich Mauern, Freiburg u.a. 1987, S. 73–87.

DERS.: Psalm 42/43, in: Frank-Lothar Hossfeld / Ders. (Hg.), Die Psalmen I, Psalm 1–50, Würzburg 1993 (= Neue Echter Bibel, Kommentar zum Alten Testament, Lfg.29), S. 265–271.

ZULEHNER, Paul M.: Ein Obdach der Seele, Düsseldorf 6. Aufl. 1995.

DERS.: Mystik und Politik, in: Geist und Leben 62 (1989), S. 405–415.

SACHREGISTER

PERSONENREGISTER

183